全国技工院校新能源汽车检测与维修专业教材
（中／高级技能层级）

新能源汽车
电池与管理系统检测与维修

人力资源社会保障部教材办公室　组织编写

主　编　卫云贵
主　审　徐　斌

中国劳动社会保障出版社

world skills
China

简介

本书主要内容包括动力蓄电池与管理系统认知、动力蓄电池的检修、动力蓄电池管理系统的检修、动力蓄电池与管理系统故障诊断与评估等。

本书内容丰富、通俗易懂、实用性强，适用于全国技工院校或职业院校新能源汽车检测与维修专业的教学使用，也可作为新能源汽车技术人员培训教材及参考用书。

本书由卫云贵任主编，李凤琪、张爱玲、李楷、陈青俊参与编写，徐斌任主审。

图书在版编目（CIP）数据

新能源汽车电池与管理系统检测与维修 / 人力资源社会保障部教材办公室组织编写；卫云贵主编. -- 北京：中国劳动社会保障出版社，2022

全国技工院校新能源汽车检测与维修专业教材：中 / 高级技能层级

ISBN 978-7-5167-5018-6

Ⅰ. ①新…　Ⅱ. ①人…②卫…　Ⅲ. ①新能源 - 汽车 - 蓄电池 - 检修 - 技工学校 - 教材　Ⅳ. ①U469.720.7

中国版本图书馆 CIP 数据核字（2022）第 017129 号

中国劳动社会保障出版社出版发行

（北京市惠新东街 1 号　邮政编码：100029）

*

北京市白帆印务有限公司印刷装订　　新华书店经销

787 毫米 ×1092 毫米　16 开本　13.5 印张　242 千字

2022 年 4 月第 1 版　　2025 年 3 月第 9 次印刷

定价：40.00 元

营销中心电话：400-606-6496

出版社网址：http://www.class.com.cn

http://jg.class.com.cn

前 言

PREFACE

2012 年 6 月，国务院颁布《节能与新能源汽车产业发展规划（2012—2020 年）》，其中对新能源汽车进行了定义：新能源汽车是指采用新型动力系统，完全或主要依靠新型能源驱动的汽车，本规划所指新能源汽车主要包括纯电动汽车、插电式混合动力汽车及燃料电池汽车。

随着国家不断推动新能源汽车的发展，目前我国新能源汽车保有量已经突破百万，成为新能源汽车产销量第一的国家。

相对于传统汽车而言，新能源汽车大量使用高压电，这对维护和维修工作提出了更高的要求。为了满足全国技工院校新能源汽车检测与维修专业的教学需求，人力资源社会保障部教材办公室组织有关学校的骨干教师和行业、企业专家，在充分调研企业生产和学校教学情况的基础上，开发了本套新能源汽车检测与维修专业教材。

教材体系

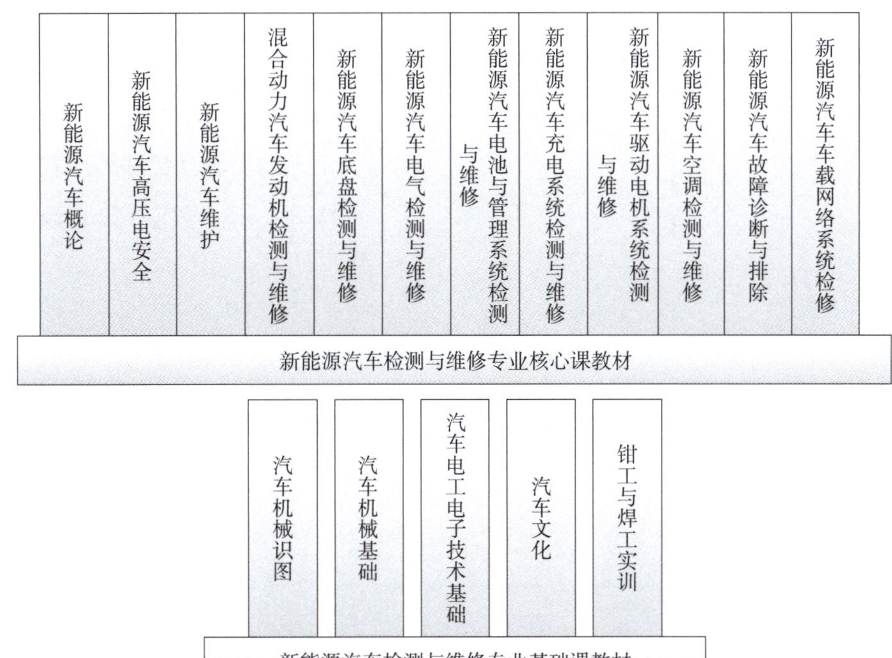

编写特色

◆ 紧贴企业实际情况　通过行业、企业调研，掌握企业对新能源汽车检测与维修专业人才的岗位需求和技能要求，确定人才培养目标（中级 / 高级），构建科学合理的课程体系。根据课程教学目标，合理确定学生应具备的知识与能力结构；充分考虑企业生产实际，选择当前市面上广泛使用的新能源车型进行教学。

◆ 体现行业技术发展　根据相关专业领域的最新发展，在教材中充实新知识、新技术、新设备、新材料等方面的内容，体现教材的先进性。采用最新的国家技术标准，使教材内容更加科学和规范。

◆ 符合学生阅读习惯　在教材内容的呈现形式上，较多地利用实物照片和表格等形式将知识点生动地展示出来，力求让学生更直观地理解和掌握所学内容。部分教材采用四色印刷，图文并茂，增强了教材内容的表现效果。

教学服务

本套教材配有习题册和方便教师上课使用的多媒体电子课件等教学资源，可以通过技工教育网（http://jg.class.com.cn）下载。另外，在部分教材中针对教学重点和难点制作了微视频等多媒体资源，学生使用移动终端扫描二维码即可在线观看相应内容。

致谢

本次教材编写工作得到了北京、黑龙江、辽宁、江苏、浙江、湖南、山东、山西、福建、广东、广西等省、自治区、直辖市人力资源社会保障厅及有关院校的大力支持，以及深圳市信力达机电科技有限公司的协助，在此我们表示诚挚的谢意。

人力资源社会保障部教材办公室

2020 年 6 月

目 录
CONTENTS

模块一 动力蓄电池与管理系统认知

课题一 | 动力蓄电池认知

学习目标

1. 能叙述动力蓄电池的功用与常见类型。
2. 能叙述动力蓄电池的发展现状与趋势。
3. 能叙述动力蓄电池的类型、结构、工作原理及充放电特性。

●任务描述：

一辆北汽 EV160 型汽车因动力蓄电池故障而无法行驶，被拖车运至店内。经维修技师检查后，确认动力蓄电池包需要进行更换，你的主管要求你在更换动力蓄电池包之前，明确该车动力蓄电池的功用、类型、特点等信息。

●任务分析：

动力蓄电池作为纯电动汽车的动力源，一旦出现故障则会造成整车高压系统无法正常上电，进而导致车辆无法行驶。因此首先需要对动力蓄电池加以认知，将动力蓄电池拆卸后，利用专用设备进行检测。

相关理论

一、动力蓄电池的认知

电池、电机和电控系统是新能源汽车的三大关键组成部分，其中动力蓄电池是核心部分，它直接关系到新能源汽车的动力性能、续驶里程和安全性能等。

1. 动力蓄电池的定义

在《电动汽车术语》（GB/T 19596—2017）中，动力蓄电池的定义为：为电动汽车动力系统提供能量的蓄电池。目前，动力蓄电池的主要功能是为纯电动汽车、混合动力汽车等新能源汽车的动力系统提供能量。

2. 动力蓄电池的功用

如图 1-1-1 所示，动力蓄电池相当于传统汽车的油箱，其功用就是通过充电和放电完成电能的储存和释放，从而满足新能源汽车的动力需求。

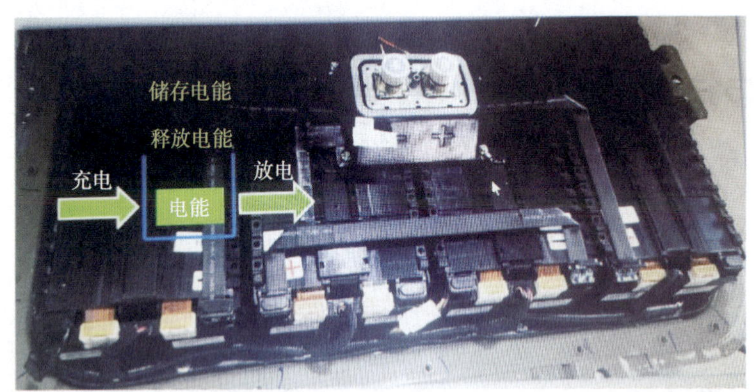

图 1-1-1　动力蓄电池的功用

3. 动力蓄电池的发展

作为新能源汽车的动力源，动力蓄电池一直被视为新能源汽车发展的标志性技术，其寿命和成本是制约新能源汽车发展的技术瓶颈。通过长期的技术创新与改进，经历了早期的铅酸蓄电池（图 1-1-2）、伴随着混合动力汽车产生的镍氢蓄电池（图 1-1-3）、目前被普遍采用的锂离子蓄电池（图 1-1-4）和正在研发的燃料电池（图 1-1-5）等发展历程，在动力蓄电池的比能量、比功率、安全性、可靠性、一致性、循环寿命以及成

本等方面的研究都取得了巨大进步。未来，动力蓄电池的技术进步仍然对新能源汽车的发展起着关键作用，随着技术路线的逐渐成熟，动力蓄电池必将向着安全性更高、寿命更长、充电速度更快的方向发展。

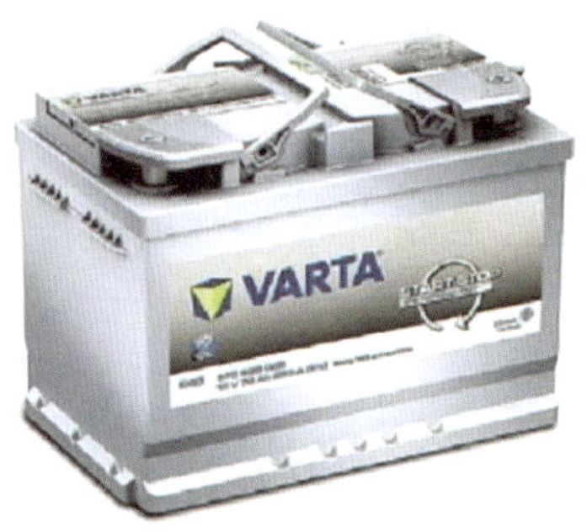

优点：应用历史最长，技术最为成熟，是成本、售价最低的蓄电池。

缺点：比能量较低，续航时间短，自放电率高，循环寿命短。其主要原料铅的重量大，在生产和回收过程中可能产生重金属污染。

现状：主要用于汽车起动时的点火装置以及电动自行车等小型设备。

图 1-1-2　铅酸蓄电池

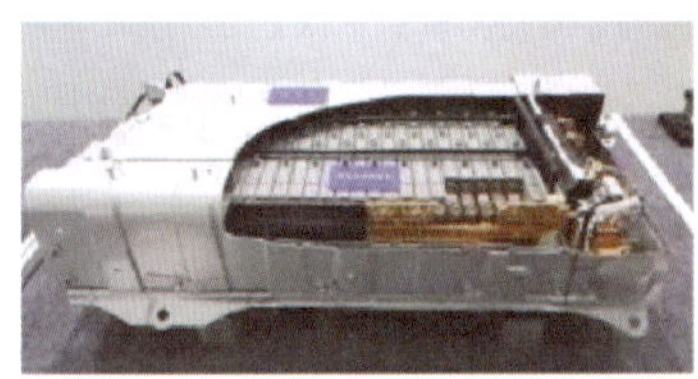

优点：具有良好的耐过充、过放能力，无重金属污染，可实现密封设计，免维护。与铅酸蓄电池和镍镉蓄电池相比，比能量、比功率高，循环寿命长。

缺点：具有记忆效应，随着充、放电循环的进行，电池内压会逐渐升高，影响电池的使用。制造成本高。

现状：是混合动力汽车应用最多的车载电池类型。丰田的普锐斯和本田的思域等均采用 PEVE 的镍氢动力蓄电池组。

图 1-1-3　镍氢蓄电池

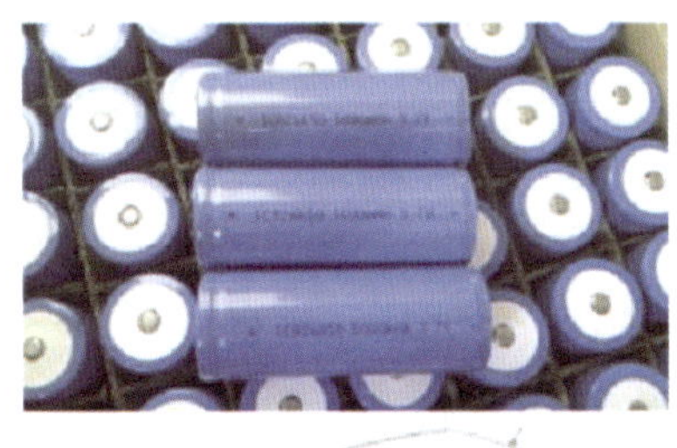

优点：无记忆性，自放电率低，环保，比能量、比功率高。

缺点：不能大电流放电，需要有保护线路等。

现状：是目前纯电动汽车电池研发的主要方向。在售新能源汽车配备的锂电池主要有磷酸铁锂电池和三元锂电池两种。

图 1-1-4　锂离子蓄电池

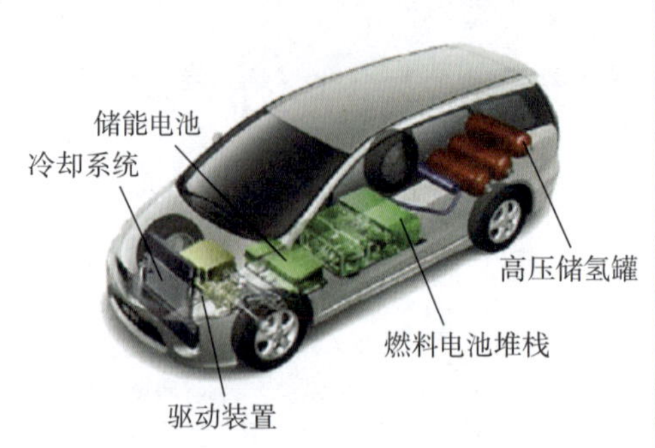

优点：直接将燃料的化学能转化为电能，中间不经过燃烧过程，因而不受卡诺循环的限制，转化效率高。

缺点：氢气生产和储存技术难度大，加氢站建设难度大。

现状：处于研发阶段，应用车辆有一代氢燃料电池城市客车、荣威950插电式燃料电池车、现代ix35氢燃料电池车、丰田Mirai燃料电池车、本田Clarity氢燃料电池车等。

图 1-1-5　燃料电池

二、动力蓄电池的类型与结构

1. 动力蓄电池的类型

动力蓄电池通常根据正负极材料特性和电化学成分的不同进行分类，常见的分类方法有以下三种：

（1）根据电解液种类的不同可分为酸性蓄电池（以硫酸溶液为电解质，如铅酸蓄电池）、碱性蓄电池（以氢氧化钾溶液为电解质，如镍氢蓄电池）、有机电解液蓄电池（以有机溶液为电解质，如锂离子蓄电池）等。

（2）根据蓄电池正负极材料的不同可分为铅系列蓄电池（如铅酸蓄电池）、镍系列蓄电池（如镍氢蓄电池）、锂系列蓄电池（如锂离子蓄电池）等。

（3）根据工作性质和储能方式的不同可分为二次蓄电池（即可充电式蓄电池，如铅酸蓄电池、镍氢蓄电池、锂离子蓄电池等）、燃料电池（即活性物质在蓄电池工作时才连续不断从外部加入的电池，如氢燃料蓄电池）、太阳能蓄电池等。

新能源汽车常用的动力蓄电池有铅酸蓄电池、镍氢蓄电池、锂离子蓄电池等。每种电池的特性不同，在比容量、充放电次数、技术成熟度性能等方面均有差别，其中典型的参数见表 1-1-1。

表 1-1-1　不同类型动力蓄电池的参数比较

动力蓄电池类型	比能量 /（W·h/kg）	比功率 /（W/kg）	单体电压 /V	循环次数 / 次	技术成熟度	成本
铅酸蓄电池	30～45	200～300	2.0	400～600	成熟	低
镍氢蓄电池	60～80	550～1 350	1.2	400～500	较成熟	较低
锂离子蓄电池	90～160	>1 300	3.2	1 000～2 000	较成熟	较高

比能量是单位质量或体积的动力蓄电池提供的能量，它的大小决定了汽车在纯电动模式下的续驶里程。

比功率是单位质量或体积的动力蓄电池提供的功率，它的大小决定了电池所能输出的最大功率，对新能源汽车尤其是混合动力汽车的动力性能等有直接影响。

循环次数是衡量动力蓄电池寿命的重要指标，对动力蓄电池的使用有直接影响。

通过表 1-1-1 可以得出，铅酸蓄电池的技术最成熟、价格较低，但比能量、比功率较低且循环寿命较短；镍氢蓄电池的循环寿命较长、技术较为成熟，比能量、比功率较高，但单体电压较低；锂离子蓄电池在比能量和比功率方面都具有极强的竞争力，单体电压较高，循环寿命也相当可观，但成本相对较高。

2. 锂离子蓄电池认知

（1）锂离子蓄电池的类型及特点

在《电动汽车术语》(GB/T 19596—2017）中，锂离子蓄电池的定义为：利用锂离子作为导电离子，在阳极和阴极之间移动，通过化学能和电能相互转化实现充放电的电池。锂离子蓄电池因在充放电过程中只有锂离子存在而得名，凭借其比能量高、自放电率低、循环寿命长等特点得以广泛应用，是目前新能源汽车上最常用的蓄电池之一。

1）锂离子蓄电池的类型

根据正极材料的不同，锂离子蓄电池主要分为锰酸锂蓄电池、钴酸锂蓄电池、磷酸铁锂蓄电池和三元锂蓄电池。

图 1-1-6 所示分别是锰酸锂蓄电池、钴酸锂蓄电池和磷酸铁锂蓄电池，其中锰酸锂蓄电池被日韩系汽车所应用，如日产聆风电动车；钴酸锂蓄电池被应用在特斯拉 Model Roadster 上；磷酸铁锂蓄电池被应用在比亚迪 e6 上。

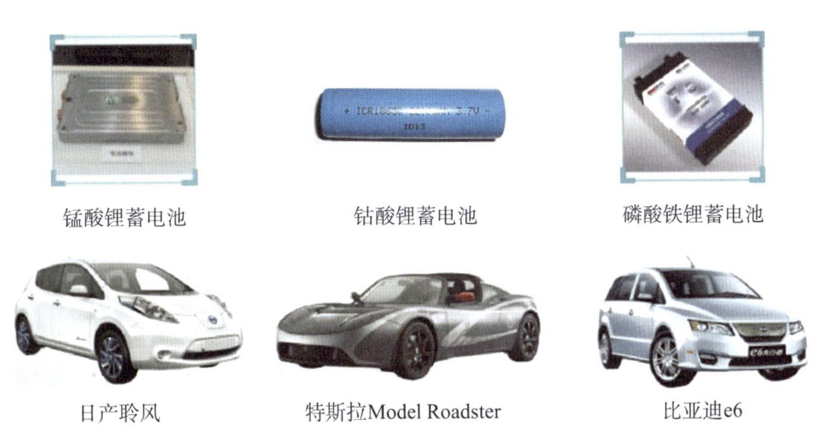

图 1-1-6　不同材料的锂离子蓄电池及其应用

三元锂蓄电池的正极材料由镍、钴、锰等金属元素组成，其特点是比能量高，被众多新能源汽车所采用，图 1-1-7 所示是北汽新能源 EV200 的三元锂蓄电池。

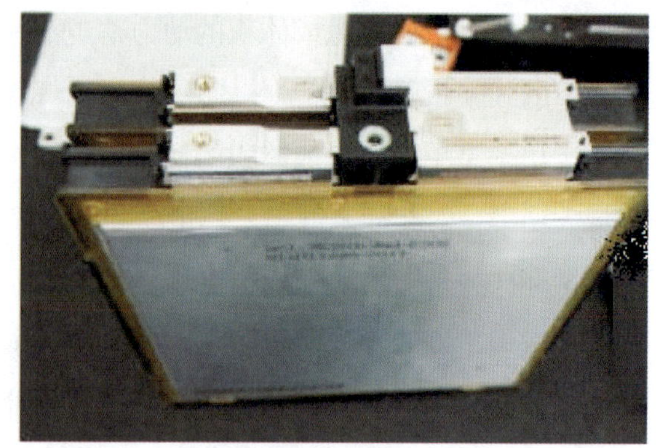
图 1-1-7　北汽新能源 EV200 的三元锂蓄电池

2）锂离子蓄电池的特点

锂离子蓄电池通过锂离子在电极之间移动而产生电能，电能的储存和释放都不伴随化学反应，使锂离子蓄电池比传统的二次电池具有更长的寿命，这是锂离子蓄电池的最大特点。电极材料种类有较大的选择空间也是锂离子蓄电池的一大特点，此外，锂离子蓄电池还具有小型化、轻量化和高电压的特点，通过材料的选择和结构的设计能实现高输出功率和高能量。锂离子蓄电池主要有以下特点：

①比能量高，单体电压高，额定电压一般为 3.6 V。

②自放电率低，没有记忆效应。

③循环性能优越，可快速充放电，充电效率较高，使用寿命长。

④工作温度范围相对较大，一般在 -20～60 ℃。

不同锂离子蓄电池的性能比较见表 1-1-2。

表 1-1-2　不同锂离子蓄电池的性能比较

项目	钴酸锂	锰酸锂	三元锂	磷酸铁锂
电压 /V	3.6～3.7	3.6～3.7	3.6～3.7	3.2～3.3
比能量 /（W·h/kg）	>150	>100	>140	>90
安全性	低	较高	较高	高
热稳定性	不稳定	较稳定	较稳定	稳定
原料成本	昂贵	较低	较低	低

从表中可以看出，三元锂和磷酸铁锂两种蓄电池的综合性能相对较好，三元锂因为比能量高而具有较好的续航能力，磷酸铁锂具有较好的安全稳定性。钴酸锂蓄电池由于其材料的稳定性较差而不再适用于新能源汽车。

（2）锂离子蓄电池的结构与原理

1）锂离子蓄电池的结构

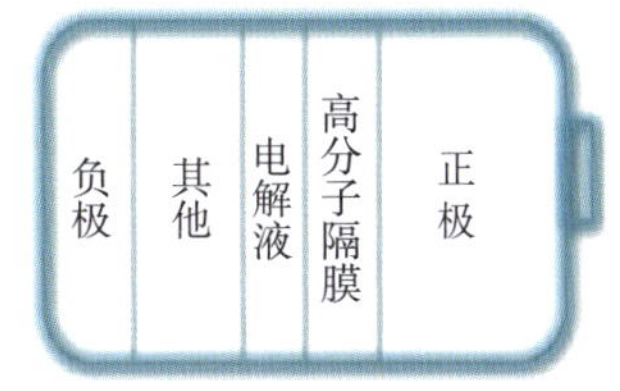

图 1-1-8　锂离子蓄电池的结构

如图 1-1-8 所示，锂离子蓄电池一般由正极、负极、电解液和高分子隔膜等构成。锂离子蓄电池的正极材料常用钴酸锂、锰酸锂、磷酸铁锂和镍钴锰酸锂等，负极材料用石墨，电解液是一种有机溶液，一般由六氟磷酸锂和有机溶剂配成。

2）锂离子蓄电池的工作原理

锂离子蓄电池实际上是一个锂离子浓差电池，如图 1-1-9 所示。充电时，正极上的电子通过外部电路移动到负极，锂离子从正极脱嵌，经过电解液穿过隔膜嵌入负极并与电子结合，此时负极处于富锂态，正极处于脱锂态；放电时则相反，锂离子从负极脱嵌，经过电解质嵌入正极，正极处于富锂态，负极处于脱锂态。因此，锂离子蓄电池的工作电压与构成电极的锂离子嵌入化合物及锂离子的浓度有关。

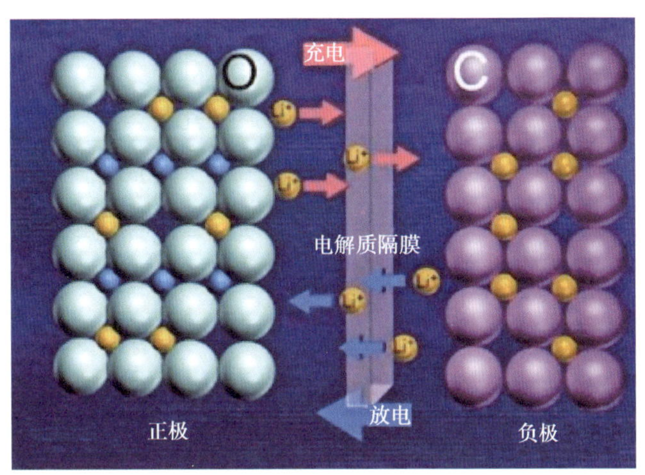

图 1-1-9　锂离子蓄电池的工作原理

（3）锂离子蓄电池的充放电特性

锂离子蓄电池的标称电压为 3.6 V，充满电压为 4.2 V，对过充电和过放电都比较敏感。为了最大限度地减少锂离子蓄电池受到过充电、过放电以及短路的损害，单体锂离子蓄电池的充电电压必须严格限制。

1）锂离子蓄电池的充电特性

在充电过程的前半段，电压是逐渐上升的；电压达到 4.2 V 后，内阻变化，电压维持不变。在整个充电过程中，蓄电池的电量不断增加，当电量接近充满时，充电电流很小。

2）锂离子蓄电池的放电特性

锂离子蓄电池的放电特性主要受环境温度和放电速率的影响。

①在放电电流不变的情况下，放电初期蓄电池的电压会迅速下降，随着蓄电池内部温度的升高，活性物质的活性增强，放电电压逐渐升高，在放电后期电压又会降低。环境温度越低，放电电压越低，终止电压也越低。

②通常情况下，锂离子蓄电池放电电流的大小不能用电流的绝对值，而用参数“C”表示。“C”是电池行业中常用的一个衡量充放电电流的参数，可体现充放电速率。对于容量为 x A·h 的电池，n C 对应的充放电电流为 nxA。例如，对于容量为 1 700 mA·h 的电池，如果以 0.1 C 的电流放电，则放电电流为 170 mA。由于锂离子蓄电池的内阻一般在 30～100 mΩ 之间，大电流放电或充电都会导致电池升温，因此锂离子蓄电池不允许高速率放电，一般放电速率应小于 0.5 C，最大连续放电速率不能超过 1.5 C，电压低于 2.7 V 时应终止放电。

（4）锂离子蓄电池的充电方法

考虑到充电的安全性、可靠性并兼顾充电效率等因素，锂离子蓄电池通常采用分段式充电方法，第一阶段采用恒流充电，第二阶段采用恒压充电。

1）恒流充电使电压基本达到 4.2 V，安全电流为小于 0.8 C。

2）恒流充电使电量达到 80% 后转为恒压充电，之后电流逐渐减小，在电流达到较小值（如 0.05 C）时，电池达到充满状态。

这种充电方式能使电池达到充满状态并且不损害蓄电池，已经成为锂离子蓄电池的主要充电方式。但是在电池电压已经很低的情况下，电池内部的锂离子活性减弱，如果此时用比较大的电流充电，也有可能对蓄电池造成损害。因此，在蓄电池低压段采用涓流方式，电压达 2.7 V 以上后采用恒流充电方式，从而有效地保护蓄电池。

3. 铅酸蓄电池认知

（1）铅酸蓄电池的类型及特点

在《电动汽车术语》（GB/T 19596—2017）中，铅酸蓄电池的定义为：正极活性物质使用二氧化铅，负极活性物质使用铅，并以硫酸溶液为电解液的蓄电池。铅酸蓄电池广泛应用于燃油汽车的起动，新能源汽车使用的铅酸蓄电池要求比能量高、比功率高、循环寿命长，并且具有快速充电性能等。常用的铅酸蓄电池一般分为两大类。

1）免维护蓄电池

免维护蓄电池由于自身结构上的优势，电解液的消耗量非常小，在使用寿命内基本不需要补充蒸馏水，具有耐振、耐高温、体积小、自放电率低的特点。

2）阀控密封式铅酸蓄电池

阀控密封式铅酸蓄电池在蓄电池盖上设有溢气阀，该阀的作用是当蓄电池内部气压升高到一定值时，溢气阀自动打开，排出气体后自动关闭。该蓄电池有吸液式（AMG）和胶体式（GEL）两种，新能源汽车使用的铅酸蓄电池一般是AMG，它采用吸附式玻璃纤维棉做隔膜，电解液吸附在极板和隔膜中，蓄电池内无流动的电解液。而GEL是以SiO_2为凝固剂，电解液吸附在极板和胶体内。

（2）铅酸蓄电池的结构与原理

1）铅酸蓄电池的结构

铅酸蓄电池的基本单元是单体电池，每个单体电池都是由正负极板和二者之间的隔板组成，电压为2 V。不同容量的单体电池按使用要求进行组合并装在不同的塑料外壳中，就形成了不同电压和不同容量的铅酸蓄电池。

2）铅酸蓄电池的工作原理

铅酸蓄电池的充电和放电过程是活性物质进行可逆化学反应的过程，从而实现电能的储存和释放。

充电时，蓄电池从其他直流电源获得电能，正、负极板上的硫酸铅被还原为硫酸、铅和氧化铅，同时负极板上产生氢气，正极板上产生氧气。电解液中酸的浓度逐渐增加，电池两端的电压上升。当正、负极板上的硫酸铅都被还原时，充电过程结束。正、负极板上生成的氧气和氢气在电池内部化合成水回到电解液中。

放电时，蓄电池对外电路输出电能，这时硫酸会与正、负极板上的活性物质产生反应，生成化合物硫酸铅。放电时间越长，硫酸浓度越稀，电池里的液体越少，电池两端的电压就越低。

（3）铅酸蓄电池的充放电特性

铅酸蓄电池的充放电特性是指在充放电过程中，端电压和电解液浓度随时间变化的规律。

1）充电特性

在恒流充电阶段，蓄电池的电压始终是上升的，又称为升压充电；当恒流充电结束时，蓄电池的电压基本保持不变，称为恒压充电。恒压充电的过程中，蓄电池的电流逐渐减小并最终趋于0，由恒压充电阶段转入浮充电阶段，以保持蓄电池的储能并防止自放电。由以上可知：

①恒流充电是为了恢复电池的电压。

②恒压充电是为了恢复电池的储能。

③浮充电是为了抑制电池的自放电并保持储能。

2）放电特性

放电开始时，端电压由 2.14 V 迅速下降到 2.1 V 左右。这是因为放电前渗入极板活性物质空隙内的硫酸迅速反应变为水，而极板外部的硫酸还来不及向极板孔隙内渗透，极板内部的电解液浓度迅速下降，端电压也迅速下降。到第二阶段，端电压由 2.1 V 呈线性规律缓慢下降，这是因为该阶段单位时间内极板孔隙内部消耗的硫酸量与孔隙外部向内部渗透补充的硫酸量相等，而反应生成的水缓慢增加，导致电解液浓度缓慢下降。在放电结束时，端电压迅速下降到 1.75 V，其原因是极板表面已经形成了大量硫酸铅，堵塞了孔隙，使其渗透能力下降。

（4）铅酸蓄电池的充电方法和注意事项

1）充电方法

①慢速充电。一般采用小电流，数值在蓄电池容量数值的 1/40～1/20 之间。一般在蓄电池状况很差（蓄电池已放电数周）时采用该方法。

②正常充电。电流数值为蓄电池标称容量数值的 1/10，充电需持续数小时。

③快速充电。能使蓄电池中大约 80% 的电荷安全快速地充满。

2）充电注意事项

①蓄电池需要在放电后 12 h 内进行充电。

②充电时，严禁烟火，保持室内通风良好，防止充电时释放的气体产生燃烧。

③充电时，应先连接好蓄电池与充电机间的正、负极电缆，再接通充电机电源，否则可能会在连接电缆时产生火花而引起事故。

④充电过程中，应随时检查蓄电池的温度，切勿过热。

4. 镍氢蓄电池认知

（1）镍氢蓄电池的类型及特点

在《电动汽车术语》（GB/T 19596—2017）中，金属氢化物镍蓄电池的定义为：正极使用镍氧化物，负极使用可吸收释放氢的贮氢合金，以氢氧化钾为电解质的蓄电池。金属氢化物镍蓄电池（简称“镍氢蓄电池”）是一种性能良好的碱性蓄电池，是在 20 世纪 90 年代发展起来的一种新型绿色蓄电池，伴随着混合动力汽车的规模化发展而得以应用，是氢能源应用的一个重要方向。

1）镍氢蓄电池的类型

镍氢蓄电池一般有方形和圆形两种类型，如图 1-1-10 所示。

图 1-1-10 镍氢蓄电池的类型

2）镍氢蓄电池的特点

镍氢蓄电池具有无污染、比能量高、重量轻、体积小、循环寿命长等优点。

①镍氢单体电池电压为 1.2～1.3 V，与镉镍电池相当，但比功率是镉镍电池的 1.5 倍以上。

②可快速充放电，耐过充、过放能力强，无记忆效应，循环寿命长，可达数千次之多，是铅酸蓄电池的 3 倍以上。

③使用温度范围大，正常使用温度范围为 -30～55 ℃。

④安全可靠，不含有镉、铅等有害金属，其中一些金属还有较高的回收价值，可称为绿色能源。

（2）镍氢蓄电池的结构与原理

1）镍氢蓄电池的结构

如图 1-1-11 所示，镍氢蓄电池由氢氧化镍正极、贮氢合金负极、隔膜、氢氧化钾电解质、外壳等组成。在正负极板之间有隔膜，共同组成镍氢单体电池，可根据使用要求将多个单体电池组合成不同电压、不同容量的镍氢蓄电池。

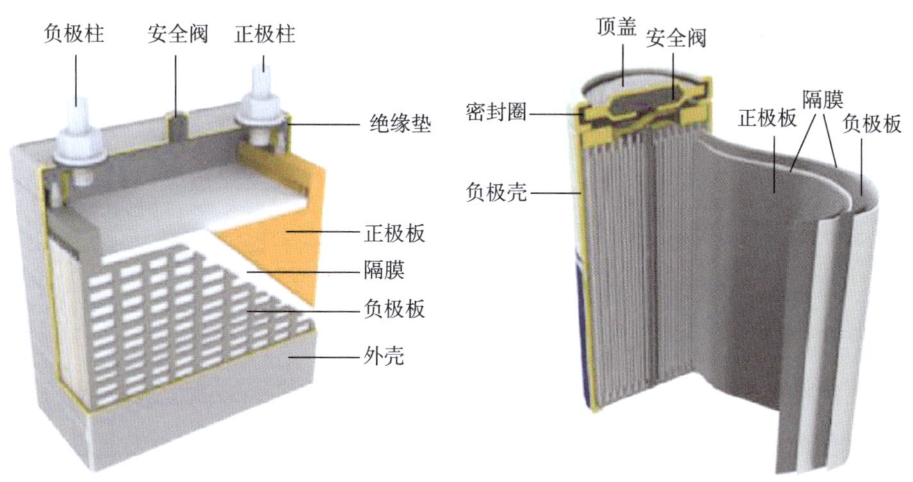

图 1-1-11 镍氢蓄电池的结构

2）镍氢蓄电池的工作原理

如图 1-1-12 所示，镍氢蓄电池的正极活性物质为 Ni（OH）$_2$，负极活性物质为贮氢合金，电解液为氢氧化钾溶液。在充电过程中，水在电解液中分解为氢离子（H^+）和氢氧根离子（OH^-），正极吸收氢氧根离子，负极吸收氢离子后生成金属氢化物；在放电过程中，氢离子离开负极，氢氧根离子离开正极，二者在电解液中结合成水并释放电能。

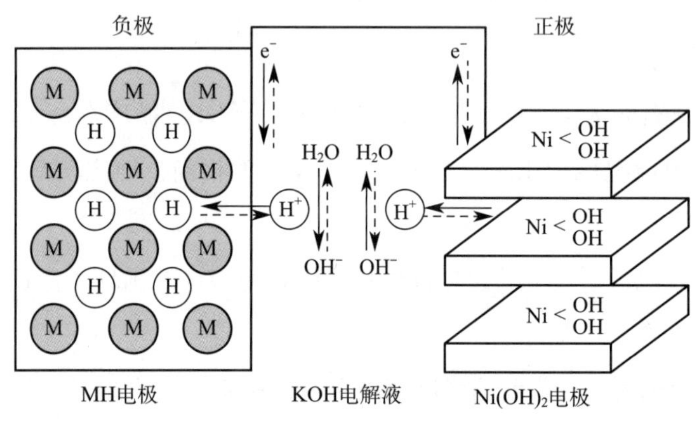

图 1-1-12　镍氢蓄电池的工作原理

（3）镍氢蓄电池的充放电特性

1）充电特性

镍氢蓄电池在充电初始阶段电压迅速上升，随着 Ni（OH）$_2$ 的生成，电压上升速度趋于平稳，当充电容量接近额定容量的 75% 以后，电压又会迅速上升，之后进入过充电阶段。镍氢蓄电池的充电接受能力很强，充电效率几乎达到 100%。

2）放电特性

镍氢蓄电池的放电性能主要受放电电流和温度的影响，电流越大则放电电压和放电效率越低，温度越低则放电电压和放电效率越低。镍氢蓄电池放电时输出的比功率较高，而且在较大范围内比功率变化平稳，对混合动力汽车的动力性能控制十分有利，所以适合用于混合动力汽车。此外，镍氢蓄电池的能量损耗小，其发热量被控制在最小范围内，可有效控制剩余电量，能用电流来显示电池的剩余电量。

（4）镍氢蓄电池的充电方法和注意事项

1）充电方法

镍氢蓄电池常用恒流充电的方式进行充电，充电电压所能达到的最大值将直接影响充电效率。因此，充电终止控制对于镍氢蓄电池的充电至关重要，一般通过定时控制和最高温度控制来实现。

2）注意事项

①镍氢蓄电池在充电过程中忌过充电。

②在循环寿命期要抑制电池析氢，以防止电解液变质。

③不使用时要在充足电后保存，而且至少每三个月充电一次。如果在没有储存电能的情况下长期保存，将使蓄电池负极贮氢合金的功能减弱，导致蓄电池寿命变短。

5. 燃料电池认知

燃料电池是一种不燃烧燃料而直接以电化学反应的方式将燃料的化学能转化成电能的发电装置。燃料电池大多采用高纯度的氢气为燃料，通过与空气中的氧气在催化剂的作用下发生电化学反应生成水而释放电能。由此看来，氢燃料电池放电实际就是电解水的逆过程。

（1）燃料电池的类型及特点

1）燃料电池的类型

燃料电池种类繁多，通常根据其燃料状态、工作温度、燃料来源和电解质类型等进行分类。

燃料电池根据燃料状态的不同可分为液体型和气体型；根据工作温度的不同可分为低温型（低于 200 ℃）、中温型（200 ℃ ~ 750 ℃）和高温型（高于 750 ℃）；根据燃料来源的不同可分为直接式（直接使用氢气）和间接式（用一定的方法把甲烷、甲醇等烃类化合物转变成氢气或富含氢的混合气）；根据电解质类型的不同可分为碱性燃料电池（AFC）、酸性燃料电池（PAFC）、熔融碳酸盐燃料电池（MCFC）、固体氧化物燃料电池（SOFC）、质子交换膜燃料电池（PEMFC）等。

2）燃料电池的特点

燃料电池具有结构简单、能量转化率高、噪声小、零排放污染、燃料来源广泛等优点，有利于汽车的整体布局和整车的轻量化。相比于锂离子蓄电池，燃料电池具有续驶里程长、冷启动性能好、能量补充快等优点。但燃料电池的成本高，不能进行制动能量回收，而且基于氢气自身的特性，对燃料电池的安全标准要求很高，所用的催化剂也比较稀缺。

（2）燃料电池的结构与原理

1）燃料电池的结构

如图 1-1-13 所示，燃料电池同其他电池一样，包括负极即燃料极（H_2）、正极即空气极（O_2）、电解质膜、隔板等。

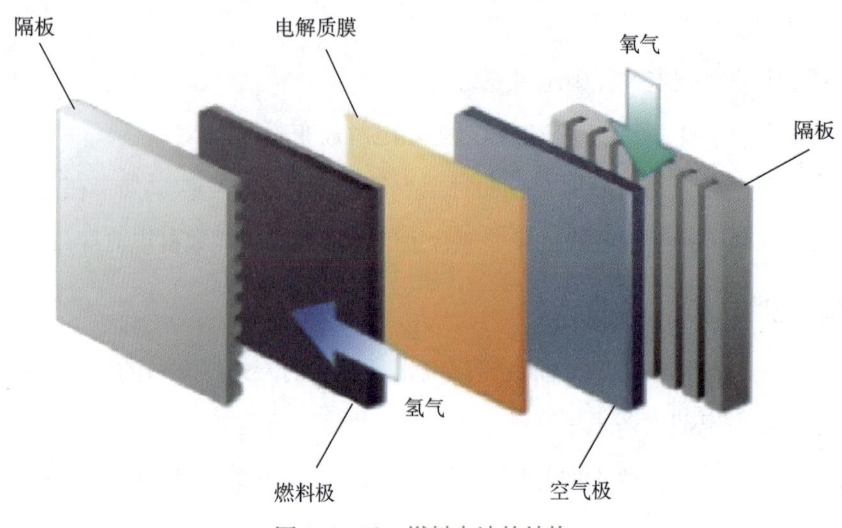

图 1-1-13 燃料电池的结构

2）燃料电池的工作原理

以质子交换膜燃料电池为例，其工作原理是：将氢燃料送到负极，在催化剂的作用下被分解成氢离子和电子，电子经外电路到达正极并产生电流，失去电子的氢离子穿过质子交换膜到正极；将空气输入正极，其中的氧气在催化剂作用下分解为氧原子，与来自负极的氢离子和电子重新结合成水，完成电化学反应。只要不断给负极板供应氢气，给正极板供应空气，并及时把生成的水带走，就可以不断地产生电能，但它并不能储存电能。

6. 太阳能电池认知

（1）太阳能电池的类型

太阳能电池就是把太阳能转化为电能的电池。根据所用半导体材料的不同，太阳能电池通常分为硅太阳能电池、硫化镉太阳能电池、砷化镓太阳能电池等，其中最常用的是硅太阳能电池，有非晶硅、单晶硅和多晶硅三种。

（2）太阳能电池的工作原理

太阳能电池是基于半导体的光生伏特效应将太阳能直接转化为电能的装置。安装在车身表面的电池板由半导体材料制成，在自动逐日系统的控制下始终正对太阳，将接收到的阳光通过半导体的作用转化为电能。由于太阳能电池的能量较小，而且受天气影响较大，因此在汽车中并没有普遍应用，实际中应用的是太阳能电池与蓄电池共同组成的混合动力电池，其工作原理如图 1-1-14 所示，阳光充足时由太阳能电池供电同时给蓄电池充电，阳光不足时则由蓄电池供电。

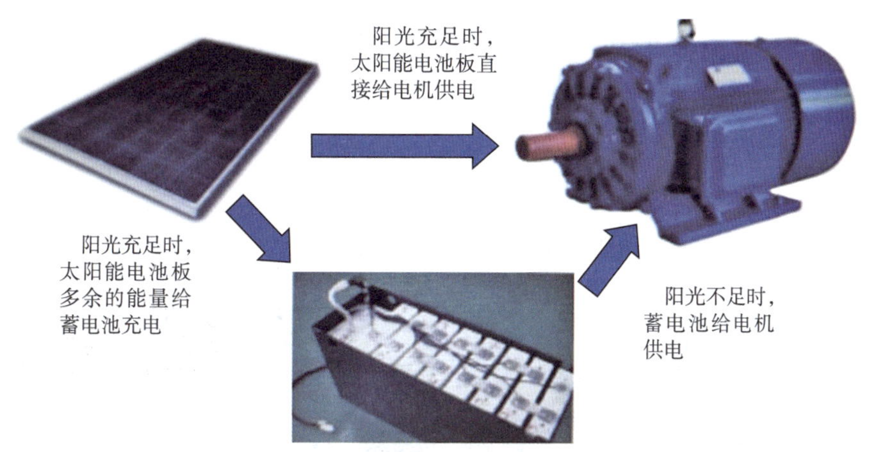

图 1-1-14　混合动力电池的工作原理

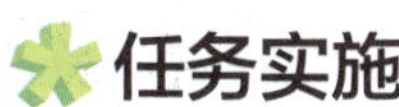

任务实施

动力蓄电池的识别

1. 锂电池整体结构的识别

（1）图 1-1-15 所示是北汽 EV200 纯电动汽车搭载的动力蓄电池，采用的是三元锂蓄电池，由 273 个单体电池构成，先由 3 个单体电池并联成 1 个电池模组，再由 91 个电池模组组成电池包。

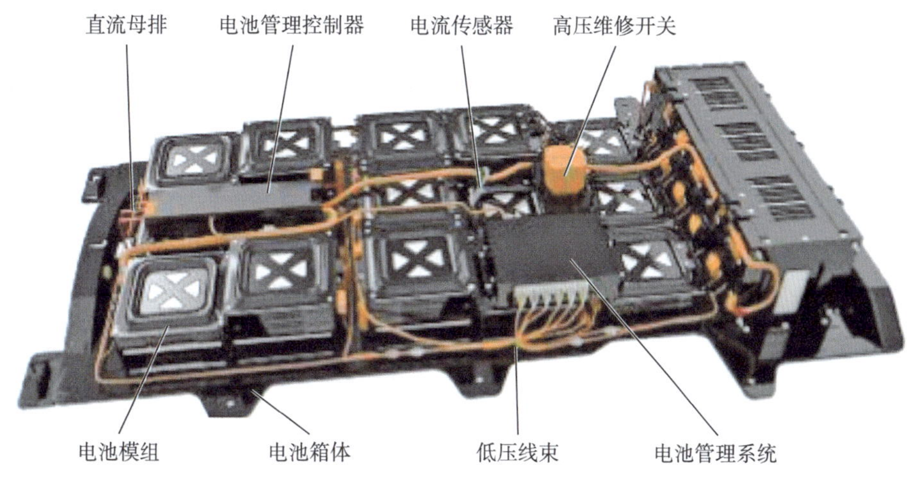

图 1-1-15　北汽 EV200 纯电动汽车搭载的动力蓄电池

（2）图 1-1-16 所示是特斯拉 Model S 搭载的动力蓄电池，采用的是 18650 锂电池，由 7 104 个单体电池构成，首先由 444 个单体电池组成 1 个电池模组，再由 16 个电池模组串联组成。

（3）图 1-1-17 所示是比亚迪 e5 搭载的动力蓄电池，位于整车底板下，采用的是磷酸铁锂蓄电池。如图 1-1-18 所示，比亚迪 e5 动力蓄电池由 13 个电池模组串联组成，高压接口分别在 1 号电池模组负极和 13 号电池模组正极，1 号、2 号、11 号、12 号、13 号电池模组在动力蓄电池前端，3 号电池模组在动力蓄电池中端，4 号、5 号、6 号、7 号、8 号、9 号、10 号电池模组在动力蓄电池后端。

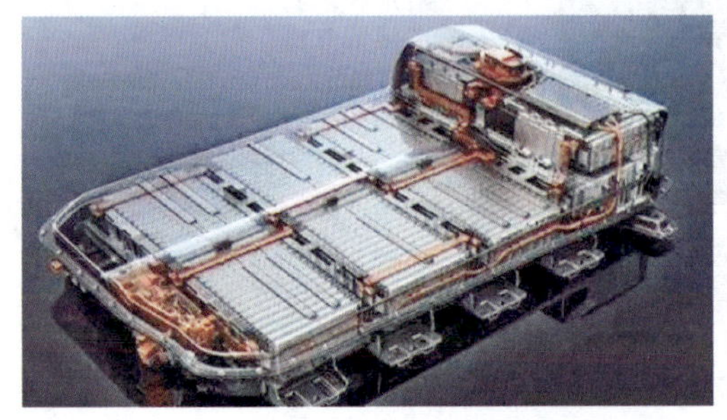

图 1-1-16　特斯拉 Model S 搭载的动力蓄电池

图 1-1-17　比亚迪 e5 搭载的动力蓄电池

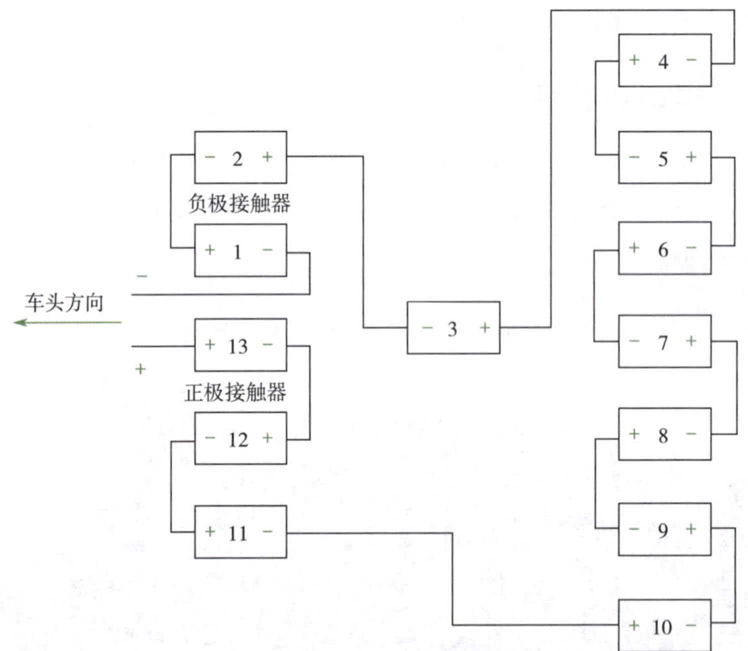

图 1-1-18　比亚迪 e5 动力蓄电池的组成

2. 锂电池单体结构的识别

根据外形结构的不同，单体锂电池可分为方形锂电池、圆柱形锂电池和软包锂电池。

（1）图 1-1-19 所示是应用在北汽 EV150 电动汽车上的方形锂电池。

（2）图 1-1-20 所示是应用在特斯拉 Model S 电动汽车上的圆柱形锂电池。

（3）图 1-1-21 所示是应用在北汽 EV200 电动汽车上的软包锂电池。

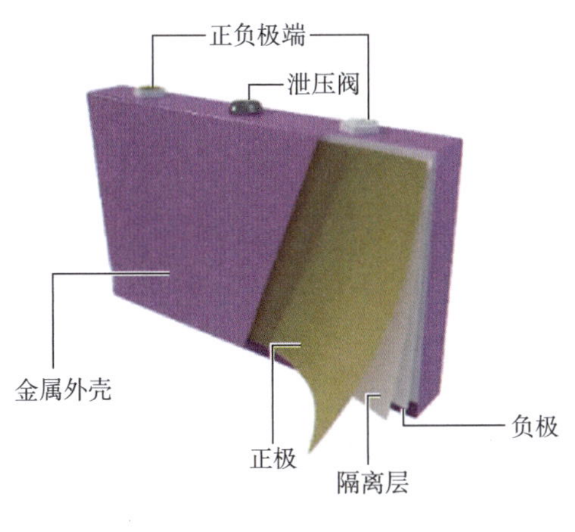

图 1-1-19 方形锂电池

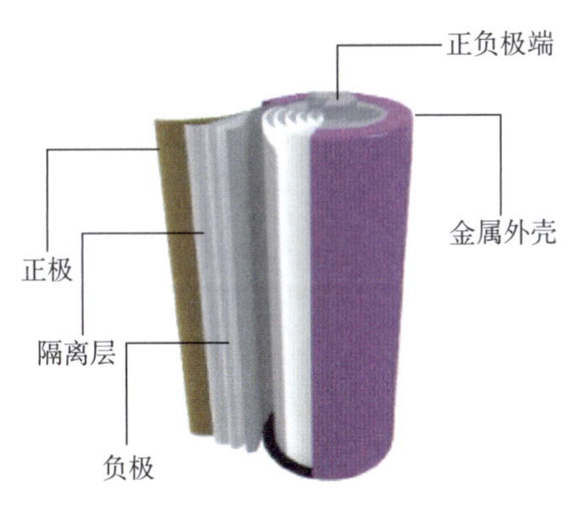

图 1-1-20 圆柱形锂电池

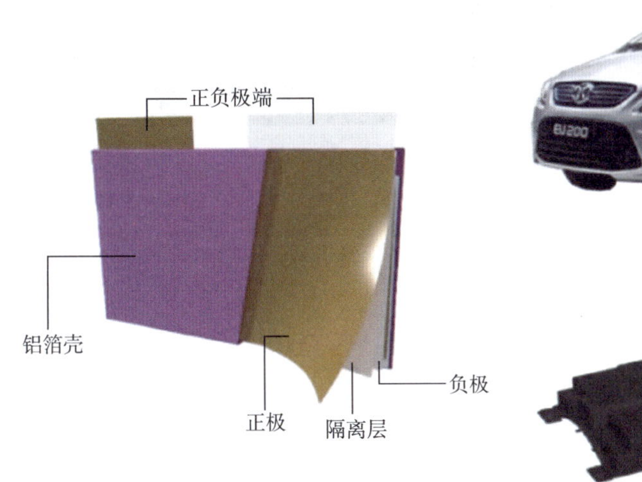

图 1-1-21 软包锂电池

3. 混合动力汽车动力蓄电池的识别

（1）丰田普锐斯混动车用镍氢蓄电池

如图 1-1-22 所示，丰田普锐斯混合动力汽车采用的是镍氢蓄电池，位于车后座下方，由 6 个 1.2 V 的镍氢单体电池串联成 1 个 7.2 V 的电池模组，再由 28 个模组组成 201.6 V 的动力蓄电池。

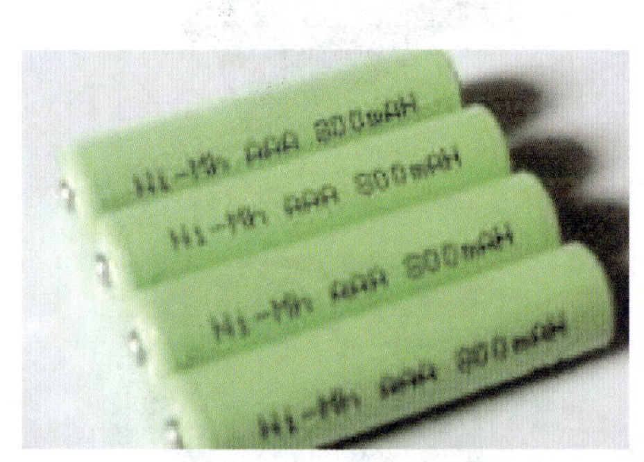

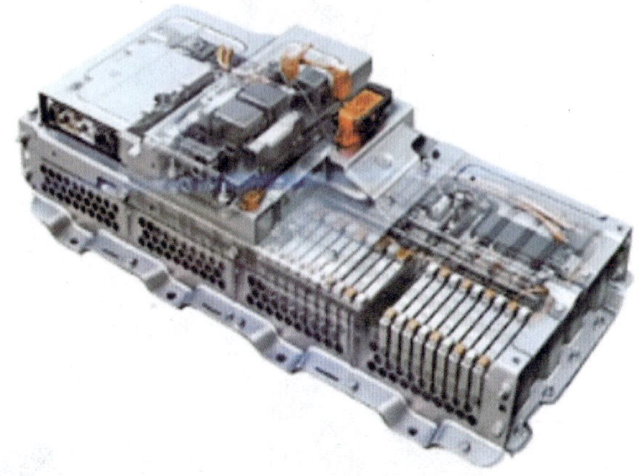

图 1-1-22　丰田普锐斯混动车用镍氢蓄电池

（2）比亚迪唐插电式混动车用磷酸铁锂蓄电池

如图 1-1-23 所示，比亚迪唐插电式混合动力汽车采用的是磷酸铁锂蓄电池，位于车身中部，由 160 个 3.3 V 的单体电池串联而成。

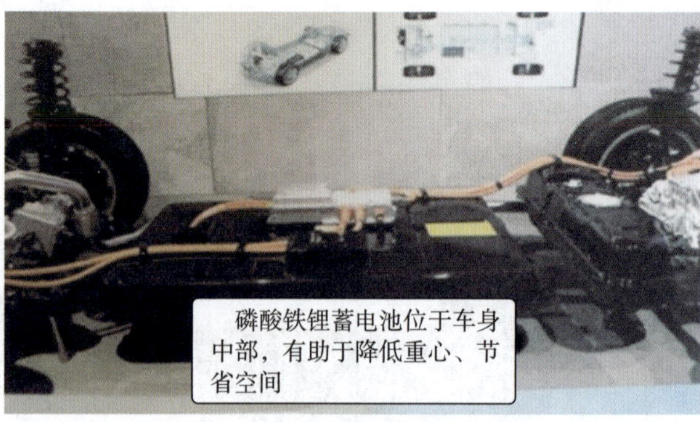

图 1-1-23　比亚迪唐插电式混动车用磷酸铁锂蓄电池

（3）帕萨特 GTE 插电式混动车用锂离子蓄电池

如图 1-1-24 所示，帕萨特 GTE 插电式混合动力汽车采用的是锂离子蓄电池，位于车辆下方后桥的前面，由 12 个 3.6 V 的单体电池串联成 1 个电池模组，再由 8 个模组组成 345.6 V 的动力蓄电池。

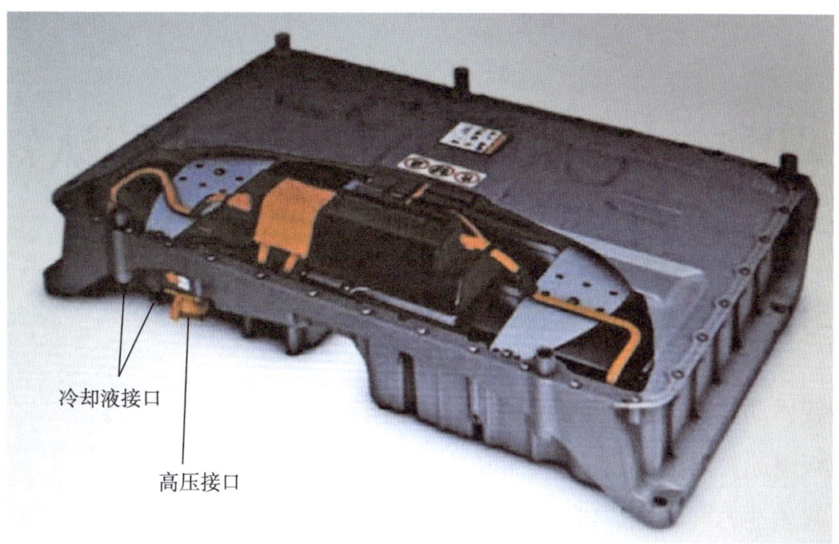

图 1-1-24　帕萨特 GTE 插电式混动车用锂离子蓄电池

（4）雪佛兰沃蓝达插电式混动车用锂离子蓄电池

如图 1-1-25 所示，雪佛兰沃蓝达（VOLT）插电式混合动力汽车采用的锂离子蓄电池，VOLT 的动力蓄电池由 288 个锂离子单体电池组成，先将 96 个单体电池串联成 1 个电池模组，再将 3 个电池组并联而成。

图 1-1-25　雪佛兰沃蓝达插电式混动车用锂离子蓄电池

思考与练习

1. 请列举三种常见的动力蓄电池并简述其特点。
2. 锂离子蓄电池的正负极材料分别是什么？
3. 简述锂离子蓄电池的充放电特性。

课题二 | 动力蓄电池管理系统认知

学习目标

1. 能叙述动力蓄电池管理系统的分类和组成。
2. 能叙述动力蓄电池管理系统的功能。
3. 能叙述动力蓄电池热管理系统的功能。

●任务描述:

一辆北汽 EV160 型汽车因动力蓄电池故障而无法行驶,被拖车运至店内。经维修技师检查后,确认动力蓄电池包需要更换,你的主管要求你承担动力蓄电池包的更换任务。

●任务分析:

动力蓄电池作为纯电动汽车的动力源,一旦出现故障则会造成整车高压系统无法正常上电,进而导致车辆无法行驶。因此,需要将动力蓄电池拆卸后用专用设备进行检测,还需要对动力蓄电池管理系统进行拆卸,首先要对动力蓄电池管理系统加以认知。

相关理论

一、动力蓄电池管理系统认知

1. 动力蓄电池管理系统的定义、组成和分类

(1)动力蓄电池管理系统的定义

在《电动汽车术语》(GB/T 19596—2017)中,蓄电池管理系统(battery management system,BMS)的定义为:监视蓄电池的状态(温度、电压、荷电状态),可以为蓄电池提供通信、安全、电芯均衡及管理控制,并提供与应用设备通信接口的系统。可见,动力蓄电池管理系统是用来对动力蓄电池进行安全监控和有效管理,确保系统正常运行,

同时尽可能提高动力蓄电池寿命的装置，它承担着动力蓄电池的全面管理工作，与电机控制系统、整车控制系统共同构成电动汽车的三大核心技术。

BMS 通过监测动力蓄电池中各单体电池的工作状态（包括电压、电流、温度等）来确定整个电池系统的状态，再经过综合计算判断蓄电池系统的荷电状态（state of charge，SOC）和健康状态（state of health，SOH），预测动力蓄电池的电池容量和剩余行驶里程，并根据它们的状态进行相应的控制调整和策略实施，实现对动力蓄电池系统及各单体电池的充放电管理，以保证其安全稳定地运行，避免出现过放电、过充电、过热以及单体电池间电压严重不平衡等现象，最大限度地利用蓄电池的存储能力和循环寿命。

（2）动力蓄电池管理系统的组成

动力蓄电池管理系统主要由数据检测模块、中央处理器、显示单元模块和控制部件组成，如图 1-2-1 所示，一般通过内部 CAN 总线技术实现模块之间的数据信息通信。数据检测模块主要进行数据采集，包括电流传感器、电压传感器、温度传感器等；中央处理器指电池管理模块，主要功能是与整车系统进行通信、控制充电机等；显示单元模块主要指显示装置，可以进行数据呈现，实现人机交互；控制部件主要指继电器、加热继电器及熔断装置等。

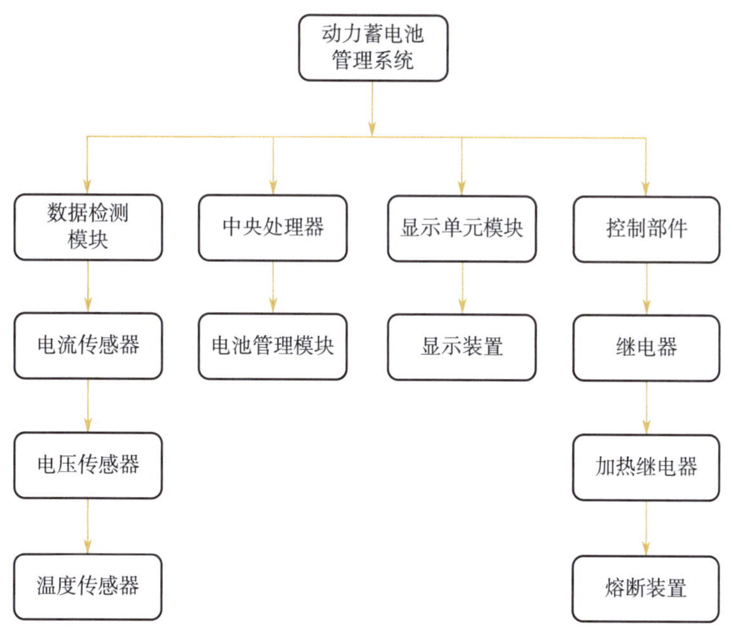

图 1-2-1　动力蓄电池管理系统的组成

（3）动力蓄电池管理系统的分类

动力蓄电池管理系统按结构可分为分布式动力蓄电池管理系统（distributed battery management system，DBMS）和集中式动力蓄电池管理系统（centralized battery management system，CBMS）。

2. 分布式动力蓄电池管理系统

（1）分布式动力蓄电池管理系统特点

分布式动力蓄电池管理系统是对每个单体电池进行采样、监控和计算，再将计算和判断结果送至 BMS 或直接通过 CAN 总线传输到整车控制器。其优点是减少了布线，便于动力蓄电池系统的扩展，可以分散安装；通过总线进行连接与信息通信，采集的数据可以就近处理，精度高，能更好地计算蓄电池的状态，有利于建立标准化的动力蓄电池管理系统。其缺点是成本较高，灵活性较差，修改不便，数据须由串行总线传输，使得系统巡回检测的速度受限，而且数据的实时性不高。

（2）分布式动力蓄电池管理系统结构

如图 1-2-2 所示，在分布式动力蓄电池管理系统中，数据采集是分散的，即每个蓄电池包对应 1 个采集单元，这些单元分别与控制中心的 BMS 通过 1 根母线进行数据通信，充电控制、放电控制等单元也是分开的，需要通过总线传输到中心控制器。

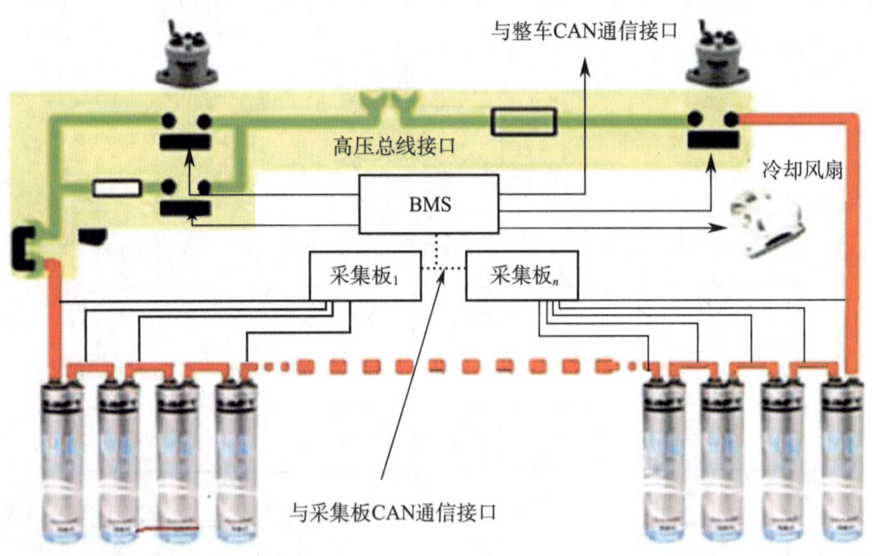

图 1-2-2　分布式管理系统结构

（3）分布式动力蓄电池管理系统组成

比亚迪秦的电池管理系统采用的是分布式电池管理系统，主要由 1 个电池管理控制器（battery management control，BMC）、10 个电池信息采集器（battery information collector，BIC）、1 套电池采样线等组成。

1）电池管理控制器

如图 1-2-3 所示，比亚迪秦的 BMC 位于行李舱车身右 C 柱内板后段。BMC 的主

要功能是总电压监测、总电流监测、SOC 计算、充放电管理、接触器控制、功率控制、电池异常状态报警和保护、漏电报警、碰撞保护、自检以及通信等。

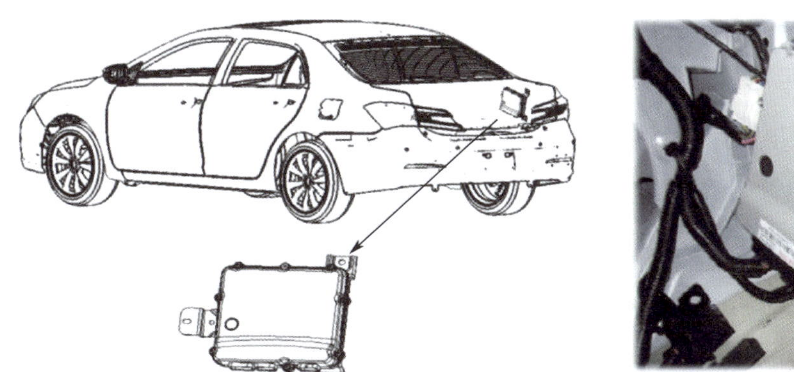
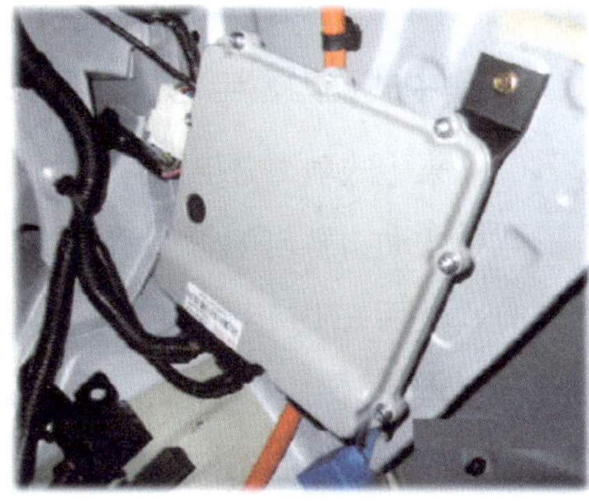

图 1-2-3 比亚迪秦的 BMC

2）电池信息采集器

如图 1-2-4 所示，10 个电池信息采集器分别位于每个电池模组的前端，主要用来进行电压采样、温度采样、电池均衡、采样线异常检测等。

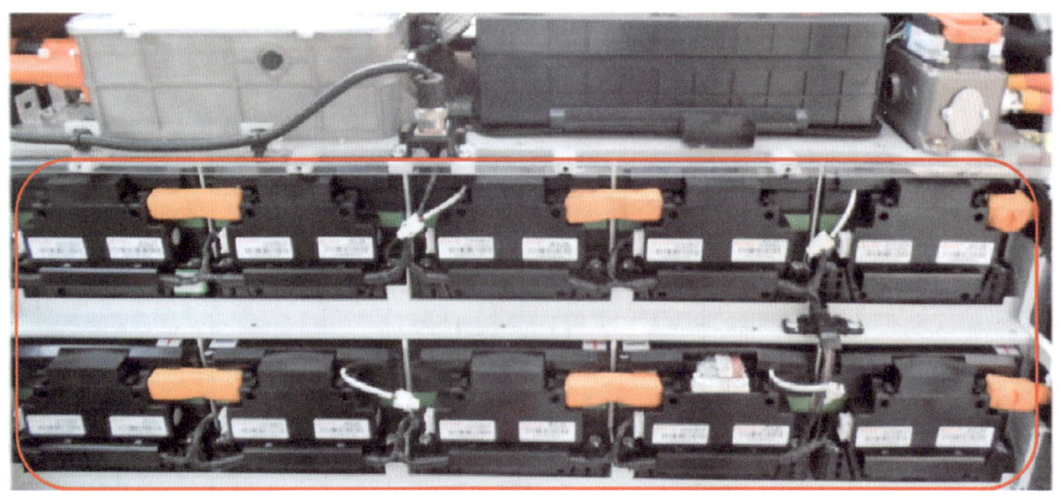
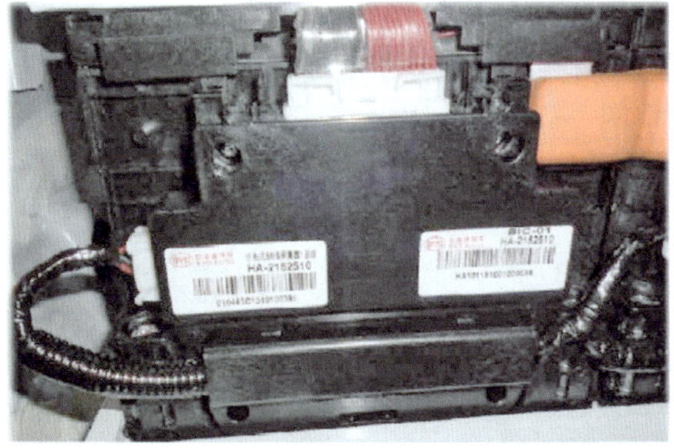

图 1-2-4 电池信息采集器

3）电池采样线

电池采样线的主要功能是连接电池管理控制器和电池信息采集器，实现二者之间的通信及信息交换。

3. 集中式动力蓄电池管理系统

（1）集中式动力蓄电池管理系统特点

集中式动力蓄电池管理系统是对动力蓄电池的基本信息（如电压、电流、温度）进行采样，然后在 BMS 中心处理单元内进行数据的处理、计算和判断，并进行相应的控制。其优点是材料的成本低，系统之间可以实现无限制的通信，简化了对不同电池参数的调整与改写，对参数的测量速度快、可靠性高。缺点是技术难度大，不能检测到每个单体电池，精度差，对信号的处理要求高。

（2）集中式动力蓄电池管理系统结构

如图 1-2-5 所示，在集中式管理系统中，中央控制单元和数据采集单元等构成整个管理单元，对蓄电池系统中的信息进行采样，然后由中央处理器（CPU）进行数据处理、计算、判断并进行相应的控制。

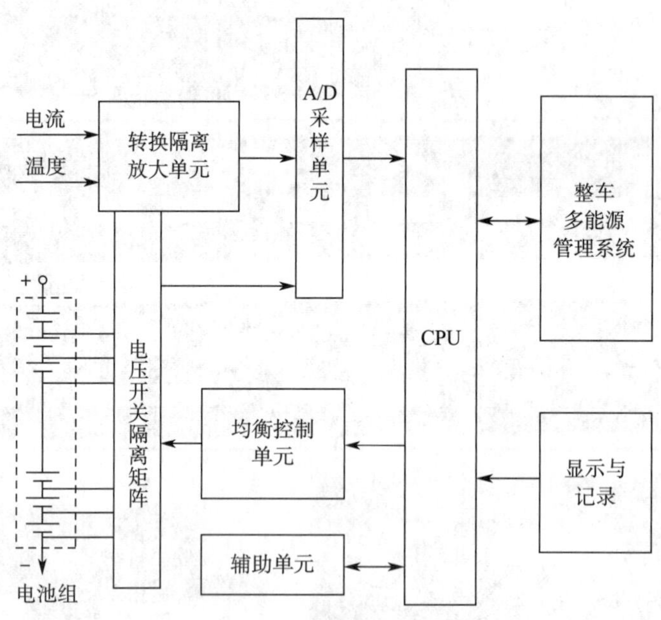

图 1-2-5　集中式管理系统结构

（3）集中式动力蓄电池管理系统组成

以比亚迪 e5 为例，如图 1-2-6 所示，集中式动力蓄电池管理系统安装在充配电总成的侧面，包括多个处理模块：数据采集模块、SOC 估算模块、电气控制模块、安全管理模块、热管理模块、数据通信和显示模块等。

图 1-2-6　集中式管理系统组成及安装位置

二、动力蓄电池管理系统基本功能

动力蓄电池管理系统的基本功能包括检测、计算、管理、保护等，主要包括状态检测、状态分析、安全防护、能量控制、信息管理和热管理功能。

1. 动力蓄电池状态检测功能

状态检测功能主要是对动力蓄电池的电压、电流和温度等与自身安全运行相关的状态参数进行数据采集，然后把采集到的数据发送给主控模块并完成计算和处理，数据采集速率和精度是影响管理系统性能的重要指标。

2. 动力蓄电池状态分析功能

状态分析功能主要包括 SOC 和 SOH 计算。SOC 是提示动力蓄电池组剩余电量的参数，$SOC=Q_r/Q_n$（Q_r 为蓄电池剩余容量，Q_n 为额定容量）。SOC 是估算汽车续驶里程的基础，准确估算 SOC 能够保护蓄电池、提高整车性能和经济性能，还能降低车辆对动力蓄电池的要求。SOH 是提示蓄电池的技术状态、预计可用寿命等健康状态的参数。

3. 动力蓄电池安全防护功能

安全防护主要用于监测蓄电池的电压、电流、温度等是否超过正常范围，防止蓄电池组出现过充电、过放电和温度过高等现象。其主要功能包括：过电压和过电流控制、过放电控制、防止温度过高、绝缘检测、烟雾报警、自动灭火、碰撞情况下关闭电池等。

4. 动力蓄电池能量控制功能

能量控制功能主要包括以电流、电压、温度、SOC、SOH 为对象进行充电过程控制和以 SOC、SOH、温度等为对象进行放电过程控制以及制动能量的回收控制和一致性补偿。

充电控制功能指动力蓄电池管理系统在充电过程中对电压和电流等参数进行实时优化控制，优化项目包括充电时长、充电效率以及充电的饱和程度等。

放电控制功能指在放电过程中根据蓄电池的状态对放电电流大小进行控制，以使动力蓄电池发挥更大效能，有利于汽车续驶里程的延长，更为重要的是延长蓄电池的使用寿命。

制动能量回收控制功能也是能量控制管理的重要内容之一，其实质是通过充放电控制管理把蓄电池的荷电状态维持在一定范围内，以便有足够的能量空间接收制动回收的能量，从而使蓄电池的充放电效率更高。

一致性补偿是指当单体电池之间存在差异时，采取一定的措施进行补偿，使蓄电池组的表现能力更强，并用一定的方法判断性能不良的单体电池的位置，以便维修更换。动力蓄电池一般采用的是充电补偿功能，设有旁路分流电路，能确保每个单体电池都充满电，减缓蓄电池老化的进度，从而延长其使用寿命。

5. 动力蓄电池信息管理功能

信息管理系统用于存储关键数据，如 SOC、SOH、累积充放电次数、故障码等，并将数据传输到主控制器。单体电池采用串行通信接口，整车管理系统采用 CAN 总线，通过 CAN 总线实现各检测模块和中央处理单元的通信，其难点在于如何根据采集的每个单体电池的电压、温度和放电电流的历史数据，准确估计动力蓄电池的 SOC。

6. 动力蓄电池热管理功能

动力蓄电池的热管理系统通过冷却和加热使动力蓄电池的温度处于正常工作温度范围内，并能在工作过程中保持单体电池间温度均衡，避免因温度不均衡而造成单体电池的不一致，从而延长动力蓄电池的寿命。热管理系统一般由蓄电池箱、传热介质、监测元器件等构成。其主要功能包括：蓄电池温度的准确测量和监控、蓄电池组温度过高时的有效散热和通风、低温条件下的快速加热、有害气体产生时的有效通风、保证电池组温度场的均匀分布等。

图 1-2-7 所示是比亚迪 e5 的动力蓄电池热管理系统，主要由电池冷却控制系统和电池冷却循环系统组成，电池冷却控制系统主要由温度传感器和控制系统组成，电池冷却循环系统由储液罐、电动水泵、散热器等组成。散热器是专门为调节电池冷却系统中冷却液的温度而设置的，是一套独立的冷却系统，其作用是吸收电池冷却系统的热量。

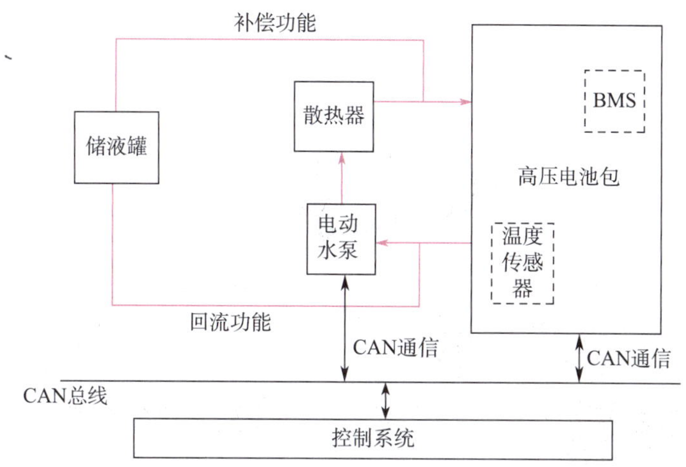

图 1-2-7　比亚迪 e5 的动力蓄电池热管理系统组成

当比亚迪 e5 工作时，电池管理控制器根据接收到的温度传感器、上电开关等信号，进行比较分析，得出电池需要加热的结论，之后向高压电控总成发出指令，高压电控总成中的配电盒将电池 PTC 加热器的电路接通，加热电池冷却系统中的冷却液；当上电预检正常时，电池管理控制器控制电动水泵工作，使冷却液在电池冷却循环系统中流动，流动的冷却液经过动力蓄电池，使其逐步加热至工作温度。

在比亚迪 e5 的行驶过程中，电池管理控制器将接收到的温度传感器信号进行比较分析，当得出电池工作温度偏高、需要降低动力蓄电池工作温度的结论时，电池管理控制器会向高压电控总成发出指令，高压电控总成中的配电盒会控制热交换器和电动水泵的工作。在电动水泵的作用下，经散热后的冷却液进入高压电池包对其进行冷却。冷却过程中，若冷却液不足则由储液罐进行补偿，部分高温冷却液以水蒸气的形式返回储液罐以平衡整个管路系统的压力。

任务实施

动力蓄电池管理系统的识别

1. 不同车型动力蓄电池管理系统的识别

（1）图 1-2-8 所示是北汽 EV200 采用的集中式动力蓄电池管理系统。

（2）图 1-2-9 所示是北汽 EV150 采用的分布式动力蓄电池管理系统，红色部分是电池管理控制器，蓝色部分是 2 个电池信息采集器。

（3）图 1-2-10 所示为比亚迪 e6 采用的集中式动力蓄电池管理系统，安装在车身右后侧。通过实时采集各电芯的电压、各温度传感器的温度、电池系统的总电压和总电流等数据，实时监控动力蓄电池的工作状态，并通过CAN总线与整车控制器（VCU）进行通信，获得电能需求和故障信息，对动力蓄电池系统的充放电进行综合管理。

图1-2-8　北汽EV200动力蓄电池管理系统

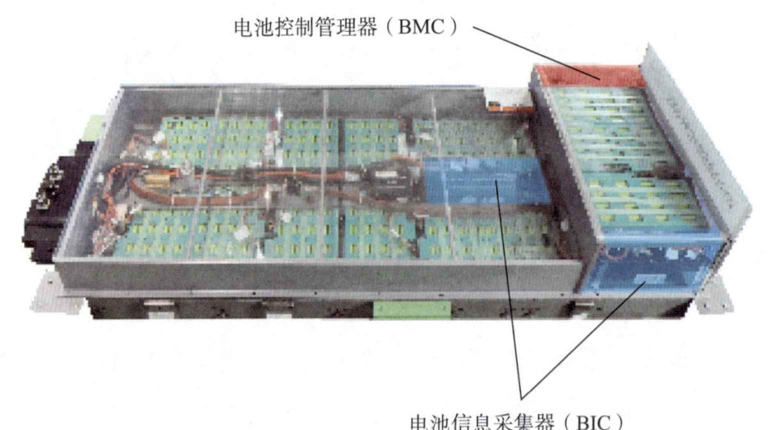

图1-2-9　北汽EV150动力蓄电池管理系统

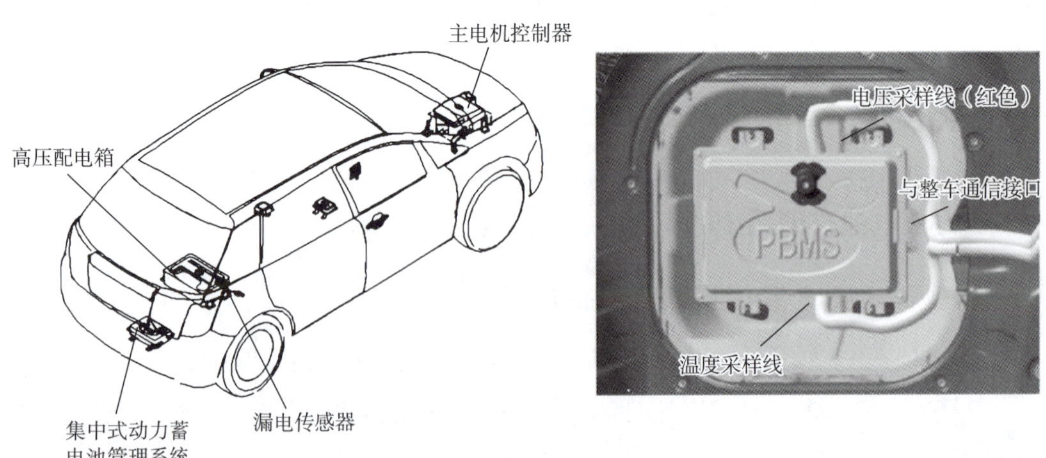

图1-2-10　比亚迪e6动力蓄电池管理系统

（4）图 1-2-11 所示是比亚迪秦采用的分布式动力蓄电池管理系统。

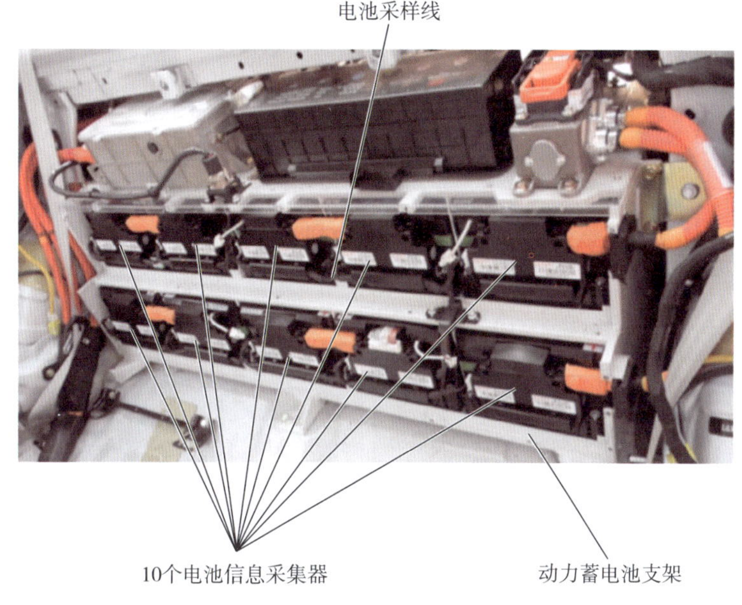

图 1-2-11　比亚迪秦动力蓄电池管理系统

（5）比亚迪秦采用的分布式动力蓄电池管理系统与比亚迪 e6 采用的集中式动力蓄电池管理系统相比，优势如下：

1）结构更加优化。电压、温度采样线的走线更方便，固定更容易。

2）布置更加合理。BMC 的体积较小，有利于整车空间的充分利用，便于布置。

3）性能更加完善。增加了 BIC，能够更加精确地控制电池的电压，通过均充均放保证单体的一致性，提高电池性能。

4）整车更加安全。在电池内部增加了继电器和熔断器，不仅保证了电池包本身的安全，同时也为整车提供了安全保障。

5）分布式电池管理控制器的防水等级更高（IP67），安装位置更高，更加可靠。

6）安全性更好。集中式电池管理系统的电压采样线从电池包直接引出到电池管理控制器，线束破损或者连接器进水则容易产生安全隐患，还容易使电池管理控制器因短路而烧毁。分布式电池管理系统则无这类缺陷。

2. 不同类型动力蓄电池管理系统的识别

（1）集中式动力蓄电池管理系统

如图 1-2-12 所示，该集中式动力蓄电池管理系统位于维修开关一侧。集中式管理系统通过 CSC 电芯管理单元来完成电压、电流和温度信号的采集并实现均衡控制，通过 CAN 总线与 VCM（整车控制模块）进行通信，其拓扑结构如图 1-2-13 所示。

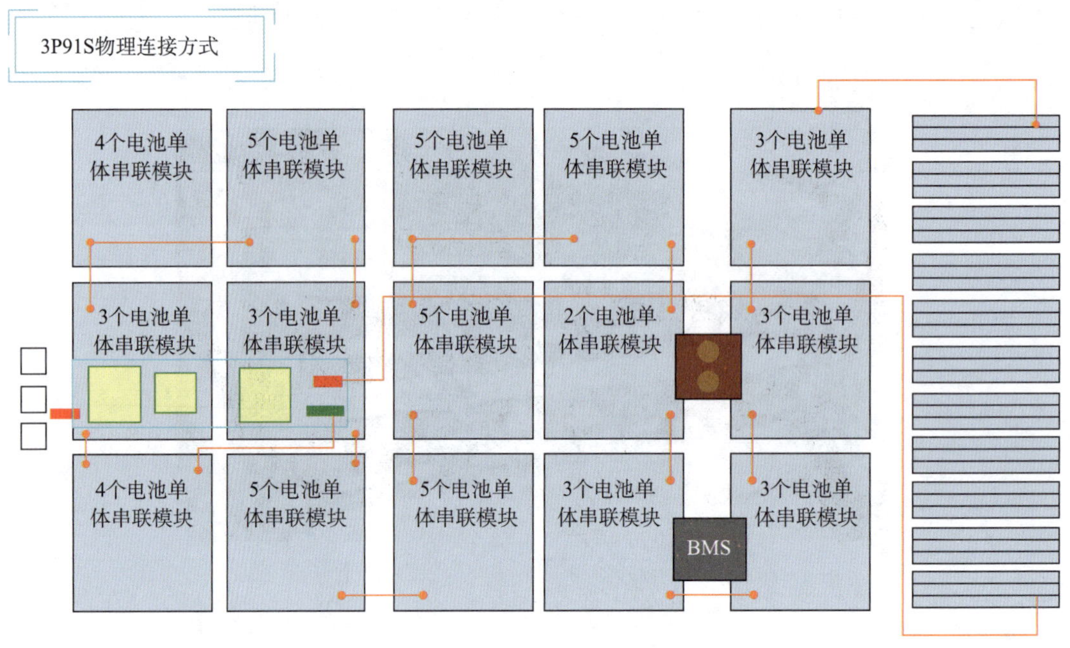

图 1-2-12　集中式管理系统的位置

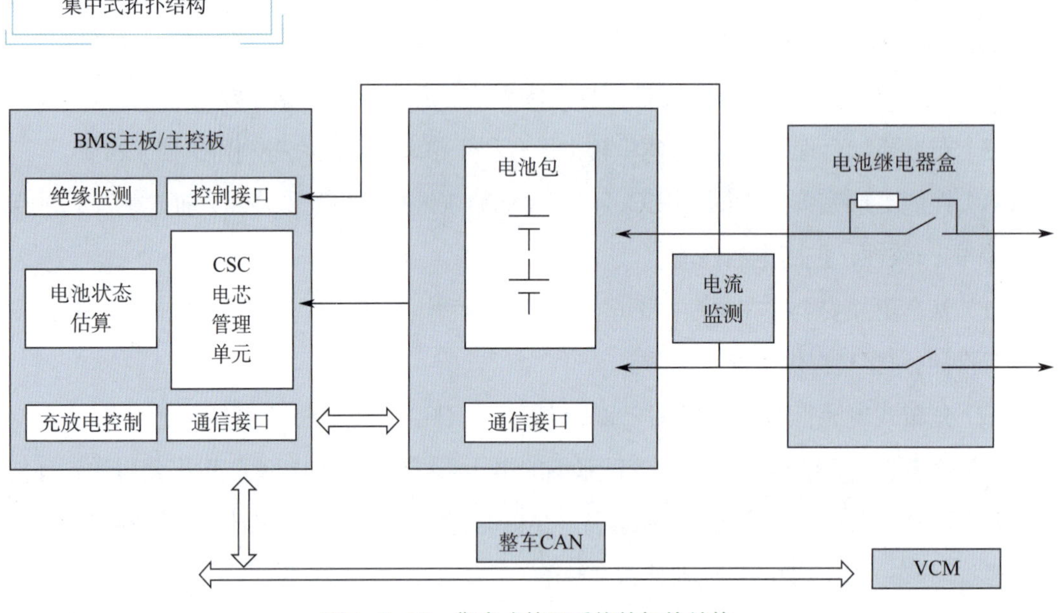

图 1-2-13　集中式管理系统的拓扑结构

（2）分布式动力蓄电池管理系统

如图 1-2-14 所示，该分布式动力蓄电池管理系统位于蓄电池系统的前侧两端和中后侧。分布式动力蓄电池管理系统的拓扑结构如图 1-2-15 所示，BIC 采集单体电池的信息并通过数据接口反馈给 BMC，主控盒通过 CAN 总线与 VCM 进行通信。

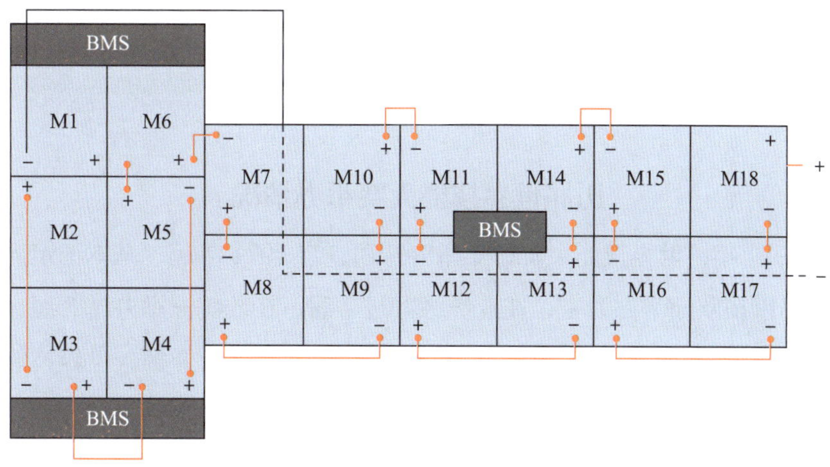

图 1-2-14 分布式管理系统的位置

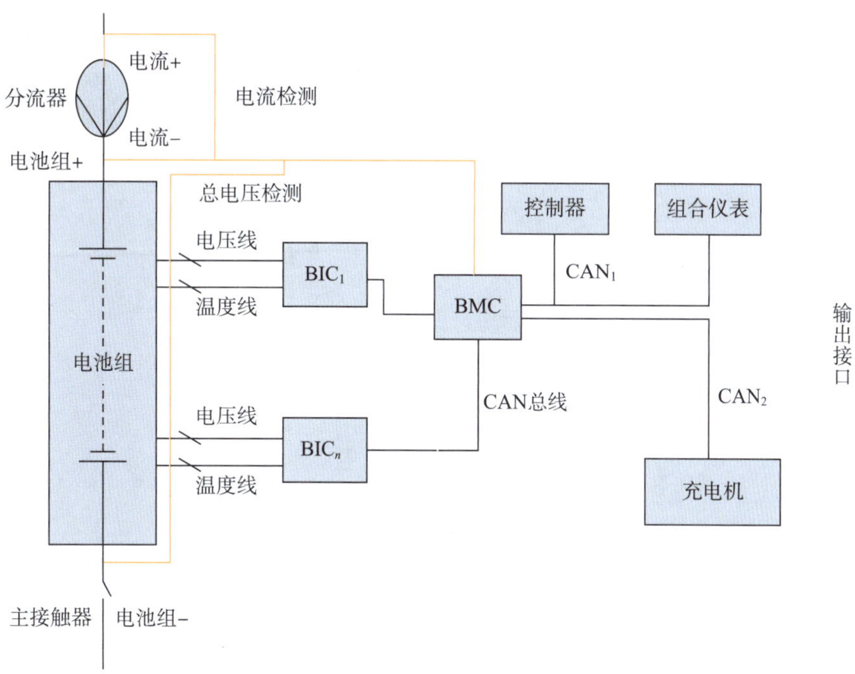

图 1-2-15 分布式管理系统的拓扑结构

思考与练习

1. 什么是动力蓄电池管理系统？

2. 集中式和分布式动力蓄电池管理系统各有哪些特点？

3. 简述动力蓄电池热管理系统的功能。

世赛知识

历届世界技能大赛举办情况

1955—1971 年，世界技能大赛每年举办一届，自 1971 年起，基本稳定为每两年举办一届。大赛以在欧洲举办为主，在亚洲举办过 7 届，在北美洲举办过 3 届，在南美洲举办过 1 届，在大洋洲举办过 1 届。从欧洲到亚洲、美洲、大洋洲，世界技能大赛足迹的延伸充分说明了其创意的成功之处。以技能的比拼、展示、传播为核心，以鼓励青年技术工人成长为己任，世界技能大赛从诞生之日起，就与社会生产具有紧密的联系，满足了社会发展的需求，顺应了历史的潮流。

历届世界技能大赛举办地及参赛情况

届次	举办年份	举办地点	参赛选手	参赛国家和地区
1	1950	西班牙马德里	24 名	2 个
2	1951	西班牙马德里	18 名	2 个
3	1953	西班牙马德里	65 名	7 个
4	1955	西班牙马德里	83 名	7 个
5	1956	西班牙马德里	88 名	8 个
6	1957	西班牙马德里	128 名	8 个
7	1958	比利时布鲁塞尔	144 名	10 个
8	1959	意大利摩德纳	150 名	9 个
9	1960	西班牙巴塞罗那	173 名	7 个
10	1961	德国杜伊斯堡	192 名	11 个
11	1962	西班牙希洪	156 名	10 个
12	1963	爱尔兰都柏林	224 名	13 个
13	1964	葡萄牙里斯本	197 名	12 个
14	1965	英国格拉斯哥	204 名	11 个
15	1966	荷兰乌特勒支	220 名	11 个
16	1967	西班牙马德里	233 名	11 个
17	1968	瑞士伯尔尼	249 名	14 个
18	1969	比利时布鲁塞尔	260 名	15 个

续表

届次	举办年份	举办地点	参赛选手	参赛国家和地区
19	1970	日本东京	274 名	15 个
20	1971	西班牙希洪	283 名	15 个
21	1973	德国慕尼黑	281 名	15 个
22	1975	西班牙马德里	293 名	17 个
23	1977	荷兰乌特勒支	291 名	17 个
24	1978	韩国釜山	245 名	14 个
25	1979	爱尔兰科克	278 名	14 个
26	1981	美国亚特兰大	274 名	14 个
27	1983	奥地利林茨	314 名	18 个
28	1985	日本大阪	307 名	18 个
29	1988	澳大利亚悉尼	351 名	20 个
30	1989	英国伯明翰	349 名	21 个
31	1991	荷兰阿姆斯特丹	432 名	25 个
32	1993	中国台北	435 名	25 个
33	1995	法国里昂	506 名	28 个
34	1997	瑞士圣加仑	533 名	30 个
35	1999	加拿大蒙特利尔	567 名	33 个
36	2001	韩国汉城	576 名	35 个
37	2003	瑞士圣加仑	618 名	36 个
38	2005	芬兰赫尔辛基	666 名	38 个
39	2007	日本静冈	812 名	46 个
40	2009	加拿大卡尔加里	847 名	45 个
41	2011	英国伦敦	931 名	51 个
42	2013	德国莱比锡	999 名	53 个
43	2015	巴西圣保罗	1 186 名	62 个
44	2017	阿联酋阿布扎比	1 260 余名	68 个
45	2019	俄罗斯喀山	1 355 名	63 个

模块二
动力蓄电池的检修

课题一 | 动力蓄电池的检测与更换

学习目标

1. 能准确描述常见新能源汽车车型动力蓄电池的结构组成与安装位置。
2. 能描述常见新能源汽车车型动力蓄电池的质保期。
3. 能叙述新能源汽车作业“十不准”的内容。
4. 能按操作规范完成动力蓄电池的拆装。

●任务描述：

一辆北汽 EV160 型汽车因动力蓄电池故障而无法行驶，被拖车运至店内。经维修技师检查后，确认动力蓄电池需要进行更换，你的主管要求你承担动力蓄电池的检测与更换任务。

●任务分析：

动力蓄电池作为新能源汽车的动力源，一旦出现故障则会造成整车高压系统无法正常上电，进而导致车辆无法行驶。因此，需要将动力蓄电池拆卸后，利用专用设备仪器进行检测与维修。

相关理论

一、常见车型的动力蓄电池

新能源汽车的动力蓄电池一般位于车辆底部前、后桥及两侧纵梁之间，安装在此处能使其具有较高的抗碰撞安全性，还可以降低车辆重心，使车辆具有更好的操控性。将新能源汽车的动力蓄电池安装在驾驶室下方的车架纵梁之间，不但使拆装操作更加简单，避免了动力蓄电池安装分散，减少了动力蓄电池之间高压连接线束的使用，而且节约了成本。

动力蓄电池一般安装在清洁、阴凉、通风、干燥的地方并且要避免受到阳光直射，同时要远离加热器和其他辐射热源。动力蓄电池一般正立安装放置，不可倾斜。动力蓄电池组间采取通风措施，避免因动力蓄电池损坏而产生的可燃气体引起爆炸和燃烧。

下文介绍几种具有代表性的新能源车型动力蓄电池，包含其结构组成、安装位置及技术参数。

1. 丰田普锐斯混合动力汽车动力蓄电池

（1）动力蓄电池结构

丰田普锐斯混合动力汽车动力蓄电池系统主要由 HV（高压）混合动力蓄电池温度传感器、维修塞连接器（高压维修开关）、电池智能单元、HV 混合动力蓄电池鼓风机及 HV 混合动力蓄电池等构成，如图 2-1-1 所示。

第一代丰田混动系统（toyota hybrid system，THS）的 HV 混合动力蓄电池有 228 个单体电池：（1.2 V×6 个单体电池）×38 个模组，额定电压为 DC 273.6 V。相比之下，丰田的第二代混动系统（THS-Ⅱ）的 HV 混合动力蓄电池有 168 个单体电池：（1.2 V×6 个单体电池）×28 个模组，额定电压为 DC 201.6 V。这些内部改进，使蓄电池具有结构紧凑、重量轻等特点。

THS 的 HV 混合动力蓄电池单体电池间为单点连接，THS-Ⅱ的 HV 混合动力蓄电池单体电池间为双点连接，这样可以有效减小蓄电池的内部电阻。

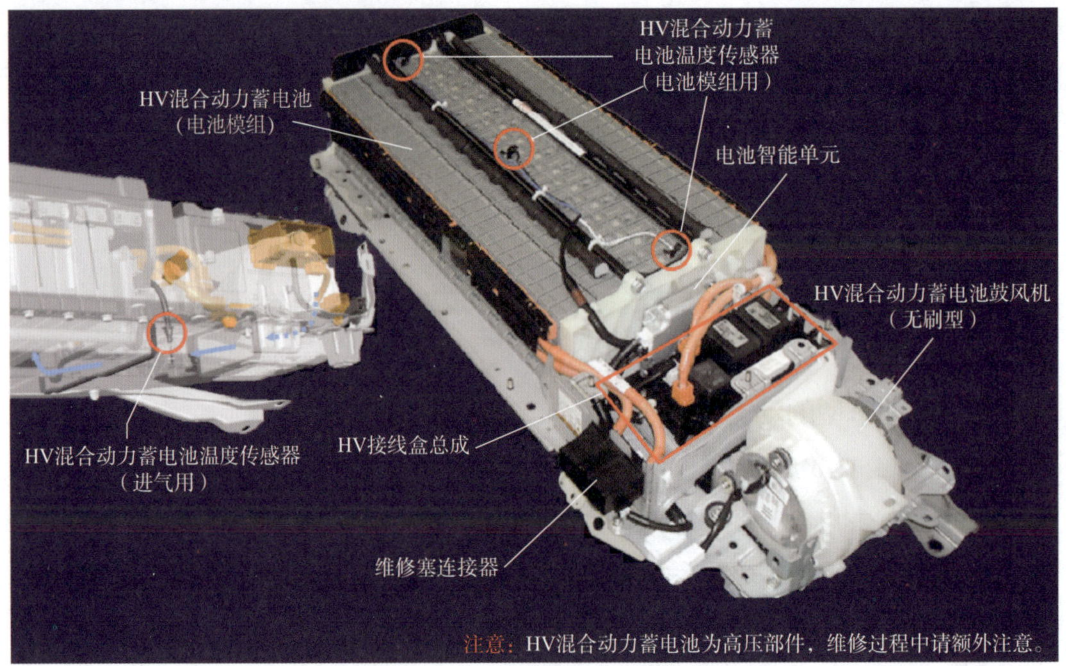

图 2-1-1　丰田普锐斯混合动力汽车动力蓄电池结构

（2）动力蓄电池安装位置

第二代丰田普锐斯混合动力汽车的动力蓄电池采用全封闭的镍氢蓄电池，安装于车辆的后部，安装位置如图 2-1-2 所示。

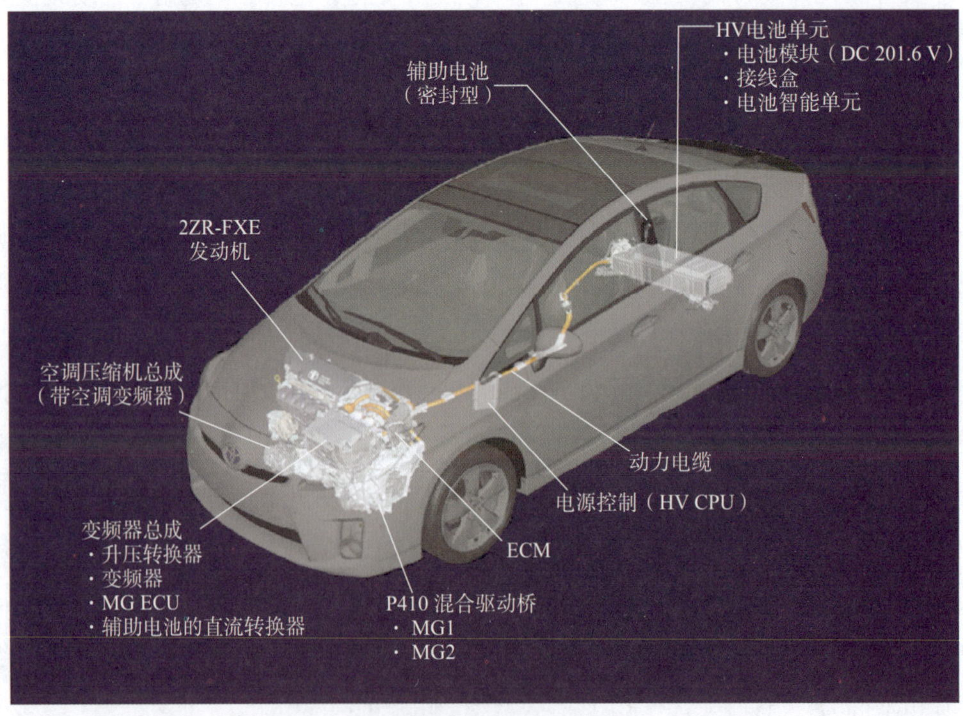

a）动力蓄电池安装位置

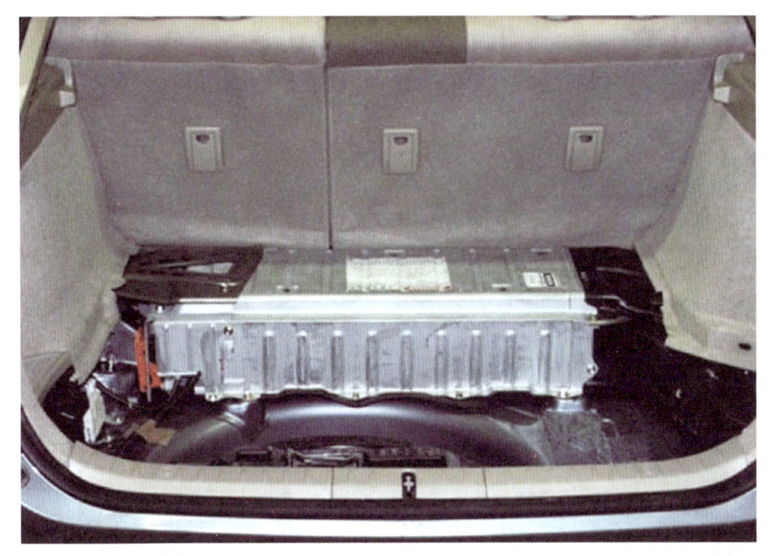

b）动力蓄电池安装位置（实车）

图 2-1-2 第二代丰田普锐斯混合动力汽车动力蓄电池安装位置

（3）动力蓄电池技术参数

第二代丰田普锐斯混合动力汽车动力蓄电池的技术参数见表 2-1-1。

表 2-1-1 第二代丰田普锐斯混合动力汽车动力蓄电池技术参数

<table>
<tr><td rowspan="3">电池模组</td><td>类型</td><td>密封型镍氢电池</td></tr>
<tr><td>电池数量 / 个</td><td>168（6×28）</td></tr>
<tr><td>电压 /V</td><td>201.6（1.2×168）</td></tr>
<tr><td rowspan="2">维修塞</td><td>熔断器额定电流 /A</td><td>125</td></tr>
<tr><td>互锁开关</td><td>有</td></tr>
<tr><td rowspan="2">HV 混合动力蓄电池冷却鼓风机</td><td>电机类型</td><td>无刷型电机</td></tr>
<tr><td>风扇类型</td><td>sirocco 风扇</td></tr>
<tr><td colspan="2">HV 混合动力蓄电池温度传感器</td><td>1 个进气温度传感器
3 个电池模组温度传感器</td></tr>
<tr><td colspan="2">HV 接线盒总成</td><td>电池电流传感器、电抗器</td></tr>
</table>

2. 北汽纯电动汽车动力蓄电池

（1）北汽 EV160

1）动力蓄电池结构

北汽 EV160 纯电动汽车动力蓄电池由动力蓄电池箱、动力蓄电池模组、蓄电池电压采集盒、辅助元器件（电器件及高低压连接器等）组成，其功能为接收和储存由车载充电机、发电机、制动能量回收装置或外部充电装置提供的高压直流电，并且为电驱动系统及电辅助系统提供能量，其结构如图 2-1-3 所示。

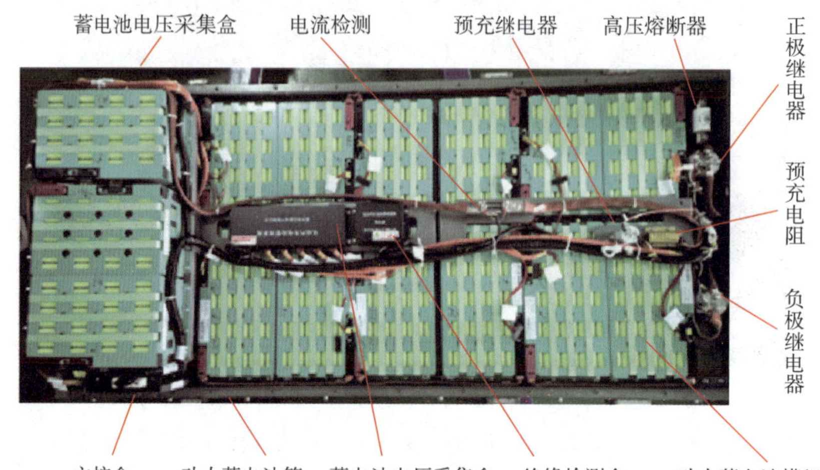

图 2-1-3　北汽 EV160 纯电动汽车动力蓄电池结构

2）动力蓄电池安装位置

北汽 EV160 纯电动汽车动力蓄电池安装于车辆下方底盘处，如图 2-1-4 所示。

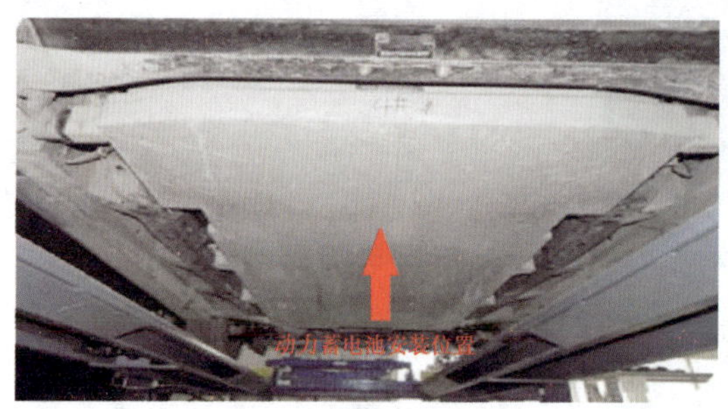

图 2-1-4　北汽 EV160 纯电动汽车动力蓄电池安装位置

3）动力蓄电池技术参数

北汽 EV160 纯电动汽车的两款动力蓄电池技术参数见表 2-1-2。

表 2-1-2　北汽 EV160 两款动力蓄电池技术参数

项目	SK-30.4 kW · h	PPST-25.6 kW · h
零部件号	E00008302	E00008417
电池系统供应商	BESK	PPST
电芯供应商	SKI	ATL

续表

项目	SK-30.4 kW · h	PPST-25.6 kW · h
BMS 供应商	SK innovation	E-power
额定电压 /V	332	320
电芯容量 /（A · h）	91.5	80
额定能量 /（kW · h）	30.4	25.6
连接方式	3P91S	1P100S
总质量 /kg	291	295
总体积 /L	240	240
工作电压范围 /V	250 ~ 382	250 ~ 365
比能量 /（W · h · kg^{-1}）	104	87

（2）北汽 EV200

1）动力蓄电池结构

北汽 EV200 纯电动汽车动力蓄电池由电池箱体、电池模组、电池管理系统、电池管理控制器、高压维修开关及其他辅助元器件等组成，如图 1-1-15 所示。

2）动力蓄电池安装位置

北汽 EV200 动力蓄电池箱体、模组安装在车辆车厢底部。

3）动力蓄电池技术参数

北汽 EV200 纯电动汽车所用动力蓄电池为 SK-30.4 kW · h，其技术参数见表 2-1-2。

3. 比亚迪新能源汽车动力蓄电池

（1）比亚迪 e6

1）动力蓄电池结构

比亚迪 e6 动力蓄电池由 11 个动力蓄电池模组，共 96 个单体电池组成，如图 2-1-5 所示。比亚迪 e6 采用了磷酸铁锂蓄电池，每个单体电池的电压约为 3.3 V，将 96 节单体电池串联后，可以形成约 316.8 V 的总电压。

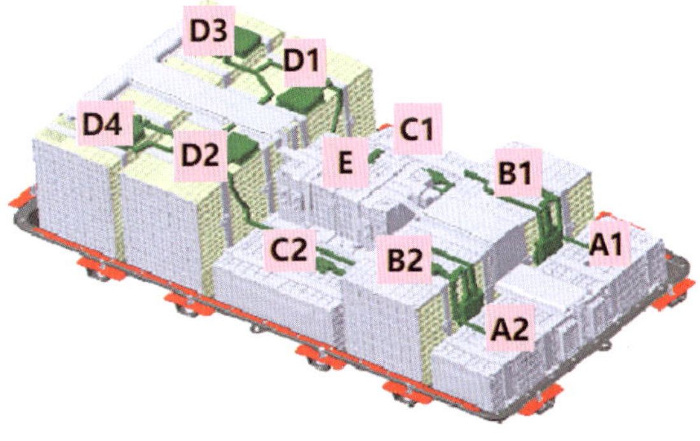

图 2-1-5　比亚迪 e6 动力蓄电池结构

在比亚迪 e6 的动力蓄电池组总成中，可以分别对 11 个电池模组进行标记和命名，即从 A1～E 分别标记为 A1、A2、B1、B2、C1、C2、D1、D2、D3、D4 和 E。

其中：

A1、A2、E——每个电池模组有 4 个单体电池串联。

B1、B2——每个电池模组有 10 个单体电池串联。

C1、C2——每个电池模组有 8 个单体电池串联。

D1、D2、D3、D4——每个电池模组有 12 个单体电池串联。

2）动力蓄电池安装位置

比亚迪 e6 动力蓄电池安装于车辆下部底盘位置处，如图 2-1-6 所示。

图 2-1-6　比亚迪 e6 动力蓄电池安装位置

3）动力蓄电池技术参数

比亚迪 e6 的动力蓄电池技术参数见表 2-1-3。

表 2-1-3　比亚迪 e6 动力蓄电池技术参数

车型	电池类型	电芯供应商	电量 /（kW·h）	比能量 /（W·h·kg^{-1}）	热管理功能	设计寿命	低温充电能力
比亚迪 e6	磷酸铁锂蓄电池	BYD	61.4	81.9	无	8 年 / 15 万公里	低于 −5 ℃无法直接充电

（2）比亚迪秦

1）动力蓄电池结构

比亚迪秦的动力蓄电池主要由 152 个单体电池（10 个电池模组）、电压及温度采样线束、电池隔板、安装支架组成，如图 2-1-7 所示。

图 2-1-7　比亚迪秦动力蓄电池结构

2）动力蓄电池安装位置

比亚迪秦动力蓄电池位于行李舱内，如图 2-1-8 所示。

图 2-1-8　比亚迪秦动力蓄电池安装位置

3）动力蓄电池技术参数

比亚迪秦动力蓄电池的单体电池电压为 3.3 V，电池包标称电压为 501.6 V，标称容量为 26 A·h，一次充电 13 kW·h。

（3）比亚迪唐

1）动力蓄电池结构

比亚迪唐动力蓄电池主要由 8 个动力蓄电池模组、16 个动力蓄电池信息采集器、动力蓄电池串联线、动力蓄电池支架、动力蓄电池包密封罩、动力蓄电池采样线等组成，如图 2-1-9 所示。

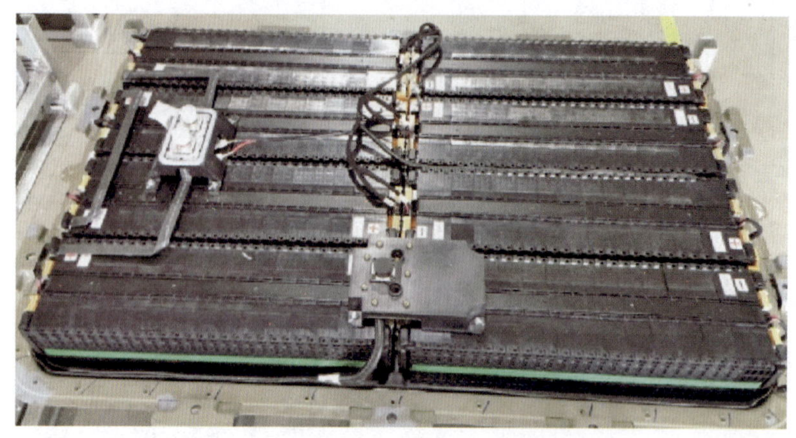

图 2-1-9　比亚迪唐动力蓄电池结构

2）动力蓄电池安装位置

比亚迪唐动力蓄电池位于车辆底部，如图 2-1-10 所示。

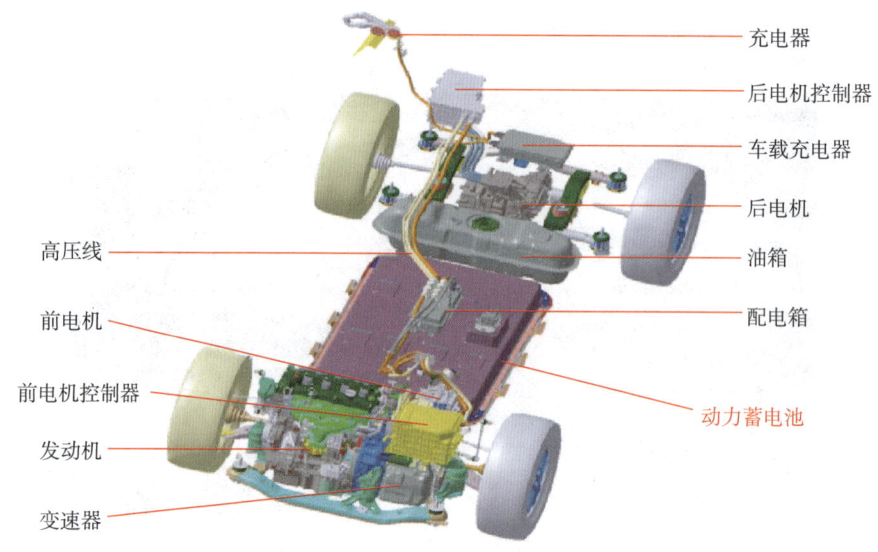

图 2-1-10　比亚迪唐动力蓄电池安装位置

3）动力蓄电池技术参数

比亚迪唐动力蓄电池的单体电池电压为 3.3 V，电池包标称电压为 712.8 V，共 216 个单体电池，一次充电 18.5 kW · h。

二、动力蓄电池故障指示灯含义

动力蓄电池故障指示灯的图示、颜色、故障含义及故障说明见表 2-1-4。

三、常见车型整车和动力蓄电池的质保期

常见车型的整车质保和动力蓄电池质保情况见表 2-1-5。

表 2-1-4 动力蓄电池故障指示灯

图示	颜色	故障含义	故障说明
	黄色	动力蓄电池提醒（电量不足报警）	起动状态下，当电量低于30%时，动力蓄电池充电提示灯点亮。当电量高于35%时，动力蓄电池充电提示灯熄灭
	红色	动力蓄电池故障	起动状态下，动力蓄电池故障
	红色	动力蓄电池故障	起动状态下，动力蓄电池断开，不能提供动力来源
	红色	充电线连接	起动状态下，充电口盖未闭合
	红色	动力蓄电池绝缘电阻低	起动状态下，动力蓄电池的绝缘电阻低

表 2-1-5 常见车型的整车和动力蓄电池质保期

汽车制造商	车型	整车质保期	电池质保期
特斯拉	Models	4年或8万公里	8年不限里程
宝马	i3	3年或10万公里	8年或10万公里
比亚迪戴姆勒	腾势	3年或8万公里	6年或15万公里
东风日产	晨风	5年或10万公里	5年或10万公里
北汽集团	EV200	3年或6万公里	6年或15万公里
长安汽车	逸动EV	3年或6万公里	5年或10万公里

四、新能源汽车作业“十不准”

在维修带有高电压的新能源汽车前，务必规范执行高电压的断电和检验操作，避免因意外高压触电。在进行高压系统断电前，除需做好场地布置、绝缘用品准备、断开低压电源等准备工作外，还需了解新能源汽车作业“十不准”。

1. 非持证电工不准装接电动汽车高压电气设备。

2. 任何人不准玩弄电气设备和开关。

3. 破损的电气设备应及时调换，不准使用绝缘损坏的电气设备。

4. 不准利用车身电源对电动汽车以外的用电设备供电。

5. 设备检修切断电源时，任何人不准启动挂有警告牌的电气设备，或合上已经断开的熔断器。

6. 不准用水冲洗擦拭电气设备。

7. 熔丝熔断后，不准更换规格不符的熔丝。

8. 不经技术部门或主管部门审批，不准私自改动和加装。

9. 发现有人触电，应立即切断电源进行抢救，未脱离电源前不准直接接触触电者。

10. 雷雨天气，不准在室外进行车辆充电和维修维护。

任务实施

一、拆装准备

1. 布置场地

作业前先进行现场环境检查，检查绝缘垫，设立隔离柱，布置警戒线，设置警示牌，以避免无关人员进入发生安全事故。场地布置如图 2-1-11 所示。

图 2-1-11　场地布置

2. 准备绝缘用品

（1）个人安全防护用品

新能源汽车维修人员必须检查并穿戴必要的个人安全防护用品，如绝缘手套、绝缘鞋、护目镜、安全帽等，其耐压等级需符合作业要求，如图 2-1-12 所示。

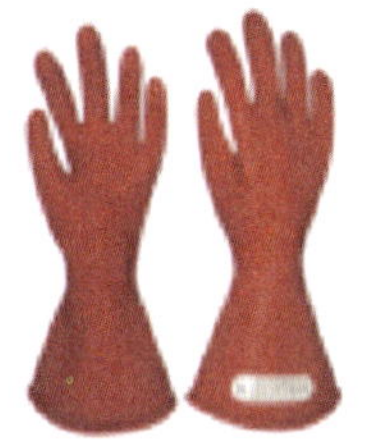
绝缘手套

绝缘鞋

护目镜

安全帽

图 2-1-12 个人安全防护用品

（2）绝缘工具

若新能源汽车的维修操作中涉及高压部件的拆装，则需要使用绝缘工具，确保操作人员的人身安全。图 2-1-13 所示为常见绝缘工具套装。

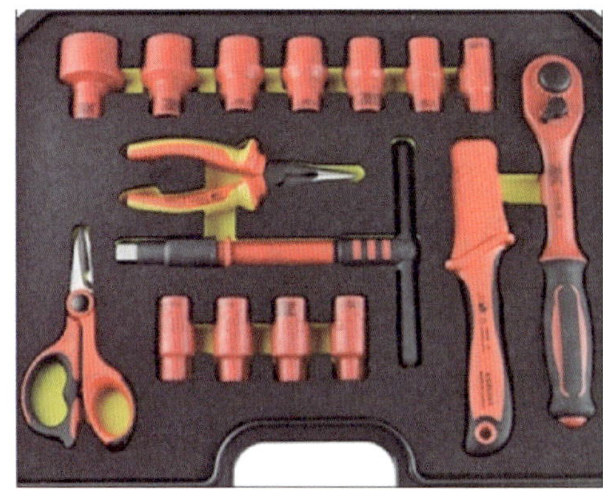

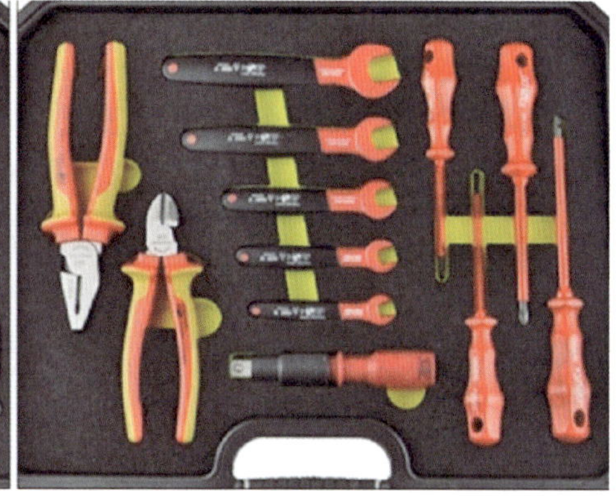

图 2-1-13 常见绝缘工具套装

（3）绝缘测试仪器

对新能源汽车上的电气设备进行绝缘性能检测时，需要使用专用的绝缘测试仪器，测量高压电缆及零部件的绝缘电阻是否处于规定范围内。图 2-1-14 所示为绝缘万用表。

图 2-1-14 绝缘万用表

3. 安全准备工作及注意事项

操作过程中的安全准备工作及注意事项见表 2-1-6。

表 2-1-6　　　　　　安全准备工作及注意事项

操作步骤	操作项目	注意事项
整理场地	准备场地	1. 高压动力蓄电池单元修理工位必须洁净、干燥、无油脂、无飞溅火花 2. 为了防止无关人员进入工位以及无法确保高电压周边安全或出现不明状态时，应使用隔离带，竖立黄色发光警告提示 3. 检查灭火器是否处于正常使用状态 4. 检查工位地面绝缘是否良好
检查场地设备	准备场地设备	1. 检查举升器的维护保养日期，试运行举升器，检测工作状况 2. 检查车辆停放位置，检查举升臂高度 3. 检查动力蓄电池托举车的工作状况
检查车辆	准备车辆	1. 检查车辆有无划痕、变形、损伤并进行记录 2. 检查车辆挡块是否齐备安装、稳固有效 3. 检查车辆举升支撑是否处于正确位置
检查安全防护设备	检查绝缘手套	1. 检查绝缘手套标识，确认耐压等级 2. 检查绝缘手套外观有无明显磨损痕迹 3. 检查绝缘手套密封性 （1）卷起手套边缘 （2）折叠并封住手套开口 （3）向手套内吹气，确认无空气泄漏 （4）用同样的方法检查另一只手套
	检查安全帽	1. 检查安全帽有无破损、裂纹 2. 根据自身情况调整安全帽扣带
	检查护目镜	1. 检查护目镜表面有无破损、裂纹，镜面是否清晰 2. 根据自身情况调整护目镜扣带
	检查绝缘鞋	1. 检查绝缘鞋标识，确认耐压等级 2. 检查绝缘鞋有无破损、老化和裂纹
	检查绝缘服	1. 检查绝缘服标识，确认耐压等级 2. 检查绝缘服有无破损、油污、各扣合位置能否正常使用
检查拆装工具	检查工具	1. 清点绝缘工具，确保项目使用工具正常可用、绝缘部位无破损、老化、裂纹 2. 确保扭力扳手检验合格证处于有效期内，扭矩参数调整灵活准确

续表

操作步骤	操作项目	注意事项
检查检测设备	检查汽车用数字万用表	1. 确保万用表设备及附件配备齐全 2. 检查万用表设备合格证书 3. 校验万用表，确认测量有效性
	检查漏电诊断仪	1. 确保漏电诊断仪设备及附件配备齐全 2. 检查漏电诊断仪设备合格证书 3. 校验漏电诊断仪，确认测量有效性
	检查放电工装	1. 确保放电工装设备及附件配备齐全 2. 检查放电工装设备合格证书

二、低压断电

1. 关闭车辆起动开关，确认起动开关置于 LOCK 位置，将钥匙放到安全区域，通常应远离被维护的汽车。

注意：如果是可以使用按钮起动的汽车，应把钥匙拿到离车至少 5 m 远的地方，或锁入维修柜，防止汽车被意外起动。

2. 所有充电口应用绝缘胶布封住，防止车辆作业时被误充电，如图 2-1-15 所示。

3. 断开低压蓄电池负极。切断低压控制系统，防止在进行高压系统维修时误操作导致高压上电，造成危险，如图 2-1-16 所示。对低压蓄电池负极桩进行绝缘处理，并等待 5 min 以上，如图 2-1-17 所示。

图 2-1-15　充电口防护

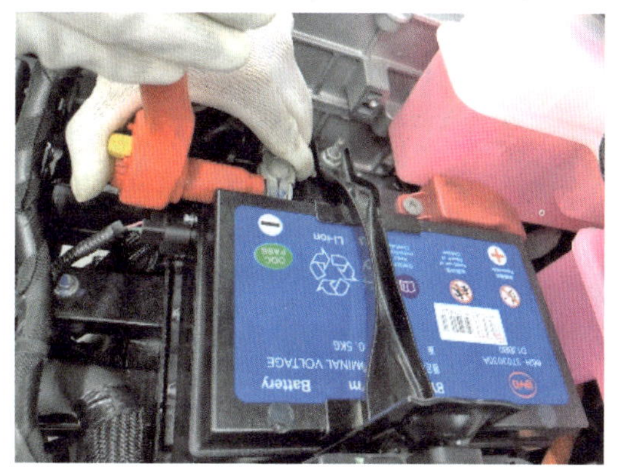

图 2-1-16　断开低压蓄电池负极

图 2-1-17　低压蓄电池负极桩绝缘处理

注意：正常情况下，在起动开关关闭后，高压系统可能仍然存在高压电，这是高压线路中的电容造成的，需要经过一段时间的等待，电容中的电荷才能被完全释放。

三、高压断电

1. 拆除后排座椅及地板胶

北汽新能源 EV160 的高压维修开关安装在后排座椅地垫位置，如图 2-1-18 所示，拆除高压维修开关前需要拆除后排座椅及地板胶。

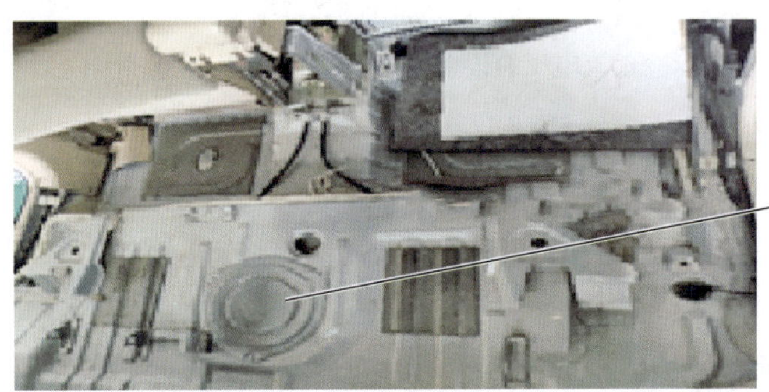

图 2-1-18　高压维修开关位置

2. 拆卸高压维修开关遮板固定螺栓

佩戴绝缘手套，使用绝缘工具拆卸高压维修开关遮板的固定螺栓，如图 2-1-19 所示。

a）高压维修开关　　b）拆卸固定螺栓

图 2-1-19　拆卸高压维修开关遮板固定螺栓

3. 拆除高压维修开关

拆除高压维修开关并放置警示牌，如图 2-1-20 所示。

图 2-1-20　拆除高压维修开关并放置警示牌

4. 安全存放高压维修开关

将拆下的高压维修开关妥善保存在口袋或工具箱中，防止其他人将它安装到车辆上，并将裸露的高压维修开关槽用绝缘胶布封住。

正常情况下，当高压维修开关被拆除后，整车的高压部件将不再具有高压，动力蓄电池的总输出正负极端口也不再有高压。需要注意的是，即使高压维修开关被拆除，动力蓄电池内的单体电池或模组及其连接电路仍然在串联位置具有高压。

部分新能源汽车没有配备专用的高压维修开关，如 2016 款比亚迪 e5 等车型。对于这类汽车，应在完成准备工作后，断开动力蓄电池高压电缆连接器，进行高压断电。

以北汽新能源 EV160 为例，高压维修开关设置在动力蓄电池系统中，属于物理性电路开关，其主要功能是在纯电动汽车进行维修作业时，将动力蓄电池系统内 340 V 左右的电压分成大致相等的两部分，每部分约 170 V，目的是保证维修作业人员的人身安全。

高压系统断电操作应注意以下几点：

（1）高压维修开关只在特殊情况下操作，如车辆维修、漏电报警等情况，在非特殊情况下不允许对高压维修开关进行操作。

（2）高压维修开关的操作应由专业人员进行，操作人员应该进行过相关培训。

（3）只有在车辆已被下电，同时高压线路口电容已充分放电的情况下才能拆下高压维修开关。

（4）操作时，操作人员必须佩戴必要的安全防护用品，如绝缘手套、绝缘鞋等，其耐压等级必须高于电池组的最高电压。使用前需检查其是否完好无损，确保安全。

（5）拆除高压维修开关后，必须妥善保管，直至检修完毕，避免误操作。

四、高压放电与验电

1. 高压部件放电

维修新能源汽车时，虽然对电器设备进行了断电处理，但所维修的高压部件可能存在残余电量，应使用万用表对维修部位进行电压测量，如果测量值大于 0 应使用放电工装对该部位进行放电，电压值为 0 后方可进行作业，如图 2-1-21 所示。

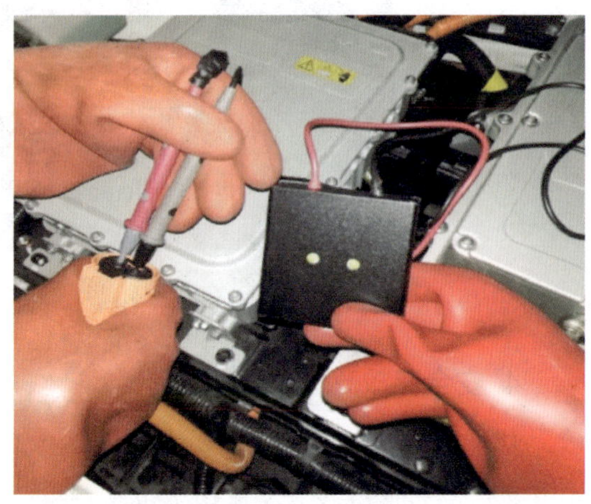

图 2-1-21 高压部件放电作业

注意：

（1）放电操作时，确保佩戴绝缘橡胶手套。

（2）放电完毕后，必须再次验电，确保放电有效。

2. 高压验电

使用万用表测量维修的高压部件连接器的各个高压端子，以判断高压断电后是否还存有高电压。若电源侧显示电压较大，则说明动力蓄电池系统存在故障，待故障排除后再进行下一步作业；若负载侧有较小电压，则应利用放电工装进行放电。放电结束后，再次测量其电压，确保电压值为 0，如图 2-1-22 所示。

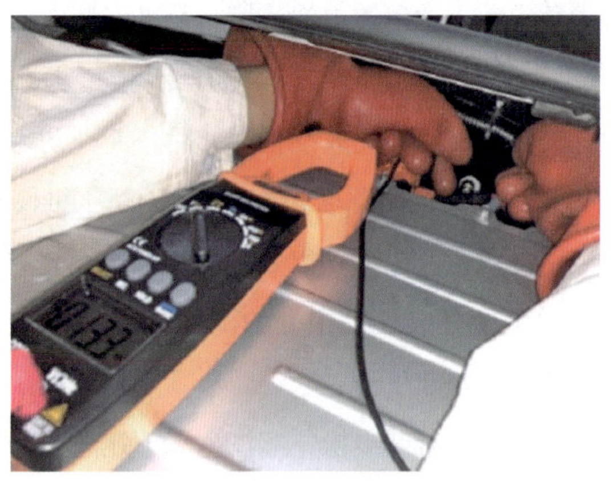

图 2-1-22 用万用表测量电压

注意：

（1）在检验高压端子期间，必须佩戴好个人安全防护用品。

（2）验电时，必须使用电压等级高于车辆电压的测量仪表。

（3）验电后如果仍有高电压，需再次进行放电和验电。

五、动力蓄电池的拆卸

1. 举升车辆至适当高度，并拆卸底部护板，如图 2-1-23 所示。

图 2-1-23　拆卸底部护板

2. 先后拆卸动力蓄电池低压及通信插头和高压母线插头，如图 2-1-24 所示。

a）拆卸低压及通信插头

b）拆卸高压母线插头

图 2-1-24　拆卸动力蓄电池低压及通信插头和高压母线插头

3. 进行动力蓄电池电源侧验电及放电操作，如图 2-1-25 所示。

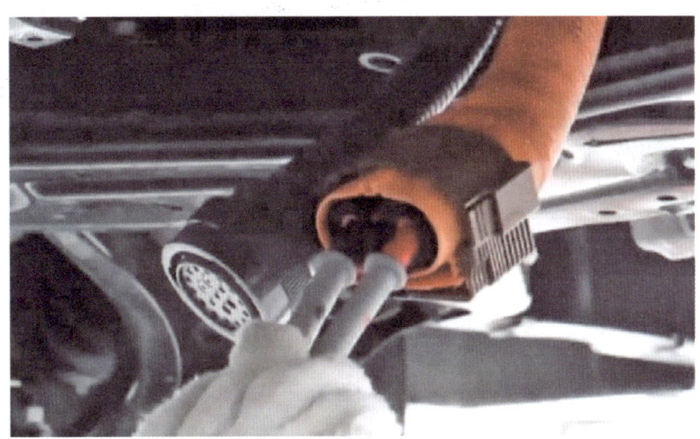

图 2-1-25　电源侧验电及放电

4. 做好动力蓄电池侧插座防护，如图 2-1-26 所示。

图 2-1-26　动力蓄电池侧插座防护

5. 检查动力蓄电池举升车工作情况。将举升车推移到动力蓄电池正下方，调整位置后锁止举升车四轮，连接举升车动力源，调整举升车平台至水平，使其缓慢上升，托住动力蓄电池底部，如图 2-1-27 所示。

图 2-1-27　动力蓄电池举升车位置

6. 使用绝缘工具，按照对角线拆卸的顺序，先将所有固定螺栓拧松，再逐一拆下动力蓄电池固定螺栓，如图 2-1-28 所示。

7. 缓慢举升车辆，检查动力蓄电池与车辆是否顺利脱离，如图 2-1-29 所示。

图 2-1-28 拆卸动力蓄电池固定螺栓

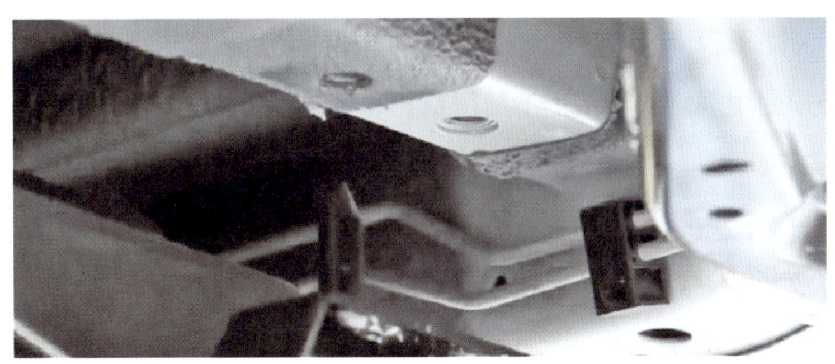

图 2-1-29 检查脱离情况

8. 缓慢降下动力蓄电池举升车平台，打开举升车车轮锁止开关，将动力蓄电池移出工位。

注意：

（1）防止无关人员进入工位以及无法确保高电压周边安全或出现不明状态时，应使用隔离带。离开工作区域时，建议竖立黄色发光警告提示。

（2）拆卸盖板前，应清除高电压动力蓄电池单元盖板区域内的残留水分和杂质。

（3）进行每项工作之时、之前和之后应对作业组件进行仔细检查。例如，拆卸某一组件时，应检查由此松开的其他组件是否损坏。

（4）在拔下和插上 BMS 的绝缘监控导线时必须特别小心，因为在较细导线上存在高电压。拔下插头时，须注意不要拉动导线，并注意插头是否正确锁止，如果未正确锁止，可能会无法识别绝缘故障。

（5）工作中断时，应盖上拆下的壳体端盖并拧入几个螺栓，防止无意中打开。

（6）在高电压组件或连接件上及其附近，不要使用带有尖锐刃口或边缘的工具和物体，例如螺钉旋具、侧面切刀等，允许使用装配楔。在 12 V 车载网络导线束上，允许使用侧面切刀打开导线扎线带。

（7）不允许切开高电压导线上的扎线带。可以松开卡子或将高电压导线连同支架部件一起拆卸。

（8）拆卸和安装电池模块的过程中，松开螺栓和进行拆卸时必须注意，不要松开电池模块上的塑料盖板，因为下面装有导电电池接触系统。

（9）如果高电压动力蓄电池单元内部有杂质，应明确原因后对相关部位进行仔细清洁，允许使用酒精、风窗玻璃清洗液、玻璃清洗液和蒸馏水作为清洁剂，也可以使用带塑料盖的吸尘器进行清洁。

（10）由于散热器的设计结构非常扁平，导致拆卸和安装时损坏风险较高，因此必须始终由两个人来拆卸和安装散热器。拆卸和安装散热器时必须非常谨慎，因为散热器损坏（弯曲、凹陷）后，无法对电池模块进行冷却，会使车辆可达里程和功率明显下降。重新安装前必须使用规定的清洁剂清洁密封垫和密封面（排气单元、高电压插头、12 V 插头和热交换器接口）。

（11）电解液主要结合在固体负极材料和固体正极材料内，高电压动力蓄电池单元内的自由电解液非常少。出现泄漏情况时可能会释放电解液和溶剂蒸气，接触皮肤或眼睛后需用大量清水冲洗并马上就医。发生火灾时会产生易燃气体、污浊气体和对健康有害的物质，如一氧化碳、二氧化碳、氢气等。工作现场应供给充足的新鲜空气，工作人员应注意避免吸入有害气体，在不造成人员伤害的情况下进行灭火并及时通知消防部门。

六、动力蓄电池的外观检查

动力蓄电池外观检查项目及内容见表 2-1-7。

表 2-1-7　　动力蓄电池外观检查项目及内容

检查项目	检查内容
动力蓄电池箱下托盘外观检查	1. 检查动力蓄电池下托盘有无损伤变形 2. 检查动力蓄电池下托盘有无开胶
动力蓄电池箱电器连接器检查	1. 检查动力蓄电池箱电器连接器有无变形、损坏、腐蚀、老化 2. 检查动力蓄电池箱电器连接器有无进水痕迹，有无针脚松动或退针现象
动力蓄电池箱上盖外观检查	1. 检查动力蓄电池箱上盖有无损伤变形 2. 检查动力蓄电池箱螺栓有无损坏缺失 3. 检查动力蓄电池箱定位销有无变形、损坏或缺失

续表

检查项目	检查内容
动力蓄电池线束插座检查	1. 检查动力蓄电池线束插座有无变形、损坏、腐蚀、老化 2. 检查动力蓄电池线束插座有无进水痕迹，有无针脚松动或退针现象
动力蓄电池绝缘性能检查	1. 测量动力蓄电池 EP41 线束绝缘电阻 （1）绝缘电阻测试仪选择电压（标准值：1 000 V） （2）测量 EP41/1 与车身接地之间的电阻（标准值：≥20 MΩ） （3）测量 EP41/2 与车身接地之间的电阻（标准值：≥20 MΩ） 2. 测量动力蓄电池 EP33 线束绝缘电阻 （1）绝缘电阻测试仪选择电压（标准值：1 000 V） （2）测量 EP33/1 与车身接地之间的电阻（标准值：≥20 MΩ） （3）测量 EP33/2 与车身接地之间的电阻（标准值：≥20 MΩ）

七、动力蓄电池的安装

1. 检查动力蓄电池螺栓、螺栓孔及定位销

检查动力蓄电池的螺栓和螺栓孔有无异常情况，确保定位销不少于两个且对角分布、无变形，如图 2-1-30 所示。

图 2-1-30　动力蓄电池安装前检查

2. 举升动力蓄电池

将动力蓄电池举升车推至车辆正下方，动力蓄电池被举升至一定高度后，调整举升平台至水平并调整动力蓄电池定位销及螺栓孔位置，将其与车架对齐，如图 2-1-31 所示。将动力蓄电池缓慢升高至安装位置，锁紧举升车车轮。

注意：

（1）上升过程中不应与后悬架或定位销产生干涉。

（2）动力蓄电池壳体与车架接触时应避免过度举升。

图 2-1-31　定位销位置

3. 预安装动力蓄电池固定螺栓

用手旋入螺栓至少 5 mm（2～3 圈）后使用专用工具预紧螺栓，禁止紧固过度，如图 2-1-32 所示。

图 2-1-32　预紧固定螺栓

4. 紧固动力蓄电池固定螺栓

用预置式扭力扳手紧固固定螺栓，如图 2-1-33 所示。

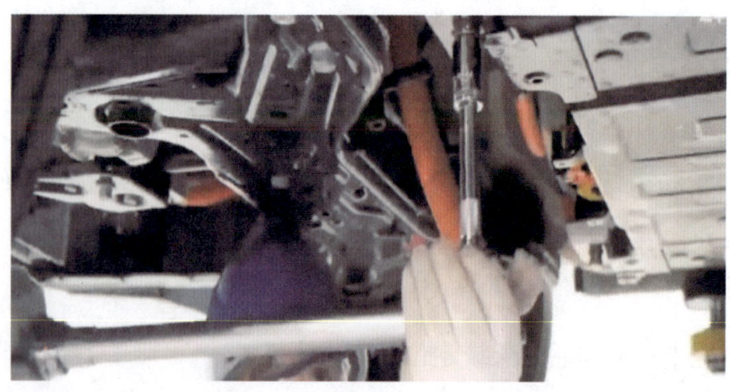

图 2-1-33　紧固固定螺栓

（1）将预置式扭力扳手调整至指定力矩（标准值：95 ~ 105 N · m）。

（2）推动预置式扭力扳手手柄以紧固螺栓（按照后部、前部、两侧的顺序）。

5. 安装动力蓄电池高压连接器

安装动力蓄电池高压连接器，如图 2-1-34 所示。

注意：

（1）正确佩戴绝缘手套和护目镜。

（2）应锁止卡扣。

图 2-1-34　安装高压连接器

6. 安装动力蓄电池低压连接器

安装动力蓄电池低压连接器，如图 2-1-35 所示。

图 2-1-35　安装低压连接器

7. 移出动力蓄电池举升车

检查电池安装情况后，降下动力蓄电池举升车，然后将举升车移出车辆底部。

8. 安装护板

安装护板，按规定扭矩安装并旋紧固定螺栓，如图 2-1-36 所示。

图 2-1-36　安装护板

9. 安装高压维修开关并连接蓄电池负极

降下车辆，安装高压维修开关，连接蓄电池负极，如图 2-1-37 所示。

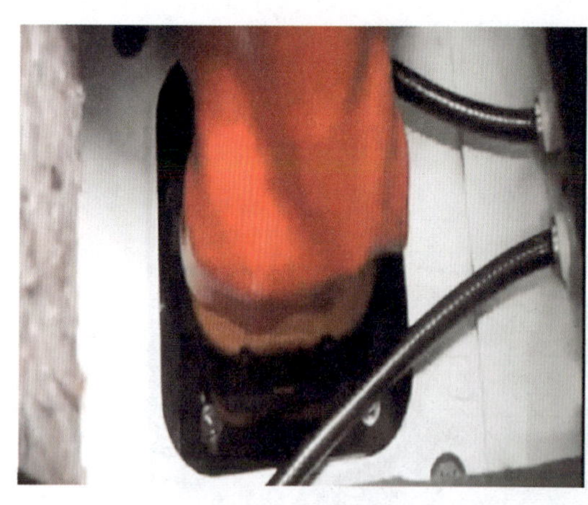

a）安装高压维修开关

b）连接蓄电池负极

图 2-1-37　安装高压维修开关并连接蓄电池负极

10. 起动车辆

起动车辆，检查车辆仪表状态，如图 2-1-38 所示。

图 2-1-38 车辆仪表状态

11. 整理现场

整理车辆、工位，依据 6S 规范整理场地。

知识拓展

电池箱体的防护等级

电池箱体的作用为承载并保护动力蓄电池组及其内部的电气元件。因此，电池箱体具有较高的强度和刚度并且防尘防水。电池箱体的防护等级为 IP67，IP67 防护等级定义如下：

1. 第一特性（防尘等级）

防护等级（代码中的第一个数字）简要描述：

0——无防护。

1——防直径为 50 mm 甚至更大的固体颗粒物。

2——防直径为 12.5 mm 甚至更大的固体颗粒物。

3——防直径为 2.5 mm 甚至更大的固体颗粒物。

4——防直径为 1 mm 甚至更大的固体颗粒物。

5——灰尘防护。不能完全防止灰尘进入，但不会妨碍仪器正常运转且不会降低安全性。

6——灰尘禁锢。灰尘无法进入物体。

2. 第二特性（防水等级）

防护等级（代码中的第二个数字）简要描述：

0——无防护。

1——防垂直落下的水滴，即垂直落下的水滴不会造成有害影响。

2——当箱体向任何一侧倾斜 15° 时，垂直落下的水滴不会造成有害影响。

3——防溅水。以 60° 角从垂直线两侧溅出的水不会造成有害影响。

4——防泼水。对着箱体从任何方向泼水都不会造成有害影响。

5——防喷水。对着箱体从任何方向喷水都不会造成有害影响。

6——防强力喷水。对着箱体从任何方向强力喷水都不会造成有害影响。

7——防短时浸泡。常温常压下，箱体暂时浸泡在 1 m 深的水里将不会造成有害影响。

8——防持续浸泡。在厂家和用户都同意，但是条件比 7 严格的情况下，箱体持续浸泡在水里将不会造成有害影响。

思考与练习

1. 简述新能源汽车动力蓄电池的常见安装位置及原因。
2. 列举一常见纯电动汽车动力蓄电池的结构。
3. 什么是新能源汽车作业“十不准”？

课题二 | 动力蓄电池模组的更换

学习目标

1. 能准确描述动力蓄电池模组故障的现象。
2. 能描述动力蓄电池的组成部件及功能。
3. 能描述电芯失效模式。
4. 能叙述动力蓄电池的存放规则。
5. 能按操作规范完成动力蓄电池模组的拆装。

●任务描述：

一辆北汽 EV160 型汽车因动力蓄电池故障而无法行驶，被拖车运至店内。经维修技师检查后，确认动力蓄电池模组需要更换，你的主管要求你承担动力蓄电池模组的更换任务。

●任务分析：

动力蓄电池模组是动力蓄电池的重要组成部分，当动力蓄电池模组出现故障或模组间电压不一致时，便会出现动力蓄电池无法正常工作的情况，造成动力蓄电池故障。因此，需要对动力蓄电池模组进行检测并更换，待更换后进行电压均衡及检测，方可装复车辆。

相关理论

一、动力蓄电池的组成部件及功能

动力蓄电池主要由动力蓄电池模组、电池管理系统、动力蓄电池箱及辅助元器件四部分组成，其外观如图 2-2-1 所示，动力蓄电池的结构如图 2-2-2 所示。

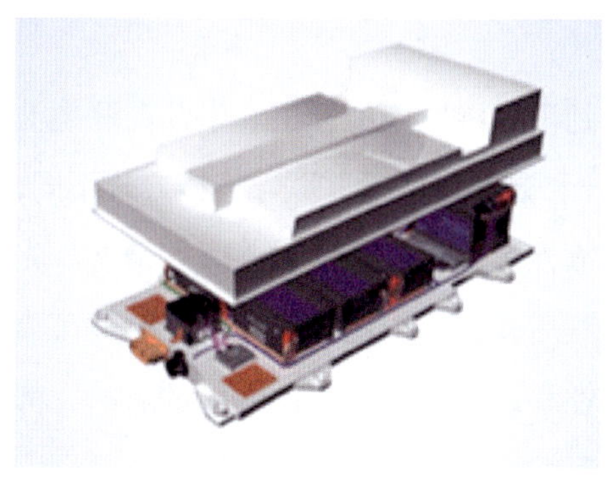

图 2-2-1　动力蓄电池外观

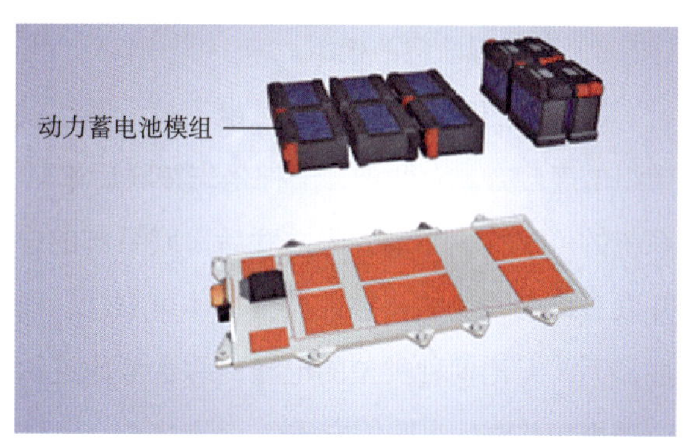

图 2-2-2　动力蓄电池的结构

1. 动力蓄电池模组

（1）动力蓄电池模组的组成

动力蓄电池模组是由多个电池模块或电池单体串联组成的一个组合体。

电池单体是构成动力蓄电池模块的最小单元，一般由正极、负极、电解质及外壳等构成，可实现电能与化学能之间的直接转换。

电池模块是由电池单体并联而成的组合，是电池单体在物理结构和电路上连接起来的最小分组，可作为一个单元替换。

（2）动力蓄电池模组的连接方式

电池模组的连接方式有串联、并联和串并混联。各种连接方式对电池组的使用安全性、可靠性、不一致性、寿命等有不同的影响，对电池管理系统的功能也有不同的影响。

1）串联电池模组

单体电池的额定电压一般偏低，往往不能满足负载额定电压的要求，这时就需要将多个单体电池串联起来使用，称为串联电池模组。串联电池模组适用于输出电流不太大，而对输出电压要求较高的场合。

2）并联电池模组

由于单体电池的输出电流往往不能满足实际应用中负载额定电流的要求，这时就需要将多个单体电池并联起来使用，称为并联电池模组。可见，并联电池模组适用于每个单体电池的电动势能够满足负载所需电压、而单体电池的输出电流小于负载所需电流的情况。

并联电池模组中电池间可以互相充电，当其中一节电池电压较低时，其他电池将为此电池充电。这种连接方式可以将低压电池容量小幅度提高，同时将高压电池容量大幅降低，能量将损耗在互相充电过程中而达不到预期的对外输出。

3）串并混联电池模组

当需要的电源电压较高且电流较大时，就会用到串并混联电池模组。串并混联电池模组的连接方式有两种，一种是先并联后串联，另一种是先串联后并联。连接方式不同，系统的可靠性也不同。先并联后串联系统的连接可靠性远高于先串联后并联的情况。先并联后串联系统的可靠性高于单体可靠性，而先串联后并联系统的可靠性低于单体可靠性，因此无论何种类型的电池，综合考虑连接可靠性和连接方式对电池性能的影响，都应采用先并联后串联的方式。

2. 电池管理系统

BMS 是电池保护和管理的核心部件，它通过电压、电流及温度检测等功能实现对动力蓄电池系统的过电压、欠电压、过电流、过高温和过低温保护。此外，它还具有继电器控制、SOC 估算、充放电管理、均衡控制、故障报警及处理、与其他控制器通信、高压回路绝缘检测和为动力蓄电池系统加热的功能。

3. 动力蓄电池箱

（1）组成及作用

动力蓄电池箱是支撑、固定、包围电池系统的组件，主要包括上盖（保护盖）、下托盘和辅助元器件（如过渡件、护板、螺栓等），动力蓄电池箱有承载及保护动力蓄电池组及电气元件的作用。

（2）技术要求

以北汽新能源 E150EV 为例，动力蓄电池箱通过螺栓接在车身地板下方，其防护等级为 IP67，螺栓拧紧力矩为 95～105 N・m。整车维护时，需观察电池箱体螺栓是否松动，电池箱体是否有破损和严重变形，密封法兰是否完整，确保动力蓄电池可以正常工作。

（3）外观要求

电池箱体外表面颜色要求为银灰或黑色，哑光；电池箱体表面不得有划痕、尖角、毛刺、焊缝及残余油迹等外观缺陷，焊接处必须打磨圆滑。

4. 辅助元器件

辅助元器件主要包括动力蓄电池系统内部的电子电器元件，如熔断器、继电器、接触器、分流器、高压维修开关、烟雾传感器等，以及少量电子电器元件以外的辅助元器件，如密封条、绝缘材料等。

二、电芯失效模式

动力蓄电池系统失效模式可以分为三种，即电芯失效模式、电池管理系统失效模式和 PACK 系统集成失效模式。下面主要介绍电芯失效模式。

电芯失效模式分为安全性失效模式和非安全性失效模式。

1. 电芯安全性失效

（1）电芯内部正负极短路

电池内短路是由电芯内部引起的，可能是由于电芯生产过程中的缺陷或是长期受外力振动导致电芯变形所致。一旦发生严重内部短路，很可能会导致冒烟或燃烧。如果遇到该情况，我们需要第一时间通知车上人员逃生。目前为止，电池厂家无法在出厂时将有可能发生内部短路的电芯全部筛选出来，只能在后期通过充分的检测降低电池内部短路的概率。

（2）电芯漏液

电芯漏液是一种非常危险但又常见的失效模式。电动汽车着火的事故多数是电芯漏液造成的。电芯漏液的原因有：外力损伤；碰撞或安装不规范导致密封结构被破坏；焊接缺陷或封合胶量不足造成密封性能较差等。

电芯漏液后，整个电池包的绝缘失效，单点绝缘失效的问题不大，如果有两点或两点以上绝缘失效则会发生外短路。从实际应用情况来看，软包和塑壳电芯相比金属壳电芯更容易发生漏液情况，导致绝缘失效。

（3）电池负极析锂

电池过充电、低温充电、大电流充电等不当操作都会导致电池负极析锂。国内大部分厂家生产的磷酸铁锂或三元锂电池在 0 ℃以下充电都会发生析锂现象。电池一旦发生负极析锂，即使在 0 ℃以上时，根据电芯特性也只能小电流充电，且锂金属不可还原，导致电池容量发生不可逆的衰减。析锂现象较严重后会形成锂枝晶，刺穿隔膜导致内短路，所以动力蓄电池严禁在低温下进行充电。

（4）电芯胀气

产生胀气的原因很多，主要是因为电池内部发生副反应产生气体，最为典型的是与水发生副反应。胀气问题可以通过在电芯生产过程中严格控制水分来避免。电芯一旦胀气就会发生漏液等情况。

2. 电芯非安全性失效

（1）容量一致性差

导致电池容量不一致的原因有很多，目前的解决方法主要是提高电池的生产制造工艺水平，从生产环节尽可能保证电池的一致性，并使用同一批次的电池进行配组。这种方法有一定效果，但无法从根本上解决问题，电池组使用一段时间后一致性差的问题仍然会出现。电池组出现不一致问题后，需要及时处理，否则问题会愈加严重，甚至会发生危险。

（2）自放电过大

电池内部杂质造成的微短路所引起的不可逆反应是造成个别电池自放电偏大的最主要原因。电池在长时间的充放电及搁置过程中会发生化学反应，导致自放电过大现象，这会使电池电量降低、性能变差，不能满足使用需求。

（3）低温放电容量减少

随着温度的降低，电解液低温性能变差，导致电解液的电导率降低，电池电阻增大，电压平台降低，放电容量也减小，将影响电动汽车的使用性能和续驶里程。

（4）电池容量衰减

电池容量衰减的主要原因是活性锂离子的损失以及电极活性材料的损失。正极活性材料层状结构规整度下降，负极活性材料上沉积钝化膜，石墨化程度降低，隔膜孔隙率下降，导致电荷传递阻抗增大，锂离子的脱嵌能力下降，从而导致电池容量的衰减。

电池容量衰减是电池不可避免的问题。目前，电池厂家应该首先解决安全性失效和电池一致性差的问题，在此基础上再考虑延长电池的寿命。

三、动力蓄电池的存放

对高压动力蓄电池进行维修时，必须采取相关的高压安全防护措施，并佩戴个人安全防护用品。

根据要求，只允许将动力蓄电池及其组件（如电池模块）存放在带有自动灭火装置的空间内。此外，存放空间必须装有火灾探测器，以确保即使不在工作时间内也能及时识别失火情况。原则上不允许将动力蓄电池放在地面上，而是只能放在架子上或绝缘垫上，各电池模块也必须存放在可上锁的安全柜内，如图 2-2-3 所示。当动力蓄电池单元故障但未损坏时，可将其放在运输容器内。

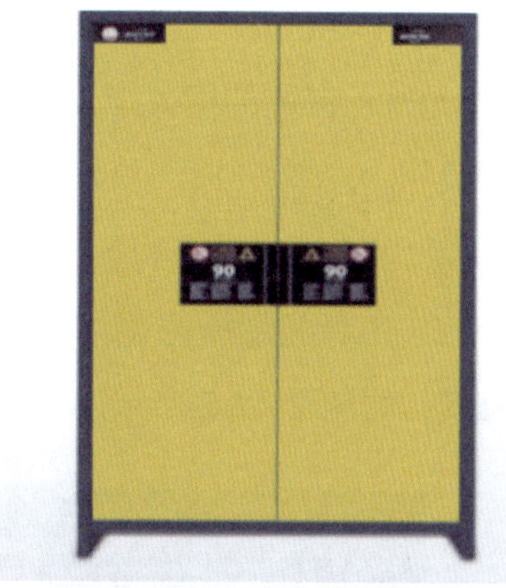

图 2-2-3　动力蓄电池和电池模块的存放

若动力蓄电池出现以下情况则视为损坏：

1. 动力蓄电池单元带有可见烧焦痕迹。

2. 动力蓄电池单元具体部位可见高温形成迹象。

3. 动力蓄电池单元冒烟。

4. 动力蓄电池单元外部面板变形或破裂。

必须将损坏的动力蓄电池临时存放在户外带有特殊标记的容器内至少 48 h，之后才允许进行最终废弃处理，如图 2-2-4 所示。

图 2-2-4　已损坏动力蓄电池的存放

已损坏动力蓄电池的存放位置必须与建筑物、车辆或其他易燃材料（如垃圾）容器至少距离 5 m。外部损坏的动力蓄电池必须放在耐酸且防漏的凹槽内，以免溢出的电解液流入土壤。由于存在危险且易造成污染环境，动力蓄电池应由厂家或专门的机构回收处理。

任务实施

一、动力蓄电池模组的拆装

1. 拆装准备工作及安全注意事项

动力蓄电池模组拆装前的各项准备工作及具体操作步骤和要求参照模块二课题一中的相关标准执行。

2. 动力蓄电池模组的拆卸与安装

（1）动力蓄电池包开箱流程与规范

1）选择与螺栓匹配的相关工具。螺栓为内六角头螺栓，需使用专用内六角头旋扭工具进行拆卸操作。

2）拆卸动力蓄电池固定螺栓

①双手固定工具与螺栓位置，按对角线顺序均匀用力旋松箱体周布螺栓及高压维修开关周布螺栓，如图 2-2-5 所示。

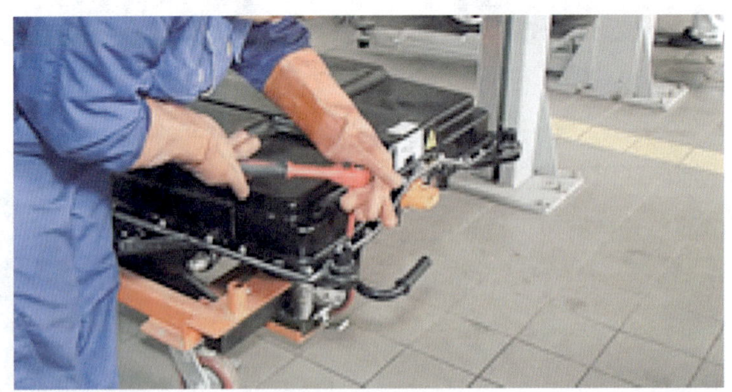

图 2-2-5　旋松螺栓

②匀速旋下螺栓。

拆卸过程中注意扭力大小，防止螺栓扭断与螺纹损坏。

3）检查螺栓是否全部拆除完毕。

4）两人配合抬下电池保护盖（一前一后，动作要轻缓），如图 2-2-6 所示。

图 2-2-6　将保护盖与电池分离

（2）动力蓄电池模组的拆装

1）穿戴好防护设备后，断开主“+”、主“-”及预充继电器插头，断开主“+”继电器的操作如图 2-2-7 所示。

2）查找故障蓄电池模组位置。

3）查找故障蓄电池模组相关从控模块数据采集线的低压插头连接线，并断开相关连接器，如图 2-2-8 所示。

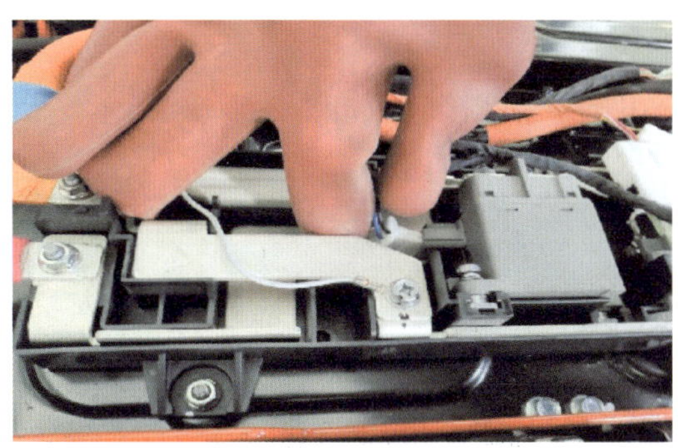

图 2-2-7　断开主“+”继电器

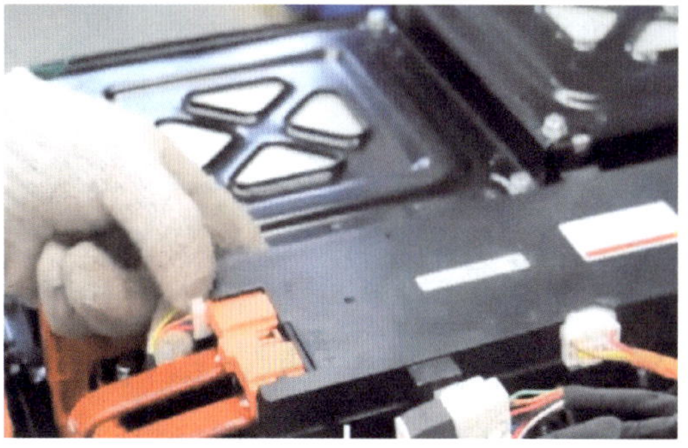

图 2-2-8　断开从控模块线束

4）拆下蓄电池模组间的高压母排，并做好绝缘防护，如图 2-2-9、图 2-2-10 所示。

5）拆下故障蓄电池模组安装的电流传感器及相关连接线路。

6）按对角线原则拆下蓄电池模组的固定螺栓及相邻模组的固定螺栓，并拆卸连接母排，如图 2-2-11、图 2-2-12 所示。

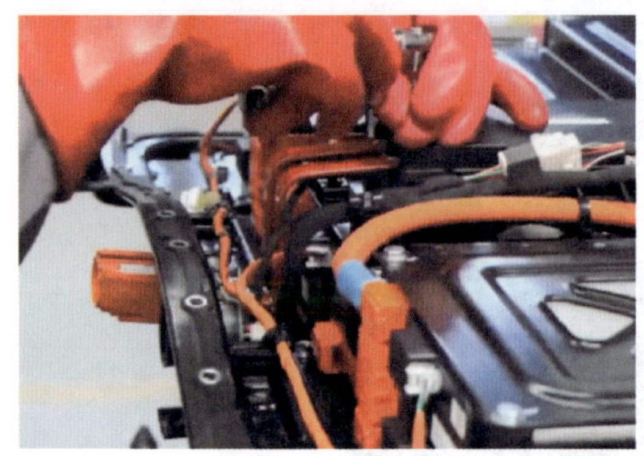

图 2-2-9　拆卸高压母排

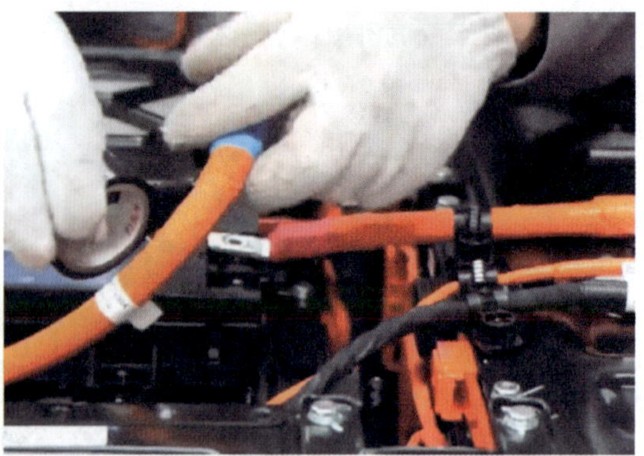

图 2-2-10　安全绝缘防护

图 2-2-11　拆卸固定螺栓

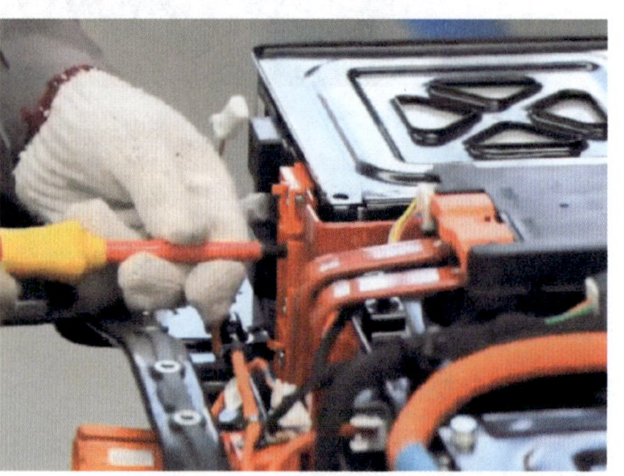

图 2-2-12　拆卸连接母排

7）取下故障蓄电池模组并进行更换，如图 2-2-13 所示。

8）将更换后电池模组所在从板插头插入充电机采集线接口，如图 2-2-14 所示。

图 2-2-13　更换蓄电池模组

图 2-2-14　插入从板插头

9）将充电机摆放固定后，连接电源并打开电源开关，如图 2-2-15 所示。

10）针对实际情况，确定电芯所需补充电量后启动补电，如图 2-2-16 所示。

图 2-2-15 摆放好充电机

图 2-2-16 对电芯进行补电

11）电芯补电完毕后，关闭电源，断开连接线。

12）恢复采集线插头在从板的位置。

13）安装防护罩、固定螺栓及相关传感器和线路。

14）连接动力蓄电池内部相关继电器。

15）检测动力蓄电池包整体电压，如图 2-2-17 所示。

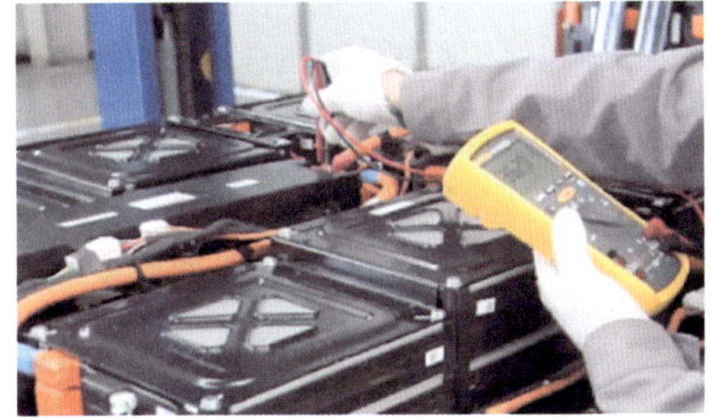
图 2-2-17 电压检测

（3）动力蓄电池包保护盖密封流程与规范

1）为保护盖和箱体边缘涂抹密封胶，进行密封处理。

图 2-2-18 电池保护盖密封胶

密封过程需将胶枪与密封胶配合使用，如图 2-2-18 所示。用密封胶涂抹箱体一圈，禁止留有间断部位，如图 2-2-19 所示。

2）两人配合安装动力蓄电池保护盖（一前一后，力道与速度同步），如图 2-2-20 所示。

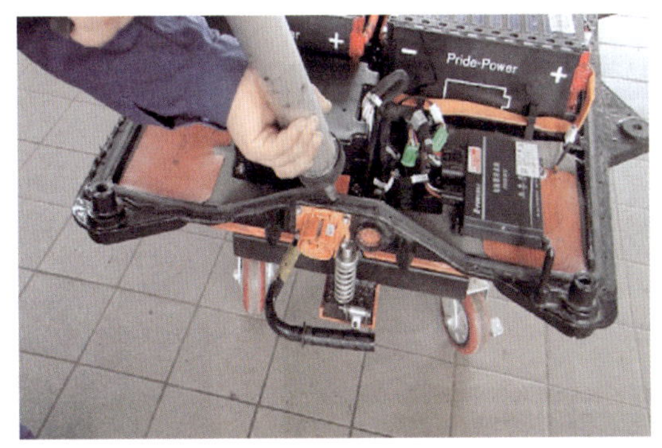

图 2-2-19 涂抹密封胶

图 2-2-20 安装动力蓄电池保护盖

3）检查保护盖有无明显突起、翘边，确认保护盖与箱体成平行状态，如图2-2-21所示。

4）选取与箱体螺栓相匹配的旋扭工具。

5）检查螺栓组合是否齐全，配件安装顺序是否正确。螺栓组合件为三件套，必须配套使用。螺栓组合件安装的先后顺序为：弹片（上）、垫片（中）、防护胶垫（下）。

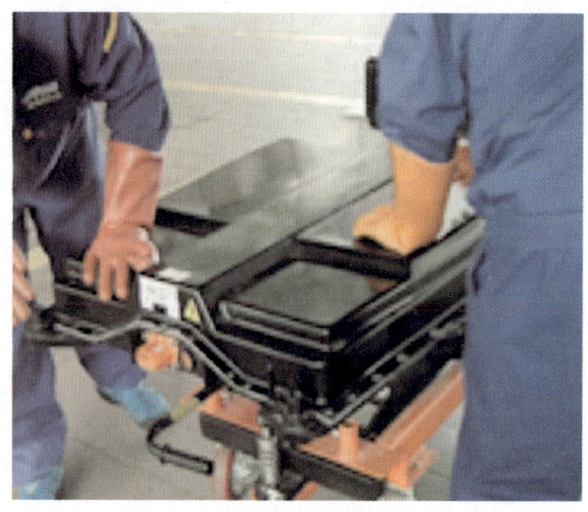

图2-2-21 检查保护盖

6）将保护盖螺栓旋扭进箱体的螺栓插孔，动力蓄电池包的固定螺栓如图2-2-22所示。安装过程中需注意螺栓是否对准箱体螺栓插孔，如图2-2-23所示。操作过程注意保持匀速。

7）检查螺栓是否全部安装完毕。

图2-2-22 动力蓄电池包固定螺栓

图2-2-23 将螺栓与螺栓插孔对齐

（4）动力蓄电池复检

1）将动力蓄电池按安装操作流程装复车辆并连接相应线束插头。

2）连接车辆专用故障诊断仪并起动车辆，确认仪表显示正常，如图2-2-24所示。

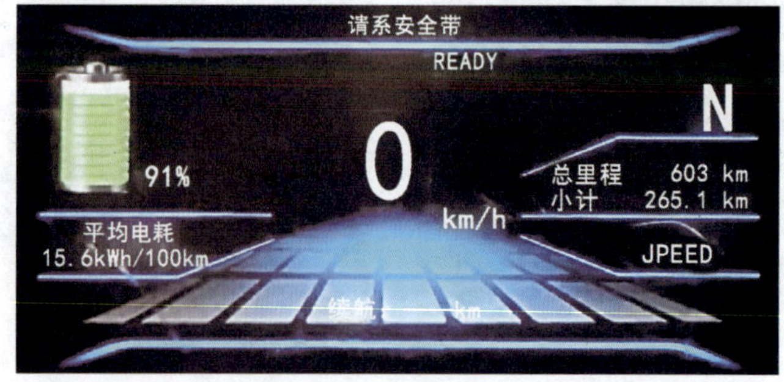

图2-2-24 仪表显示正常

（5）整理

整理车辆、工位，依据 6S 规范整理场地。

二、充电机的使用

使用充电机对电芯补电的操作步骤见表 2-2-1。

表 2-2-1　　充电机的操作步骤

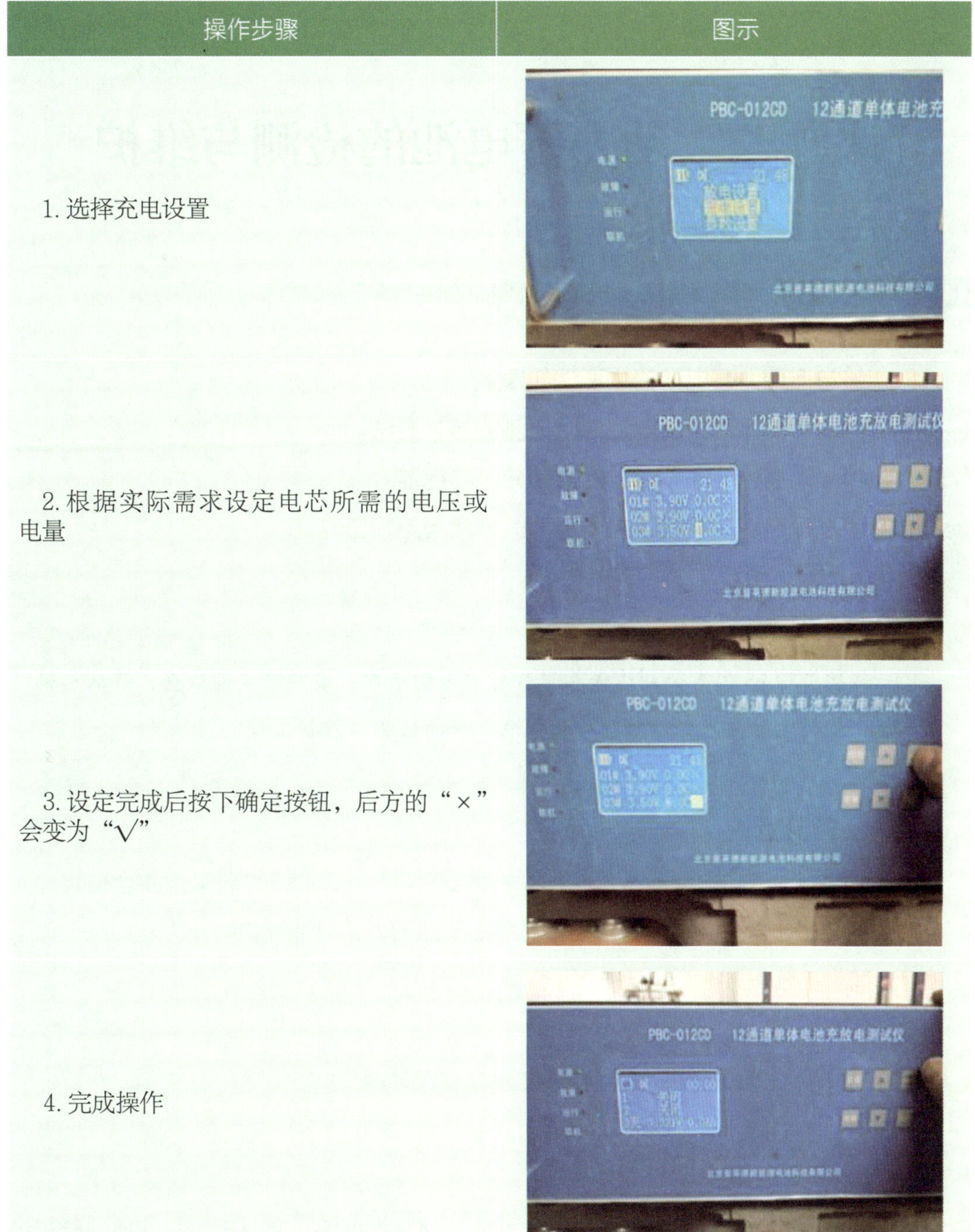

操作步骤	图示
1. 选择充电设置	
2. 根据实际需求设定电芯所需的电压或电量	
3. 设定完成后按下确定按钮，后方的“×”会变为“√”	
4. 完成操作	

思考与练习

1. 动力蓄电池模组的连接方式有哪些？各适用于怎样的情况？
2. 动力蓄电池应如何存放？
3. 简述动力蓄电池模组的拆装步骤。

课题三 | 动力蓄电池的检测与维护

学习目标

1. 能够掌握动力蓄电池的主要性能参数。
2. 能够准确描述动力蓄电池性能检测的基本方法。
3. 能够准确描述动力蓄电池的维护分级与标准。
4. 能够按操作规范完成动力蓄电池的检测与维护工作。

●任务描述：

一辆比亚迪 e5 因车辆到达保养里程标准来到店内，经维修技师检查，确认车辆信息后，你的主管要求你承担动力蓄电池部分的检测与维护工作。

●任务分析：

动力蓄电池维护是车辆维护操作中的重要项目，对车辆正常行驶及安全使用起着至关重要的作用。完成维护作业首先需要了解动力蓄电池维护的分级及相应工作项目，同时充分掌握维护的标准及操作规范。

相关理论

一、动力蓄电池主要性能参数

动力蓄电池的性能包括电性能、力学性能、储存性能等，有时还包括使用性能和经济成本。动力蓄电池的主要性能参数如下：

1. 电压和电动势

（1）电动势

电池的电动势数值上等于组成电池的两个电极的平衡电位之差，这一数值又称电池标准电压或理论电压。

（2）端电压

电池的端电压是指电池正极与负极之间的电位差。

（3）开路电压

电池的开路电压是无负载情况下的电池端电压。开路电压不等于电池的电动势。必须指出，电池的电动势是通过热力学函数计算得到的，而电池的开路电压则是实际测量出来的。

（4）工作电压

电池的工作电压指蓄电池输出电流时两个电极间的电位差，又称为负载电压或放电电压。在蓄电池开始放电的瞬间达到的稳定的负载电压，称为初始电压，有时也称为负载启动电压。例如，铅酸蓄电池的工作电压为 1.8～2 V，镍氢蓄电池的工作电压为 1.1～1.5 V，锂离子蓄电池的工作电压为 2.75～3.6 V。

（5）额定电压

额定电压有时也称为标称电压或公称电压，是指蓄电池在标准条件下工作时应达到的电压。镍氢蓄电池的额定电压为 1.2 V，磷酸铁锂蓄电池的额定电压为 3.3 V，锰酸锂、钴酸锂及三元锂蓄电池的额定电压为 3.6 V。

（6）终止电压

蓄电池在不出现过放电现象的情况下，可以达到的最低电压称为终止电压。放电电流、环境温度等因素会影响终止电压，低于此电压时蓄电池就会出现过放电现象。一般情况下，放电电流越大，时间越短，环境温度越低，终止电压越低；放电电流越小，时间越长，环境温度越高，终止电压越高。以铅酸蓄电池为例，它的终止电压为 1.5～1.8 V。

（7）充电电压

充电电压是指外电源对电池充电的电压。充电电压通常在一定范围内，一般要大于电池的开路电压。镍镉蓄电池的充电电压为 1.45～1.5 V，锂离子蓄电池的充电电压为 4.1～4.2 V，铅酸蓄电池的充电电压为 2.25～2.7 V。

2. 内阻

内阻是指电池在工作时，电流流过电池内部受到的阻力。电池在短时间内的稳态模型可以看作一个电压源，其内部阻抗等效为电压源的内阻，内阻大小决定了电池的使用效率。内阻包括欧姆内阻和极化内阻，极化内阻又包括电化学极化内阻和浓差极化内阻。例如，铅酸蓄电池的内阻包括正负极板的电阻、电解液的电阻、隔板的电阻和连接体的电阻等。

3. 容量和比容量

（1）容量

容量是指电池在充满电以后，在一定的放电条件下所能释放出的电量，其单位为安时（A・h）或毫安时（mA・h）。电池的容量可分为理论容量、额定容量、实际容量和标称容量。

1）理论容量

假设电极活性物质全部参加电池的电化学反应所能提供的电量称为理论容量，是根据法拉第定律计算得到的最高理论值。

2）额定容量

额定容量也称保证容量，是指设计和制造电池时，按照国家或相关部门颁布的标准，保证电池在一定的放电条件下能够提供的最低限度的电量。

3）实际容量

实际容量是指电池在一定的放电条件下实际提供的电量，它等于放电电流与放电时间的乘积。对于实际应用中的化学电源，其实际容量总是低于理论容量，通常比额定容量大 10%～20%。电池实际容量的大小与正、负极上活性物质的数量和活性有关，也与电池的结构、制造工艺和放电条件（电流、温度）有关。影响电池实际容量因素的综合指标是活性物质的利用率。换言之，活性物质利用得越充分，电池的实际容量就越大。采用薄型电极和多孔电极或减小电池内阻，均可提高活性物质的利用率，从而增大电池的实际容量。

4）标称容量

标称容量（或公称容量）一般指以 0.2 C 放电时的放电容量。

（2）比容量

为了比较不同系列的电池，常用比容量的概念。比容量是指单位质量或单位体积的电池所能释放出的电量，相应地称为质量比容量或体积比容量。

4. 效率

电池作为能量存储器，充电时把电能转化为化学能储存起来，放电时把化学能转化为电能释放出来。在这个可逆的电化学反应过程中，有一定的能量损耗，通常用电池的容量效率和能量效率来表示。

对于电动汽车而言，续驶里程是最重要的指标之一。在电池组电量和输出阻抗一定的前提下，根据能量守恒定律，电池组输出的能量转化为两部分：一部分作为热耗散失在电阻上，另一部分提供给电机控制器转化为有效动力。两部分能量之比取决于电池组输出阻抗和电机控制器的等效输入阻抗之比，电池组的输出阻抗越小，无用的热耗就越小，输出效率就越高。

5. 荷电状态

蓄电池的荷电状态描述了蓄电池的剩余电量，是蓄电池使用过程中的重要参数。荷电状态值是个相对量，一般用百分比的方式来表示，取值范围为：$0 \leqslant SOC \leqslant 100\%$。

6. 放电制度

蓄电池的放电速率、放电温度、放电截止和放电深度，通常称为放电制度。

（1）放电速率

蓄电池的放电速率通常称为放电率，以参数“C”表示。放电速率常用来表示放电电流的大小，是电池容量的技术参数。

（2）放电温度

放电时蓄电池所处的环境温度，称为放电温度。

（3）放电截止

当达到蓄电池的放电截止条件时，终止对蓄电池的放电称为放电截止。放电截止可以有效保护电池，防止蓄电池出现过放电现象。过放电可能引起蓄电池正负极活性的降低甚至丧失，从而导致蓄电池性能和使用寿命的快速降低。

（4）放电深度

放电深度（DOD）是表示蓄电池放电状态的参数，等于实际放电容量与额定容量的百分比。DOD 和 SOC 的关系为：

$$DOD=1-SOC$$

电池的 SOC 和 DOD 多根据电压进行估算，但是锂离子蓄电池的 SOC 和 DOD 受电极材料影响较大，有时难以根据电压来估算。

放电深度与二次电池的寿命有很大的关系，二次电池的放电深度越大，其寿命就越短，因此在使用时应尽量避免深度放电。

7. 功率与比功率

电池的功率是指电池在一定放电制度下，单位时间内输出的能量，单位为瓦（W）或千瓦（kW）。

单位质量或单位体积电池输出的功率称为比功率。如果一个电池的比功率较大，则表明在单位时间内，单位质量或单位体积电池释放的能量较多。因此，电池的比功率也是评价电池性能优劣的重要指标之一。

对于纯电动汽车，其电能储存装置应具有尽可能高的比能量，以保证汽车的续驶里程。对于混合动力汽车，其电能储存装置则应具有尽可能高的比功率，以保证汽车的动力性能。

8. 自放电和储存性能

对于所有的化学电源，即使在与外电路没有接触的条件下开路放置，容量也会自然衰减，这种现象称为自放电。

电池自放电的大小用自放电率表示，自放电率又称荷电保持能力，一般用一段时间内容量减少的百分比表示：

自放电率 =（储存前电池容量 − 储存后电池容量）/ 储存前电池容量 ×100%

电池的自放电率主要是由电极材料、制造工艺、储存条件等多方面因素决定的。从热力学的角度来看，电池的放电过程是体系自由能减少的过程，因此自放电的发生是必然的，只是速率有所差别。影响自放电率的主要因素是电池储存的温度和湿度条件等。温度升高会使电池内正负极材料的反应活性提高，同时电解液的离子传导速度加快，镉等辅助材料的强度降低，使自放电反应速率大大提高。但如果温度太高，就会严重破坏电池内的化学平衡，发生不可逆反应，最终严重损害电池的整体性能。湿度对自放电的影响与温度相似，环境湿度升高也会加快自放电反应。一般来说，低温和低湿的环境条件下，电池的自放电率低，有利于电池的储存。但是，温度太低也可能造成电极材料的不可逆变化，使电池的整体性能大大降低。

电池的储存性能是指电池在一定条件下储存一定时间后主要性能参数的变化情况，包括容量的下降、外观的变化（如变形）及漏液等。关于电池容量下降、外观变化及漏液比例的限制，相应的国家标准中均有规定。

9. 寿命

电池的寿命分储存寿命和使用寿命。

储存寿命有干储存寿命和湿储存寿命两个概念。对于在使用时才加入电解液的电池，习惯上称其储存寿命为干储存寿命。而对于出厂前已加入电解液的电池，习惯上称其储存寿命为湿储存寿命。干储存寿命一般较长，湿储存时自放电严重，寿命较短。

使用寿命是指电池实际使用的时间。对于一次电池而言，电池的使用寿命是额定容量的工作时间（与放电速率有关）。对于二次电池而言，电池的使用寿命分充放电循环寿命和湿搁置使用寿命两种。

充放电循环寿命是衡量二次电池性能的重要参数。在一定的充放电制度下，电池容量降至某一规定值之前，电池能耐受的充放电次数，称为二次电池的充放电循环寿命。充放电循环寿命越长，电池的性能越好。在目前常用的二次电池中，镍镉蓄电池的充放电循环寿命为 500~800 次，铅酸蓄电池为 400~500 次，锂离子蓄电池为 1 000~2 000 次，锌银蓄电池为 100 次左右。二次电池的充放电循环寿命与环境温度、充放电制度等条件有关，减小放电深度（即“浅放电”）可以使二次电池的充放电循环寿命大大延长。

湿搁置使用寿命指电池加入电解液后开始进行充放电循环直至寿命终止的时间。湿搁置使用寿命越长，电池性能越好。

二、动力蓄电池性能指标与检测方法

1. 动力蓄电池性能指标

电动汽车用动力蓄电池的主要性能指标包括电压、内阻、容量、比容量、比能量、比功率、使用寿命等。要使电动汽车能与传统的燃油汽车相竞争，关键就是要开发出比能量高、比功率大、使用寿命长的高效电池。目前，动力蓄电池的性能测试和评价已经有了较为完善的方法。总结下来，主要从电池的基本性能、循环性能（使用寿命）和安全性能三个方面对电池做出评价，见表 2-3-1。

表 2-3-1　动力蓄电池评价

项目	单体	模组	包 / 系统
基本性能（容量、能量、内阻、功率）	绝热加速量热仪（ARC）测试，晶圆（CP）测试	不同温度、速率下的充放电性能	BMS 功能，不同温度、速率下的充放电性能、高低温启动性能、能量效率
循环性能	日历寿命（电池质保期）	模拟工况寿命	实际工况寿命（FUDS 工况、US06 工况、MVEC 工况、NEDC 工况）

续表

项目	单体	模组	包 / 系统
安全性能（电可靠性、机械可靠性、环境可靠性）	过放电、过充电、短路、跌落、挤压、针刺、海水浸泡、加热、温度冲击		EMC、短路保护、过充电保护、过放电保护、不均衡充电、模拟碰撞、挤压、机械冲击、跌落、振动、翻转、外部火烧、结露、冷热循环、沙尘、淋雨、浸水、盐雾、过温

由于测试的对象是车用动力蓄电池，因此测试包括电池单体检测和电池模组检测。

在基本性能方面，主要对电池的容量、能量、内阻、功率等指标进行测试。

在循环性能方面，主要测试的是整个动力蓄电池的使用寿命，考虑的因素有充放电电流和工作的 SOC 区间。

安全性能是车用动力蓄电池的重要指标，结合车辆的运行工况，应测试动力蓄电池的电可靠性、机械可靠性和环境可靠性。

此外，除了对动力蓄电池本身的检测，根据相关国家和行业规定，还应对动力蓄电池管理系统进行检测。

2. 动力蓄电池性能检测方法

（1）SOC 检测

荷电状态是动力蓄电池的重要技术参数，只有确定电池的荷电状态，才能更好地使用电池。因为电池组的 SOC 和很多因素相关且具有很强的非线性，给 SOC 实时在线估算带来很大的困难，因此，目前还没有一种方法能十分准确地测量电池的荷电状态，主要的测量方法有开路电压法、安时积分法、内阻法等。

1）开路电压法

利用电池的开路电压与电池 SOC 的对应关系，通过测量电池的开路电压来估算 SOC。开路电压法比较简单，但只适用于稳定状态下的电池，不能用于动态电池的 SOC 估算。

2）安时积分法

安时积分法是通过对负载电流进行积分来估算 SOC，该方法通过实时测量充入电池和电池输出的电量，给出电池任意时刻的剩余电量，安时积分法的常规估算模型如图 2-3-1 所示。安时积分法受电池本身情况的限制小，易于发挥实时监测的优点，简单易用，算法稳定，是目前最常用的 SOC 估算方法。

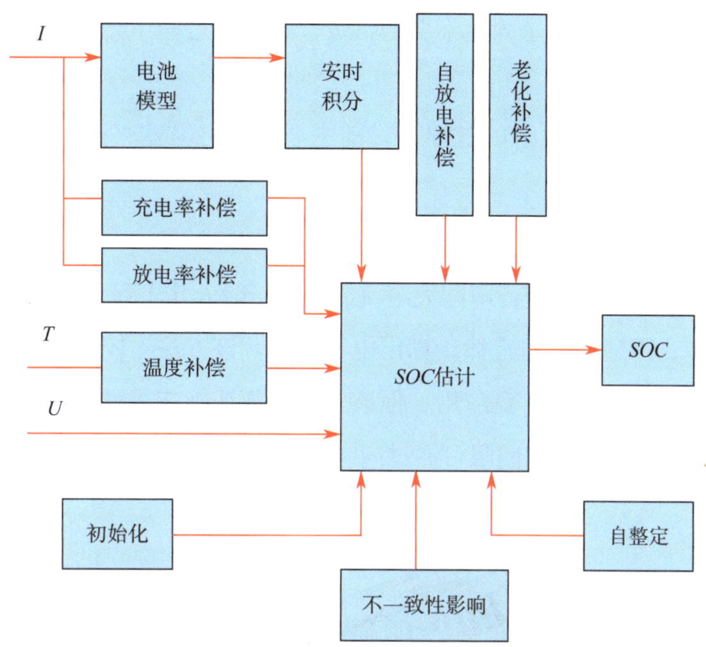

图 2-3-1 安时积分法常规估算模型

3）内阻法

电池的 SOC 与电池的内阻有一定的关联，可以利用电池内阻与 SOC 的关系来预测电池的荷电状态。电池的内阻可通过内阻测试仪来测量，如图 2-3-2 所示。

图 2-3-2 内阻测试仪

（2）内阻检测

内阻是电池最为重要的参数之一，绝大部分电池的老化都是因为内阻过大而无法继续使用。电池的内阻阻值通常很小，一般为毫欧级。不同电池的内阻不同，即使是型号相同的电池，由于各电池内部的电化学性能不一致，其内阻也不相同。对于电动汽车而言，动力蓄电池的放电速率很大，在设计和使用过程中应尽量减小电池的内阻，确保电池的功率达到最大。

锂离子蓄电池的内阻不是固定不变的常数，在使用过程中会因荷电状态、温度等因素的影响而变化。

内阻测量是一个比较复杂的过程，目前主要有两种方法，即直流放电法和交流阻抗法。

1）直流放电法

直流放电法是对蓄电池进行瞬间大电流放电（一般为几十到上百安），然后测量电池两端的瞬时压降，再通过欧姆定律计算出电池内阻。该方法比较符合电池的实际工况且易于实现，在实践中得到了广泛应用。但该方法必须在静态或脱机的情况下使用，无法实现动态测量。直流放电法测内阻可通过内阻测试仪来实现，如图 2-3-3 所示。

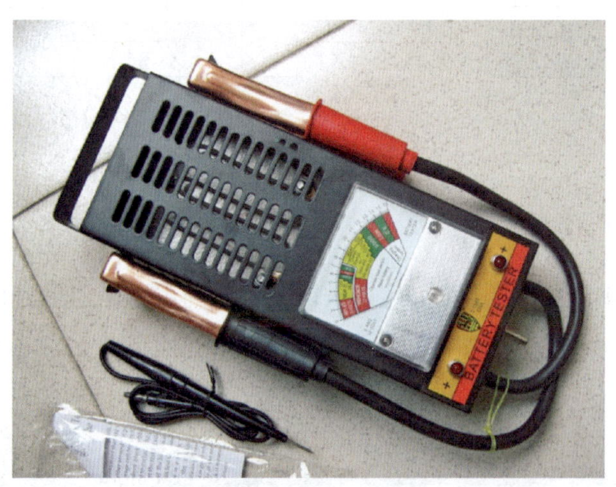

图 2-3-3 内阻测试仪

2）交流阻抗法

交流阻抗法是一种以小幅值的正弦波电流或者电压信号作为激励源注入蓄电池，通过测定其响应信号来推算电池内阻的方法。该方法的优点是测量时间较短，不会因大电流放电对电池本身造成太大的损害。

（3）容量检测

电池容量是指在一定条件下（包括放电率、环境温度、终止电压等）电池存储电量的大小，是电池的另一个重要性能指标。容量通常以 A · h 或 W · h 为单位。A · h 是国内外标准中通用容量单位。电池容量测试仪与测量方法如图 2-3-4 所示。

电池容量测量的标准流程为：放电阶段→搁置阶段→充电阶段→搁置阶段→放电阶段。具体为：用专用的电池充放电设备，在特定温度条件下，将蓄电池以设定好的电流进行放电，至蓄电池电压达到技术规范或产品说明书中规定的放电终止电压时停止放电，静置一段时间，然后再进行充电。充电一般分为两个阶段，先以恒流充电至蓄电池电压

达技术规范或产品说明书中规定的充电终止电压，再转恒压充电，此时充电电流逐渐减小，至充电电流降至某一值时停止充电。充电后静置一段时间，再在设定好的环境中以固定的电流进行放电，直到达到放电终止电压为止，最后用电流值对放电时间进行积分计算出电池容量（以 A · h 计）。

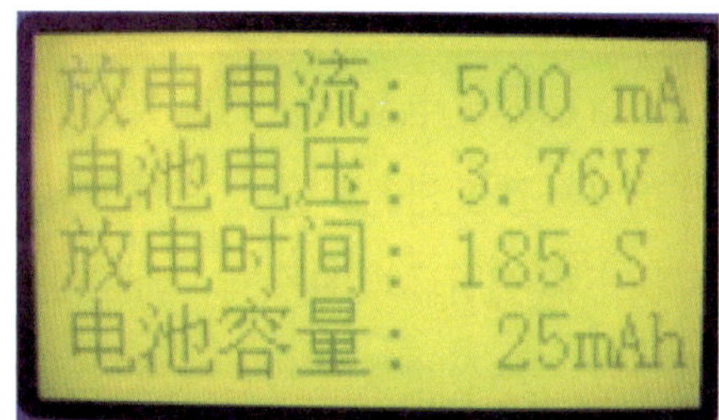

图 2-3-4　电池容量测试仪与测量方法

（4）寿命检测

电池在使用过程中容量会逐渐损失，导致电池容量损失的原因很多，有材料方面的原因，也有生产工艺方面的因素。一般认为，当蓄电池只能充满额定容量的 80% 时，就不再适合继续在电动汽车上使用，可以进行梯次利用、回收、拆解和再生。

对于二次电池而言，应用最多的寿命是充放电循环寿命（以下称“循环寿命”）。

常规的循环寿命测量方法与电池容量的测量过程相似，典型的方法是：将蓄电池充满电，之后在特定温度和电流下放电，直到放电容量达到某一预先设定的数值，如此连续重复若干次；再将电池充满电，之后进行放电，直至电压达到放电终止电压并检查其容量。如果蓄电池容量小于额定容量的 80% 则终止试验，此时电池的充放电循环次数即为电池的循环寿命。

上述的静态测试方法可以检测出动力蓄电池的循环寿命，但是却无法反映出动力蓄电池应用于电动汽车时的性能表现及使用时间。由于不同种类电动汽车动力系统构型、车辆行驶工况和所处气候条件的差异，导致在实际使用过程中，动力蓄电池的工作环境有显著差别，寿命也有较大差距。

（5）一致性检测

电池容量分为单体电池的容量和电池模组的容量，在现有的技术水平下，电动汽车必须使用电池模组来满足使用要求。由于同一类型、同一规格、同一型号的电池在开路电压、内阻、容量等方面均可能存在差别，即电池性能存在不一致性，使动力蓄电池组在使用时性能指标往往达不到单体电池原有水平，使用寿命缩短，影响其在电动汽车上的应用，因此有必要对电池组的一致性进行检测与评价。

电池开路电压间接反映了电池的某些性能，保证电池开路电压一致是保证性能一致的重要一环。通常采用的方法是将电池静置数十天，测量其满电荷状态下的自放电率以及满电荷状态下不同贮存期内电池的开路电压，通过电池自放电率和开路电压是否一致来对电池的一致性进行评价。根据静态电压进行电池配组的方法最简单，但准确度较差，因为它仅考虑带负载时电压的情况，未考虑带电荷时间和输出容量等参数，该方法往往需要结合其他方法一起使用。

容量是体现电池性能的重要参数。可按标准的容量测试流程计算容量，再根据容量及分布对一致性进行评价。这种方法具有操作简单、设备价格低、易于实施等特点。但工作状态和使用环境的不同，都会引起电池电压、容量等特性的变化，在指定条件下的容量一致，并不能保证电池容量在实际充放电过程中保持一致。图 2-3-5 所示为电池容量分容柜，图 2-3-6 所示为动力蓄电池的一致性检测示意图。

图 2-3-5　电池容量分容柜

图 2-3-6　动力蓄电池的一致性检测示意图

电池的内阻可以快速测量，因此被广泛应用于电池一致性评价。但准确测量电池内阻也有较大的难度，目前仅能作为定性参考，很难作为定量、精确的依据。

三、动力蓄电池的维护

1. 动力蓄电池维护分级与周期

（1）维护分级

维护分级分为日常维护、一级维护和二级维护。

（2）维护周期

1）日常维护作业周期

日常维护作业应在出车前、行车中及停车后进行。

2）一级维护和二级维护作业周期

一级维护作业周期和二级维护作业周期可依据车辆使用说明书中的有关规定及相关标准确定。

2. 地方推荐维护标准

纯电动汽车的动力蓄电池组与电机代替了传统汽车的发动机来驱动汽车行驶，变速器与传统汽车的变速器略有不同，但底盘和电气部分与传统汽车基本一致。为了确保车辆保持最佳的状态，纯电动汽车需要进行定期维护。依据《纯电动汽车维护、检测、诊断技术规范》（DB12/T 674—2016）相关内容，纯电动汽车维护分为日常维护、一级维护和二级维护三个级别。其中针对动力蓄电池的维护项目主要包括以下内容。

（1）日常维护

日常维护指以清洁、补给、安全检视和电控仪表检视为作业中心内容，由驾驶员负责执行的车辆维护作业，作业内容包括：

1）对车辆外观、驱动电机、高压电气控制器、低压电气控制器、动力蓄电池壳体与防尘网外表进行清洁，保持车容整洁。

2）对驱动电机运转状态、电控系统及电池储电量进行检视。

3）对车辆各部位润滑油（脂）、冷却液、制动液等各种工作介质进行检视补给，并检查轮胎气压。

4）对车辆制动、转向、传动、悬挂、照明、信号及仪表等安全部件进行检视。

（2）一级维护

一级维护指除日常维护作业外，以清洁、润滑、紧固为作业中心内容，并检查有关制动、操纵等安全部件，由维修企业负责执行的车辆维护作业。动力蓄电池的一级维护项目、内容及要求见表 2-3-2。

表 2-3-2　动力蓄电池一级维护项目、内容及要求

系统	作业项目	作业内容	技术要求
动力蓄电池系统	动力蓄电池箱、各控制器	检查动力蓄电池连接器密封、锁止情况，电池箱壳体螺栓固定情况	各连接器清洁、牢固，线束连接紧固，密封正常，无积水。托架不断裂、不变形，绝缘胶块无损坏，绝缘效果好

（3）二级维护

二级维护指除一级维护作业外，以检查、调整安全部件为主，包括拆检轮胎、进行轮胎换位、检测调整驱动电机工作状况等基本作业项目和附加作业项目，由维修企业负责执行的车辆维护作业。

1）二级维护作业的流程如图 2-3-7 所示。

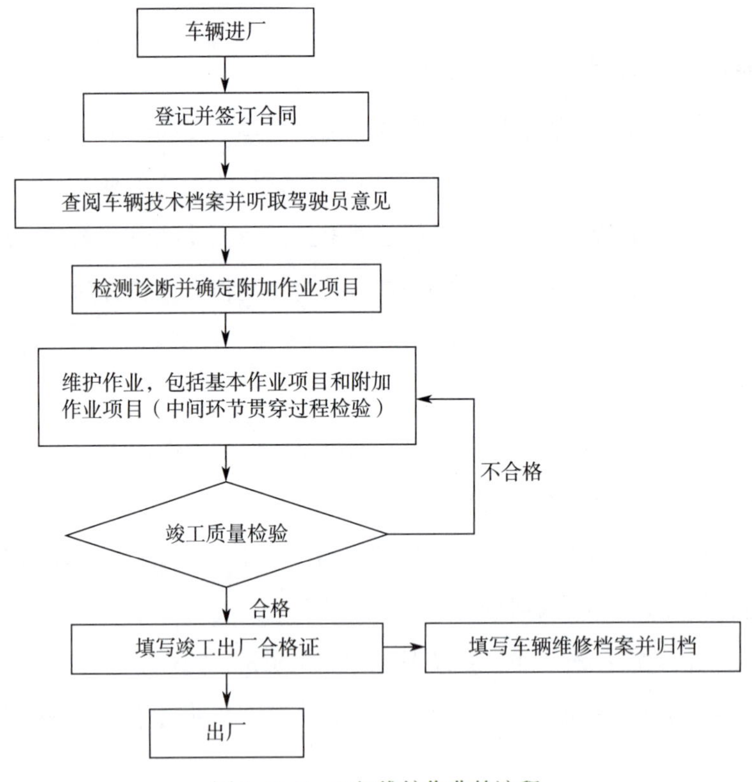

图 2-3-7　二级维护作业的流程

2）检测诊断。对二级维护项目进行检测时，应使用检测项目对应的专用检测仪器，仪器精度须满足有关规定，技术要求应符合《汽车维护、检测、诊断技术规范（GB/T 18344—2001）或原厂技术指标的相关规定。

3）二级维护作业除包含一级维护作业内容外，还包含二级维护基本作业项目和附加作业项目，其中基本作业项目、内容及要求见表 2-3-3。

表 2-3-3　　动力蓄电池二级维护基本作业项目、内容及要求

系统	作业项目	作业内容	技术要求
动力蓄电池系统	安全防护	检查线束安全并视情况处理	线束绝缘层无破损，连接处防护可靠
	绝缘性能	检查并视情况处理	绝缘性能良好，符合规定
	连接器状态	检查并视情况处理	连接器连接可靠
	标识	检查并视情况处理	符合出厂规定
	螺栓紧固情况	检查并视情况处理	符合出厂规定
	加热功能	检查并视情况处理	符合出厂规定
	外观	干式清洁处理	外观清洁
	数据诊断	采用专用诊断仪诊断车辆信息	数据读取正常，符合出厂规定

4）过程检验。二级维护过程中应始终贯穿过程检验，并作检验记录。过程检验中各维护项目的技术要求，需满足《汽车维护、检测、诊断技术规范（GB/T 18344—2001）及出厂说明书的有关技术要求。

5）竣工检验。二级维护作业后应进行竣工检验，技术要求应符合相关规定。竣工检验合格的车辆应填写“机动车维修竣工出厂合格证”后方可出厂，检验不合格的车辆应进一步检测、诊断和维护，直至检验合格为止。二级维护竣工检验的项目、要求和方法见表 2-3-4。

表 2-3-4　　二级维护竣工检验的项目、要求和方法

检验部位	检验项目	技术要求	检验方法
整车	清洁	车辆外部、各总成外部、空调滤芯清洁	检视
	面漆	车身面漆与原色基本一致	检视
	车体	车体周正，左右对称	车辆平置检查
	紧固件	各总成外部螺栓、螺母按规定力矩扭紧，锁销齐全有效	检查

续表

检验部位	检验项目	技术要求	检验方法
整车	润滑部位	转向器、变速器、减速箱润滑符合规定，各通气孔畅通。各润滑点的润滑油（脂）加注符合要求，润滑油（脂）嘴齐全有效，安装位置正确	检视
	密封件	全车密封良好，无渗漏	检视
	电器装置	电器装置工作正常，连接可靠，绝缘良好	检查
	前照灯、信号灯、仪表、刮水器、后视镜等	稳固、齐全、有效，符合有关规定	检查
	车身、车架、安全带	性能可靠，紧固良好，无变形、断裂、脱焊	检查
动力系统	动力蓄电池工作状况	工作状态良好，充放电功能正常	检查
	动力蓄电池组固定	安全紧固，符合规定	检视
	高压线束及连接器	线束绝缘层完整，连接器连接可靠，标识齐全	检视

3. 企业一般维护标准

由于纯电动汽车是靠电机驱动，因此不需要对机油滤清器等进行常规维护，只需要对动力蓄电池组和电机进行一些常规的检查，并保持其清洁即可。由此可见，纯电动汽车的维护保养比传统汽车简单。

（1）动力蓄电池系统维护项目

典型的纯电动汽车动力蓄电池系统维护项目见表 2-3-5，纯电动汽车与传统汽车一样，采用 A 级和 B 级两级维护计划，并根据不同等级做出相应的维护操作。

表 2-3-5　典型的纯电动汽车动力蓄电池系统维护项目

系统	检查内容	处理方法	项目	
			A 级维护	B 级维护
动力蓄电池系统	密封性能	检查并视情况处理	√	√
	绝缘性能	检查并视情况处理	√	√
	连接器状态	检查并视情况处理	√	√

续表

系统	检查内容	处理方法	项目	
			A 级维护	B 级维护
动力蓄电池系统	标识	检查并视情况处理	√	√
	螺栓紧固情况	检查并视情况处理	√	√
	加热功能	检查并视情况处理	√	
	外观	清洁处理	√	
	内部温度采集点	分析并视情况处理	√	√

1）密封性能检查

目的：保证动力蓄电池箱体密封良好，能够有效防水。

方法：观察密封条。

2）绝缘性能检查（内部）

目的：防止电池箱内部短路。

方法：将动力蓄电池的高压母线旋转拧开，用绝缘电阻测试仪测量总正、总负对地电阻。《电动汽车安全要求　第 3 部分：人员触电防护》（GB/T 18384.3—2015）中规定："最大工作电压下，直流电路绝缘电阻的最小值应至少大于 100 Ω/V，交流电路应至少大于 500 Ω/V"。

工具：绝缘电阻测试仪。

3）连接器状态检查

目的：确保连接器正常使用。

方法：目测动力蓄电池的高、低压连接器有无变形、松脱、过热、损坏、锈蚀等情况，并检查连接器的密封状态。

4）标识检查

目的：防止脱落。

方法：目测。

5）螺栓紧固情况检查

目的：防止螺栓松动造成故障。

方法：用扭力扳手紧固螺栓。

工具：扭力扳手。

6）加热功能检查

目的：确保加热系统工作正常。

方法：将电池箱接通 12 V 电源，打开监控软件，启动加热系统，目测风扇是否正常。

工具：12 V 电源、便携式计算机（含监控软件）、CAN 卡。

7）外观检查

目的：检查动力蓄电池的外观有无磕碰、损坏。

方法：将车辆举升，目测动力蓄电池底部有无磕碰、划伤、损坏的现象。

8）内部温度采集点检查

目的：确保内部温度采集点工作正常。

方法：通过计算机监控温度与红外热像仪温度的对比，检查温度精度。

工具：便携式计算机、CAN 卡、红外热像仪。

（2）动力蓄电池的使用

1）正确掌握充电时间

在使用过程中，应根据实际情况准确把握充电时间和充电频次。正常行驶时，如果电量表指示应充电，则应停止行驶，尽快充电，否则电池会因为过度放电而导致其寿命严重缩短。若电池充满电后行驶时间较短就再次充电，则充电时间不宜过长，否则会导致过度充电，使电池发热。过度充电、过度放电和充电不足都会缩短电池寿命。一般情况下，电池的充电时间在 10 h 左右为宜。

2）定期充电

建议每天坚持充电，这样可以使电池处于浅循环状态，有利于电池寿命的延长。

任务实施

动力蓄电池的检测与维护

1. 准备工作

动力蓄电池拆装前的各项准备工作及具体操作步骤和要求参照模块二课题一中的相关标准执行。

2. 动力蓄电池检测及维护操作

动力蓄电池的检测及维护操作步骤见表 2-3-6。

表 2-3-6　　动力蓄电池的检测及维护操作步骤

操作步骤	操作内容	操作图示
步骤一：连接专用解码器	将专用解码器与车辆正确连接	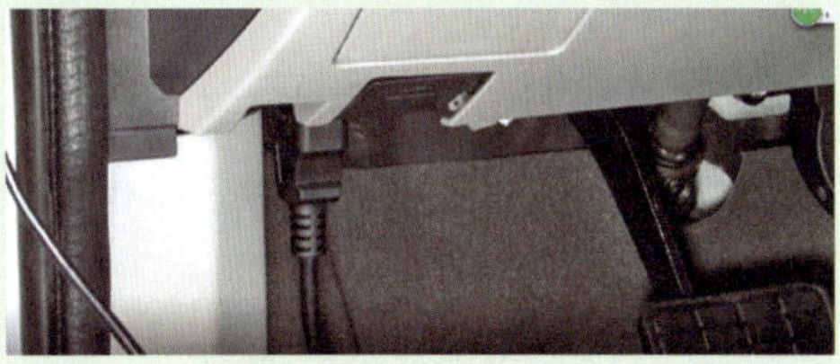
步骤二：数据检查（使用专用解码器、普莱德 EV03 监控软件）	连接诊断仪，查看动力蓄电池的数据流	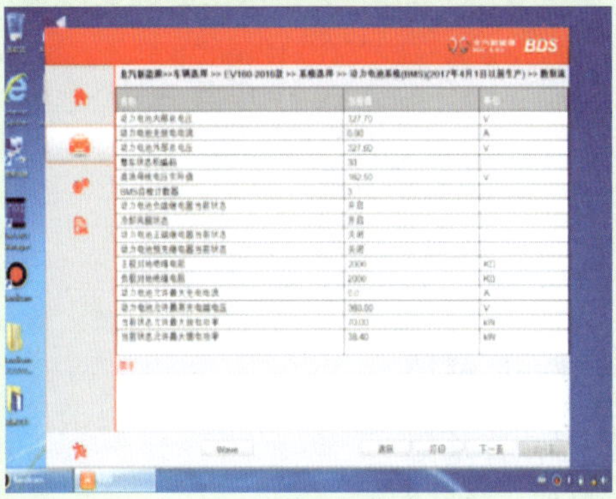
	选用装有 BMS 通信软件的计算机与数据下载设备（CAN 盒）	
	打开车辆转向盘下方扣盖	
	将 CAN 盒的 H 与 L 两根线束接入整车 CAN3 通信端的 H 口与 L 口	

续表

操作步骤	操作内容	操作图示
步骤二：数据检查（使用专用解码器、普莱德EV03监控软件）	1. 将CAN盒连接至计算机 2. 打开BMS通信监控软件 3. 选择与CAN卡对应的CAN通道 4. 确定比特率数值为“500 Kbps” 5. 打开整车开关至ON挡，通电激活BMS主板	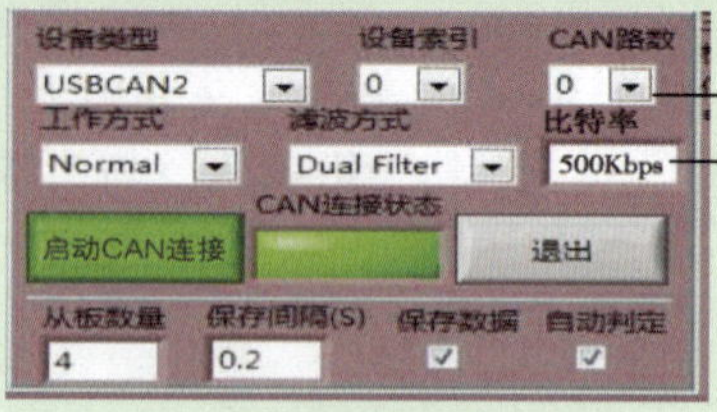 1. 确定CAN通道号（需与CAN盒通道号一致） 2. 检查选用的比特率是否为数据采集要求的“500 Kbps” 如未成功显示信息，排除通信线束故障后，需重新检查数值与针孔连接方面操作是否正确
	点击软件页面中的“启动CAN连接”按钮，开始数据监控	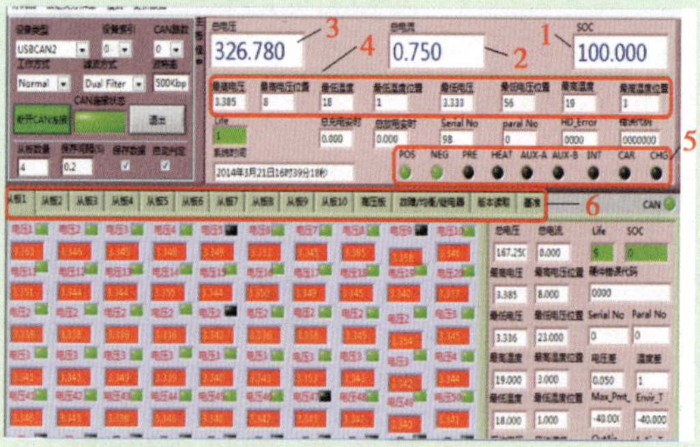 1. 动力蓄电池SOC数值显示窗口 2. 动力蓄电池总电流数值显示窗口 3. 动力蓄电池总电压数值显示窗口 4. 单体信息显示窗口，包括单体电压、模组温度等 5. 动力蓄电池继电器状态提示灯，吸合状态时点亮，断开状态时熄灭 6. 数据信息显示卡，包括单体信息、高压板状态显示、故障报警详情、BMS和BMU软件版本、参数设置等
步骤三：连接器状态检查	1. 打开前机舱盖，检查动力蓄电池高压母线固定螺栓有无松动 2. 检查高压母线插头有无松动 3. 举升车辆，拆下动力蓄电池线束保护盖，检查动力蓄电池高压母线连接器有无松动，检查动力蓄电池低压线束连接器有无松动	 

续表

操作步骤	操作内容	操作图示
步骤四：外观检查	1. 检查动力蓄电池外观，检查每个安装点焊接处是否有裂纹 2. 使用干燥抹布清洁动力蓄电池表面	
步骤五：绝缘检查	1. 高压系统下电 2. 举升车辆，断开动力蓄电池高压母线插头 3. 检查绝缘电阻测试仪是否正常工作 4. 使用绝缘电阻测试仪，将红表笔连接动力蓄电池负极端子，黑表笔与动力蓄电池舱体搭铁，测量其绝缘电阻 5. 绝缘电阻应大于 1 MΩ	 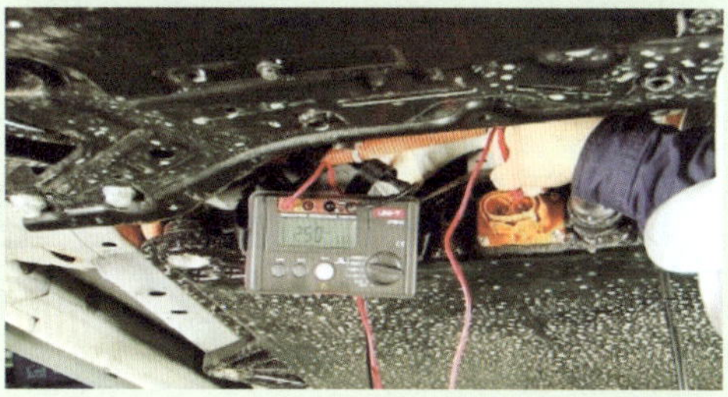
步骤六：标识检查	1. 检查动力蓄电池警告标识有无脱落、污损，将表面擦拭干净 2. 检查动力蓄电池铭牌有无污损，将表面擦拭干净	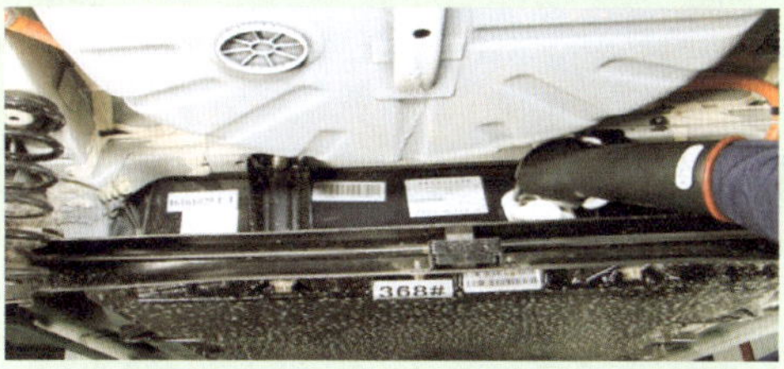
步骤七：螺栓紧固力矩检查	将动力蓄电池固定螺栓逐一紧固，扭矩为 95～105 N·m	

注意事项：

（1）高电压动力蓄电池单元修理工位必须洁净、干燥、无油脂、无飞溅火花。

（2）拆卸盖板前，应清除高电压动力蓄电池单元盖板区域内的残留水分和杂质。

（3）高压操作前，维修人员必须戴好绝缘手套，穿好绝缘鞋。

（4）电解液泄漏时可能会释放电解液和溶剂蒸气，接触皮肤或眼睛后需用大量清水进行冲洗并马上就医。

（5）若发生火灾应及时报警并使用灭火器控制火势，切勿吸入有毒有害气体，若人员出现呼吸停止现象应进行人工呼吸并马上就医。

思考与练习

1. 电池的主要性能指标有哪些？
2. 动力蓄电池内阻检测的方法有哪些？
3. 简述动力蓄电池的维护分级及相应的作业内容。

课题四 动力蓄电池高压维修开关的检测与更换

学习目标

1. 能准确描述动力蓄电池高压维修开关的定义、功能和安装位置。
2. 能按操作规范完成动力蓄电池高压维修开关的检测与更换。

●任务描述：

一辆纯电动汽车因动力蓄电池故障而无法行驶，被拖车运至店内。经维修技师检查后，确认故障现象为高压无法上电，动力蓄电池高压维修开关损坏需要进行更换，你的主管要求你承担动力蓄电池高压维修开关的检测与更换任务。

●**任务分析：**

高压维修开关是动力蓄电池在紧急情况下的一种保护装置，同时也是为了确保维修人员操作安全的一种防护措施。在了解高压维修开关构造及工作原理的前提下，进行高压系统维修操作的过程中，应时刻以安全为准则，认真执行操作规范，细致检测，准确判断，确保操作人员安全、设备安全、车辆安全。

相关理论

一、高压维修开关认知

1. 高压维修开关的定义

高压维修开关即手动维修开关（manual service disconnect，MSD），是指为了保护在高压环境下维修电动汽车的技术人员或应对某些突发的事件，可以快速分离高压电路的连接，使维修等工作处于一种较为安全的状态的开关。

2. 高压维修开关的功能

当 MSD 打开时，电池系统输出端子之间无电压。在接触器断开的情况下，MSD 断开后的 5 s 内，所有外部电池端子组的测量电压应小于 DC 60 V。

根据以上定义和功能可知，MSD 以保护作用为主，为应急救援状态下可采取的有效救援手段，同时可以在车辆维修过程中，为动力蓄电池高压系统维修操作提供安全保障，其外形结构如图 2-4-1 所示。

图 2-4-1　MSD 外形结构

3. 可充电储能系统

在《电动汽车安全要求》(GB/T 18384.1—2015）中，可充电储能系统（rechargeable energy storage system，REESS）的定义为：可充电的且可提供电能的能量存储系统，如蓄电池、电容器。车辆使用中常见的动力蓄电池主要由单体电池经过串并联组成动力蓄电池模组，多个模组连接后与动力蓄电池管理系统配合组成。

对于可充电储能系统的切断标准，国际标准 ISO 6469、欧洲标准 EN 1987、美国标准 SAE J2344、国家标准 GB/T 18384 等标准中均有关于切断装置的要求，例如：

（1）国际标准 ISO 6469 和欧洲标准 EN 1987 对 REESS 切断的要求为至少断开

1 极，可通过手动操作来控制断开和吸合。

（2）美国标准 SAE J2344 则明确要求，在某些事件触发时，需同时对 REESS 正负极实现电隔离，且分别明确了自动断开和手动断开的要求。例如，在车辆维修及保养时，可通过手动断开装置实现危险电压的电隔离。

（3）国家标准 GB/T 18384 要求“如果 REESS 自身没有防短路功能，则应有一个 REESS 过流断开装置能在车辆制造厂商规定的条件下断开 REESS 电路，以防止对人员、车辆和环境造成危害”。

4. 高压维修开关的使用形式及位置

为了实现 REESS 的过流切断，通常要在整车高压电气系统中安装熔丝或接触器。因各车型的 REESS 系统不同，对于熔丝和接触器的选择、使用也不同，导致了目前车辆中 MSD 安装位置的差异。MSD 的安装位置有以下几种情况：

（1）双接触器 +MSD

目前使用 MSD 的车型中，MSD 多安装于蓄电池包的中部，双接触器 +MSD 方案中接触器和 MSD 的位置如图 2-4-2 所示。

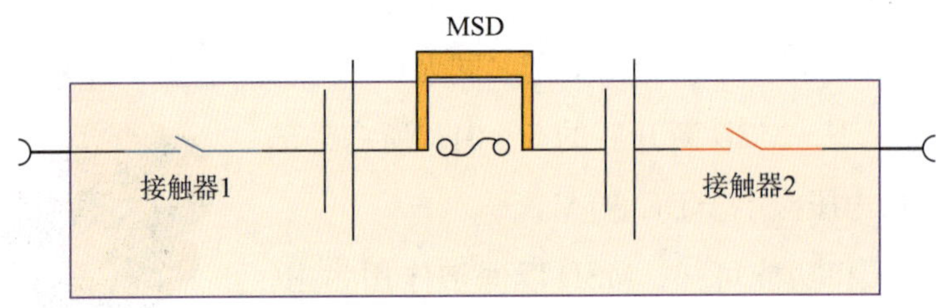

图 2-4-2　双接触器 +MSD

MSD 安装于电池中间位置主要是基于对失效风险的评估。当 MSD 拔下时，电池可能存在失效风险：

1）若在电池中间位置安装 MSD，当接触器粘连时，可降低失效电压等级，失效电压最大值为动力蓄电池总电压的一半。

2）若将 MSD 安装于电池正极或负极，当接触器粘连时，失效电压最大值为动力蓄电池总电压。

注意：常见乘用车动力蓄电池的标称电压均大于 DC 300 V，因此，MSD 安装在电池中间位置时，最大失效电压仍高于安全电压 DC 60 V，属于危险电压。车辆维护时，为避免人员触碰到该危险电压，操作前须用万用表和绝缘电阻测试仪确认状态，确保维修操作的安全性。

（2）单接触器 +MSD

1）接触器安装于电池中间，MSD 安装在接触器旁边。MSD 基座位于动力蓄电池包中部，接触器位于 MSD 左侧或右侧（两种情况电压存在的位置不同），如图 2-4-3 所示。

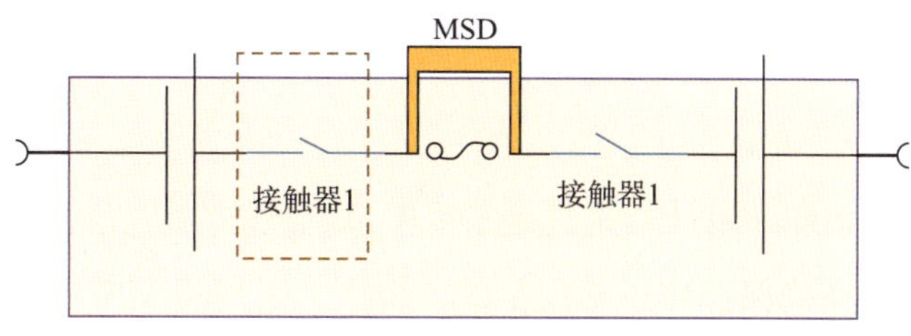

图 2-4-3　单接触器 +MSD

注意：接触器安装于电池中间，MSD 在电池一极时，若接触器粘连失效，MSD 的一端与电池一极间的电压为动力蓄电池电压。

2）接触器安装于电池一极，MSD 在接触器旁边。若接触器在电池正极（或负极），则 MSD 需安装于接触器右侧（或左侧）。正常情况下，断开后各点电压均为 0；在单点失效的情况下，其失效后最大电压为动力蓄电池电压。接触器和 MSD 的位置如图 2-4-4 所示。

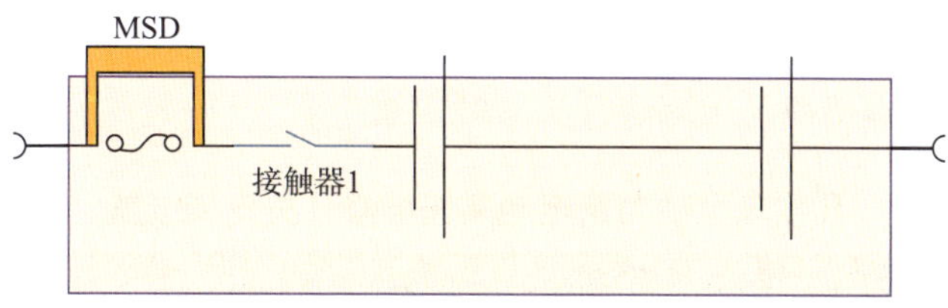

图 2-4-4　单接触器 +MSD

注意：MSD 安装于接触器左侧时，正常情况下，MSD 负端与电池负极间电压为蓄电池电压。

（3）单接触器、无 MSD

这种情况下，接触器安装于电池中间时，若接触器粘连失效，电池正负极间电压为动力蓄电池当前最大电压。

（4）单 MSD、无接触器

这种情况下，MSD 安装于电池中间比安装于电池正极或负极风险低。在正常情况下，MSD 基座正端（或负端）与电池正极（或负极）间存在一半的蓄电池电压；绝缘单点失效时，失效电压最大值为动力蓄电池电压的一半。MSD 的安装位置如图 2-4-5 所示。

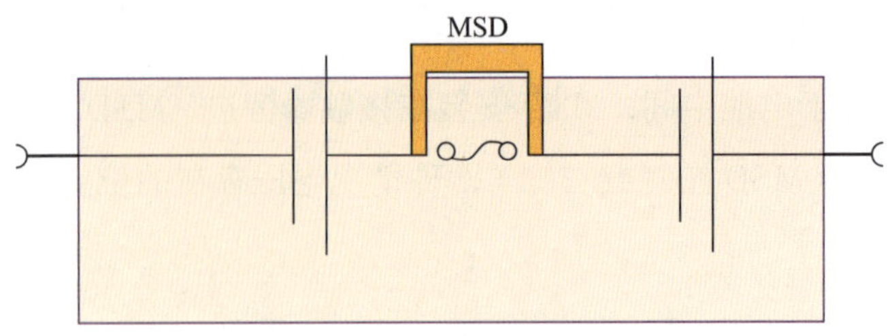

图 2-4-5　单 MSD+ 无接触器

（5）双接触器、无 MSD

目前较多车型采用此种设计，尤其是采用单包电池的车型。蓄电池管理系统设计出合理的断开机制后，在确保操作正确规范的前提下，采用将 MSD 省略并配置相应熔断器的形式。当接触器全部失效后，电压最大值为动力蓄电池的当前电压。接触器的安装位置如图 2-4-6 所示。

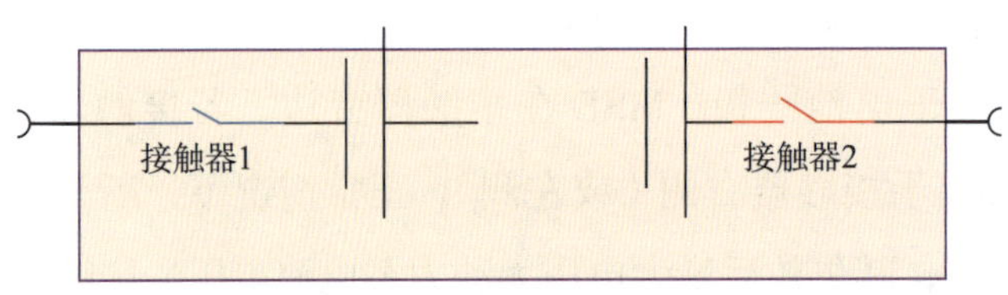

图 2-4-6　双接触器 + 无 MSD

二、高压维修开关安装位置

几款车型的动力蓄电池高压维修开关安装位置见表 2-4-1。

表 2-4-1　　几款车型动力蓄电池高压维修开关安装位置

序号	车型	安装位置	实物图示
1	比亚迪 e6	打开驾驶室中部储物盒，将底部防护垫取出，用工具取出底部护盖后，可观察到橙色动力蓄电池包高压维修开关	

续表

序号	车型	安装位置	实物图示
2	比亚迪秦	打开电池箱的前盖板，首先将坐垫拆下，接着拆下后靠背，拆卸时需要拔下左右两个气囊监测插头以及中控板插头，最后拆电池护板。可观察到电池箱右上角前面的橙色动力蓄电池包高压维修开关	
3	北汽EV200	拆下车辆后排座椅，可以观察到座椅安装位置中部的密封护盖。拆下密封护盖后可观察到橙色动力蓄电池包高压维修开关	

任务实施

高压维修开关的检测与更换

1. 准备工作及安全注意事项

高压维修开关拆装前的各项准备工作及高压断电、验电具体操作步骤和要求参照模块二课题一中的相关标准执行。

2. 检测与更换步骤

动力蓄电池高压维修开关的检测与更换步骤见表 2-4-2。

表 2-4-2 动力蓄电池高压维修开关的检测与更换步骤

序号	操作项目	检查位置
1	检查 MSD 的外观及锁紧装置： （1）清洁外观 （2）检查有无破损、开裂情况 （3）检查锁紧装置是否工作良好，有无破损、断裂情况 （4）检查连接器有无严重氧化或电烧蚀情况	 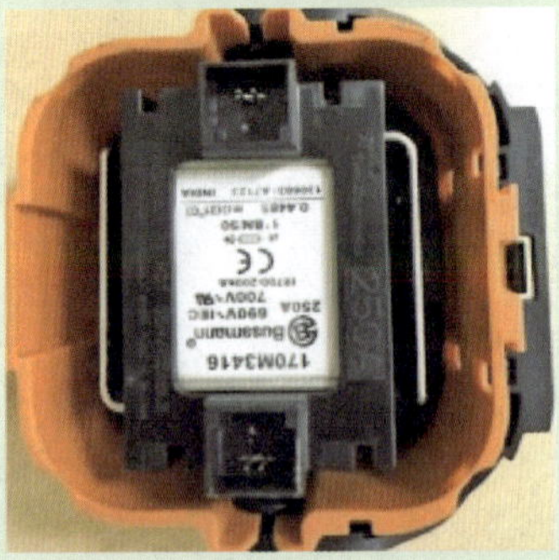
2	测量 MSD 内部熔断器电阻，确保其小于 0.02 Ω	
3	测量 MSD 内部互锁连接器电阻，确保其小于 0.02 Ω	

续表

序号	操作项目	检查位置
4	检查 MSD 插座外观及锁紧装置： （1）清洁外观 （2）检查有无破损、开裂情况 （3）检查锁紧装置是否工作良好，有无破损、断裂情况 （4）检查连接器有无严重氧化或电烧蚀情况	
5	安装 MSD 并将锁紧机构锁紧	
6	连接低压蓄电池负极，检查全车是否正常上电	
7	安装 MSD 护板及相关附件	
8	依据 6S 操作规范整理场地	—

思考与练习

1. 动力蓄电池高压维修开关有哪些功能?
2. 简述动力蓄电池高压维修开关的使用形式及安装位置。
3. 简述动力蓄电池高压维修开关的检测步骤。

世赛知识

中国的参赛历程与成绩

1. 首战伦敦

2011 年 10 月，在英国伦敦举行的第 41 届世界技能大赛上，中国首次组团参加了 6 个项目的比赛，获得 1 枚银牌和 5 个优胜奖。

2. 挺进莱比锡

2013 年 7 月，在德国莱比锡举行的第 42 届世界技能大赛上，中国代表团参加了 22 个项目的比赛，获得 1 枚银牌、3 枚铜牌和 13 个优胜奖。

3. 圆梦巴西

2015 年 8 月，在巴西圣保罗举行的第 43 届世界技能大赛上，中国代表团参加了 29 个项目的比赛，获得 5 枚金牌、6 枚银牌、4 枚铜牌和 11 个优胜奖，实现了金牌零的突破。

4. 技竞阿布扎比

2017 年 10 月，在阿联酋阿布扎比举行的第 44 届世界技能大赛上，中国代表团参加了 47 个项目的比赛，获得 15 枚金牌、7 枚银牌、8 枚铜牌和 12 个优胜奖，金牌总数、奖牌总数和团体总分均位列第一。

5. 征战喀山

2019 年 8 月，在俄罗斯喀山举行的第 45 届世界技能大赛上，中国代表团参加了全部 56 个项目的比赛，获得 16 枚金牌、14 枚银牌、5 枚铜牌和 17 个优胜奖，金牌总数、奖牌总数和团体总分再次列第一，获得了历史最好成绩。

模块三 动力蓄电池管理系统的检修

课题一 动力蓄电池信息采集器的检测与更换

学习目标

1. 能够准确描述动力蓄电池信息采集管理系统的功能和结构。
2. 能够按操作规范完成动力蓄电池信息采集器的检测与更换。

●任务描述：

一辆比亚迪 e5 型汽车（2017 款）因动力蓄电池管理系统故障而无法行驶，被拖车运至店内。经维修技师检查后，确定为电池信息采集器（BIC）故障。你作为 4S 店的维修技师，需完成该故障的诊断及排除。

●任务分析：

电池信息采集器是电动汽车的重要零部件之一，BIC 一旦出现故障，则会造成整车高压系统无法正常上电，进而导致车辆无法行驶。因此，需要对电池信息采集器进行检测与更换。

相关理论

动力蓄电池信息采集管理系统认知（以比亚迪 e5 为例）

1. 动力蓄电池信息采集管理系统结构

动力蓄电池信息采集管理系统由电池信息采集器、电池管理控制器等组成，比亚迪 e5 使用电池信息采集器监控电池组传感器测量的数据和电池性能。通常情况下，BIC 将数据报告给 BMC，然后 BMC 根据工作条件和驾驶员的需求，命令电池进行相应的充电或放电，如图 3-1-1 所示。

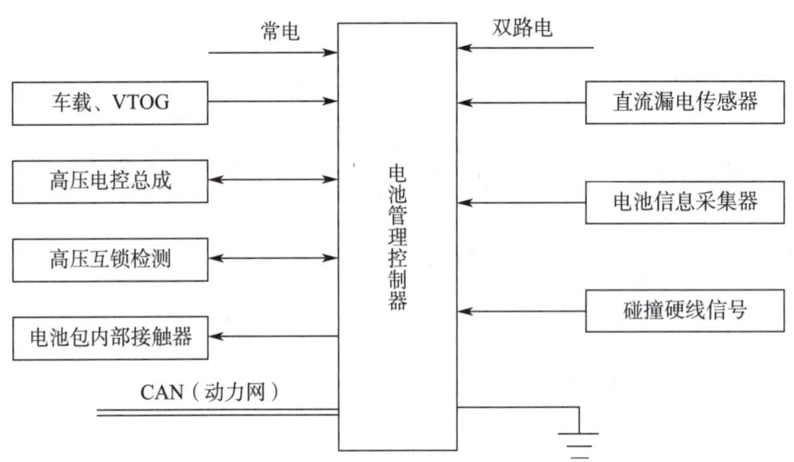

图 3-1-1　比亚迪 e5 动力蓄电池信息采集管理系统结构

2. 电池信息采集器和电池管理控制器的功能

电池信息采集器如图 3-1-2 所示，BIC 的主要功能有电池电压采样、温度采样、电池均衡、采样线异常检测等。如果单体电池、电池模组或部分电路的电压出现不平衡，部分具有充电系统的电动汽车还可以通过 BIC 来均衡电池电压。

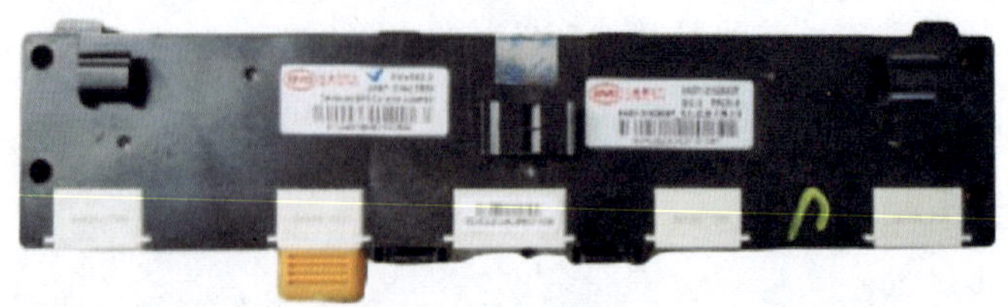

图 3-1-2　电池信息采集器

电池管理控制器（BMC）通过接收来自 BIC 的动力蓄电池模块数据与故障信息，与双向逆变电机控制器（VTOG）进行通信，从而控制预充、主正、主负、分压接触器的断开与闭合，如图 3-1-3 所示。

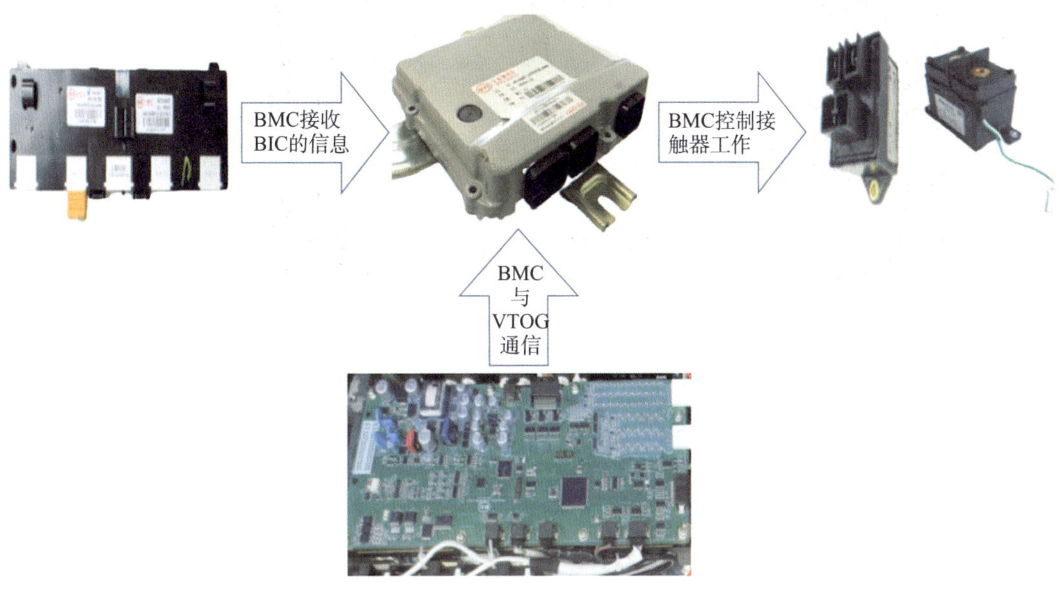

图 3-1-3　电池管理控制器的通信方式

3. 电池信息采集器的位置与组成

（1）电池信息采集器的位置

电池信息采集器的安装位置如图 3-1-4 所示。

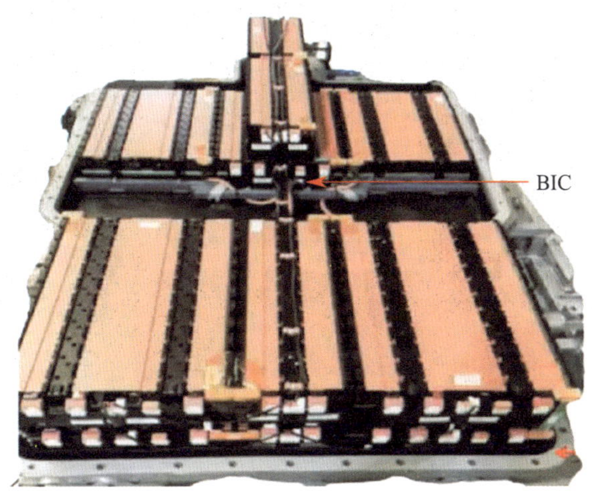

图 3-1-4　电池信息采集器的安装位置

（2）电池信息采集器的组成

电池信息采集器主要由采样线束、电压采样线板、温度采样线板和通信接口组成，如图 3-1-5 所示。

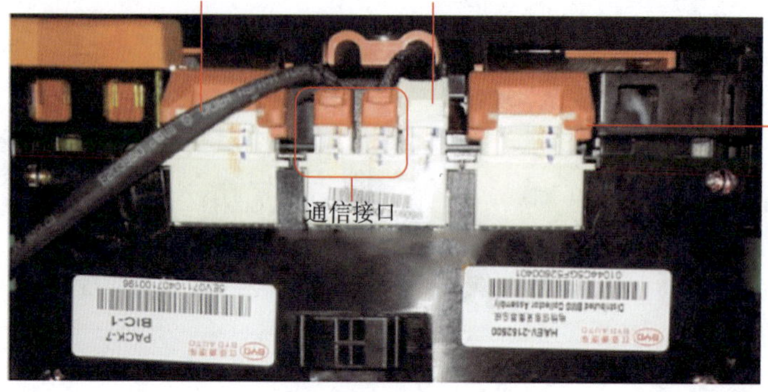

图 3-1-5　电池信息采集器的组成

任务实施

动力蓄电池信息采集器的检测与更换

1. 自诊断检测

下面结合实例，说明自诊断检测的过程。

（1）打开电源开关，观察组合仪表并记录以下内容：电量是否充足、各故障灯是否点亮、“OK”灯是否点亮，然后关闭电源开关，如图 3-1-6 所示。

图 3-1-6　观察仪表并记录

（2）将道通 MS908 故障诊断仪接入 OBD-Ⅱ诊断座中，如图 3-1-7 所示。

（3）打开诊断仪电源和车辆电源开关，进入该车系统进行自动扫描，清除故障码，经诊断该车无故障码存在，如图 3-1-8 所示。

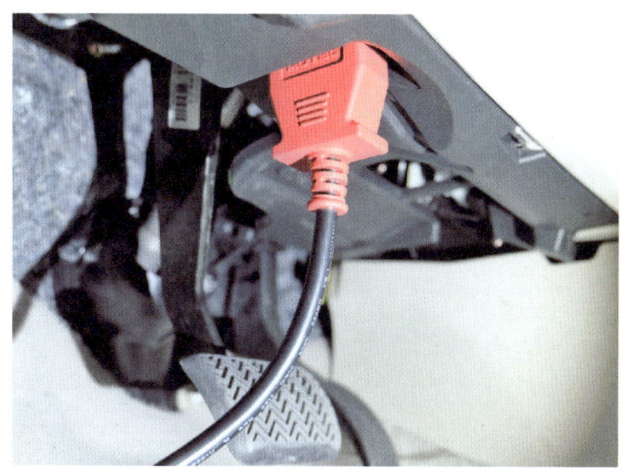

图 3-1-7　连接诊断仪

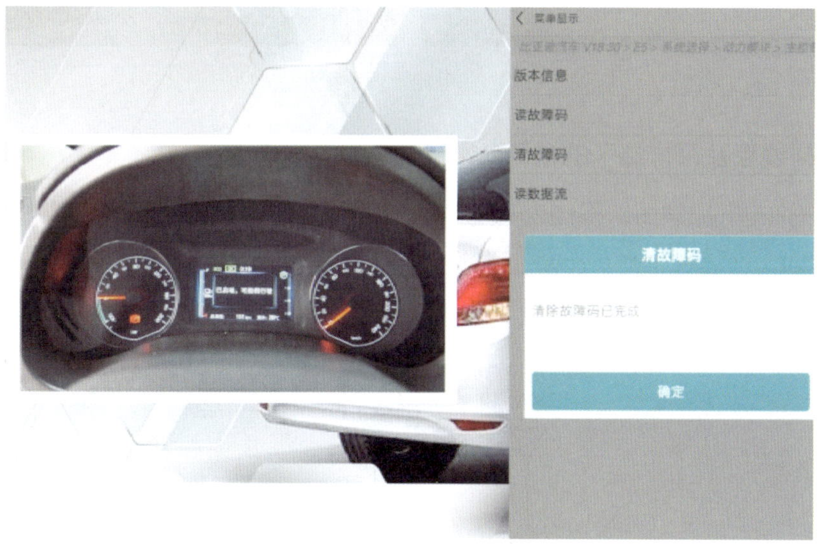

图 3-1-8　自诊断检测

（4）退出自动扫描，进入电池信息采集器读取并记录相关数据流，结合数据流进行相关部位排查，如图 3-1-9 所示。

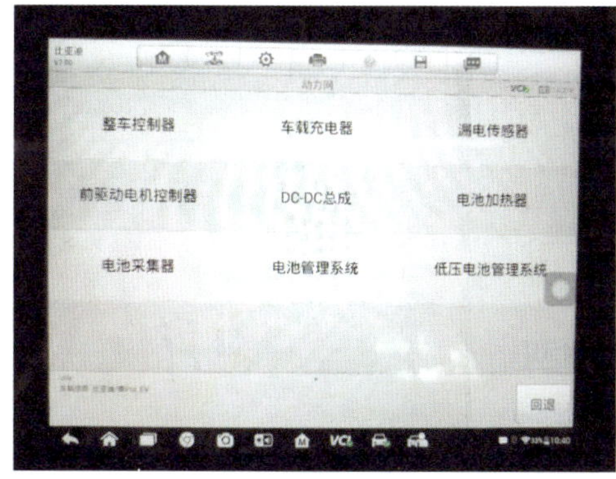

图 3-1-9　电池信息采集器相关数据

（5）进入电池管理系统，读取并记录相关数据流，结合数据流进行相关部位排查，如图 3-1-10 所示。

名称	值	参考值	单位
满电次数	0	0...65535	次
SOC	26	0...100	%
电池组当前总电压	646	0...1000	伏
电池组当前总电流	3.3	-500...1000	安培
最大允许充电功率	83.9	0...500	kw
充电次数	106		
单次充电电量	0	0...500	AH
单次放电容量	0		AH
最大允许放电功率	112.4	0...500	kw

名称	值	参考值	单位
高压系统状态	正常		
最低电压电池编号	105	1...256	
最低单节电池电压	3.263	0...5	伏
最高电压电池编号	65	1...256	
最高单节电池电压	3.269	0...5	伏
最低温度号	27	0...256	
最低温度	27	-40...160	°C
最高温度号	3	0...256	
最高温度	30	-40...160	°C

图 3-1-10　电池管理系统相关数据

2. 采样线束及采样端子的检测

（1）查询电气原理图，将红表笔接 BK45（A）-14 号端子、黑表笔接车身，经测量电压为 13.28 V，确认正常，如图 3-1-11 所示。

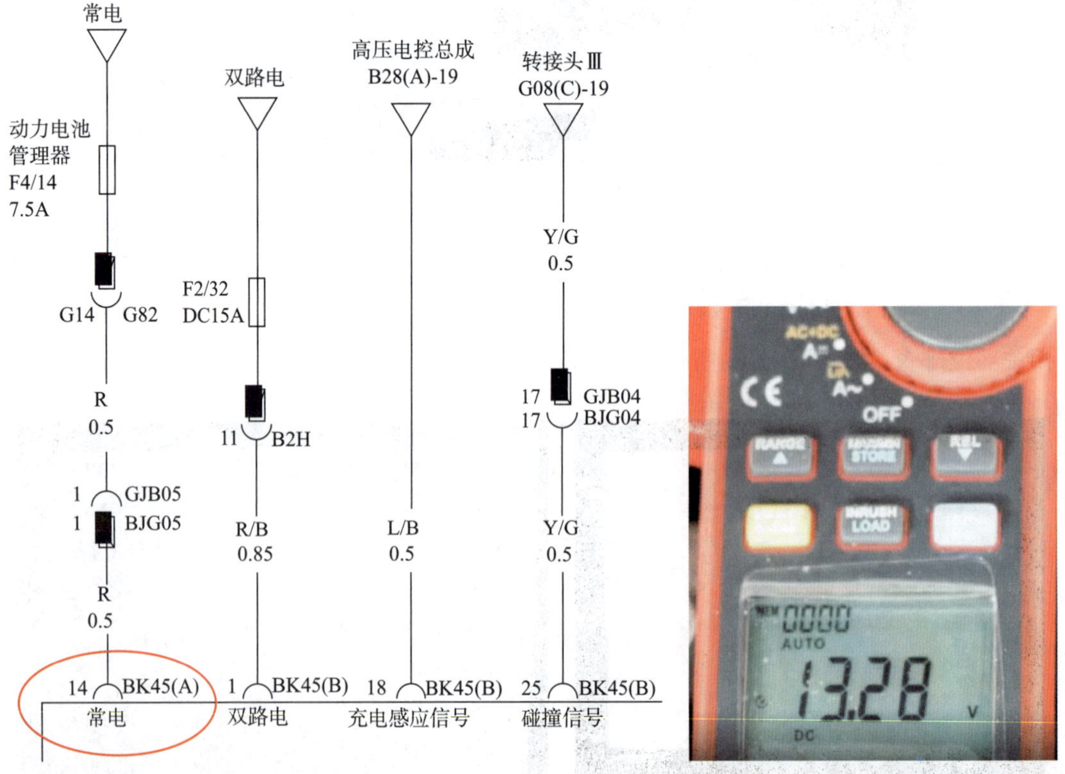

图 3-1-11　检测步骤 1（比亚迪 e5 2017 款）

（2）查询电气原理图，将红表笔接 BK45（B）-1 号端子、黑表笔接车身，经测量电压为 12.62 V，确认正常，如图 3-1-12 所示。

（3）查询电气原理图，将红表笔接 KxK45(C)-7 号端子、黑表笔接 KxK45(C)-26 号端子，经测量电压为 12.94 V，确认正常，如图 3-1-13 所示。

（4）查询电气原理图，将红表笔接 KxK45（C）-26 号端子、黑表笔接车身，经测量电阻为 0，确认正常，如图 3-1-14 所示。

（5）查询电气原理图，测量电池子网 CAN-L KxK45（C）-1 号端子和 CAN-H KxK45（C）-8 号端子之间的电阻，经测量为 64.3 Ω，确认正常，如图 3-1-15 所示。

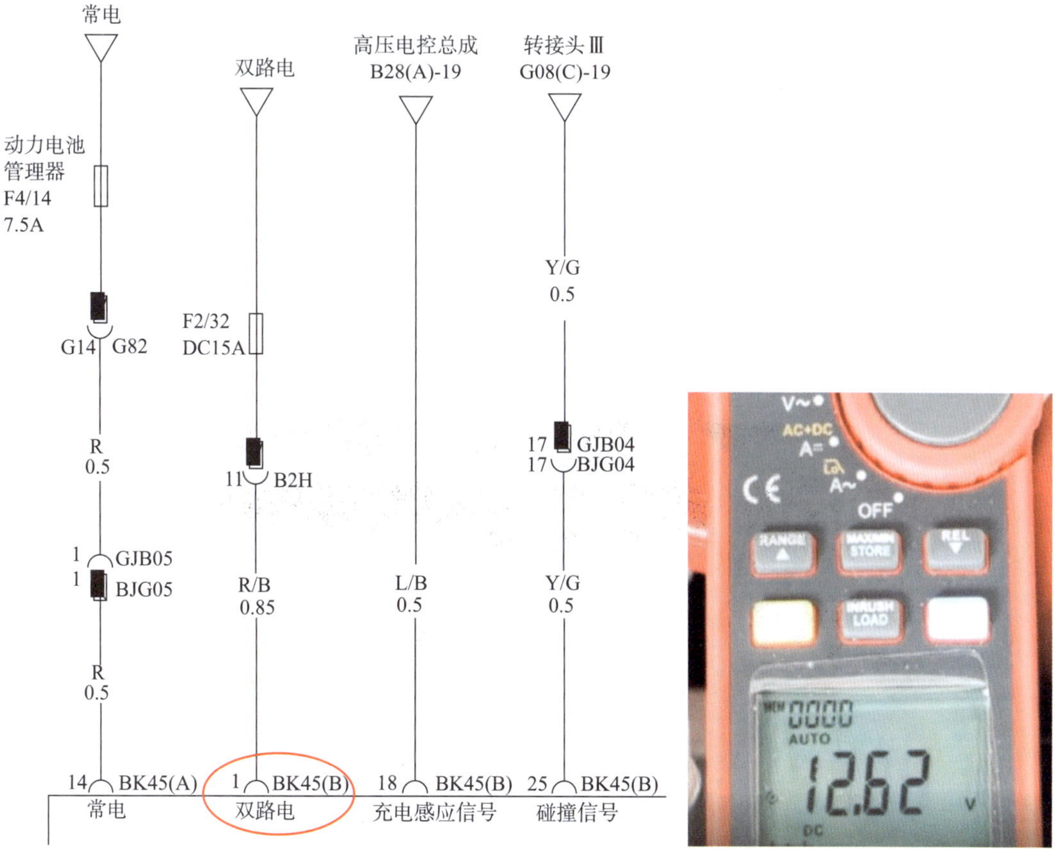

图 3-1-12 检测步骤 2（比亚迪 e5 2017 款）

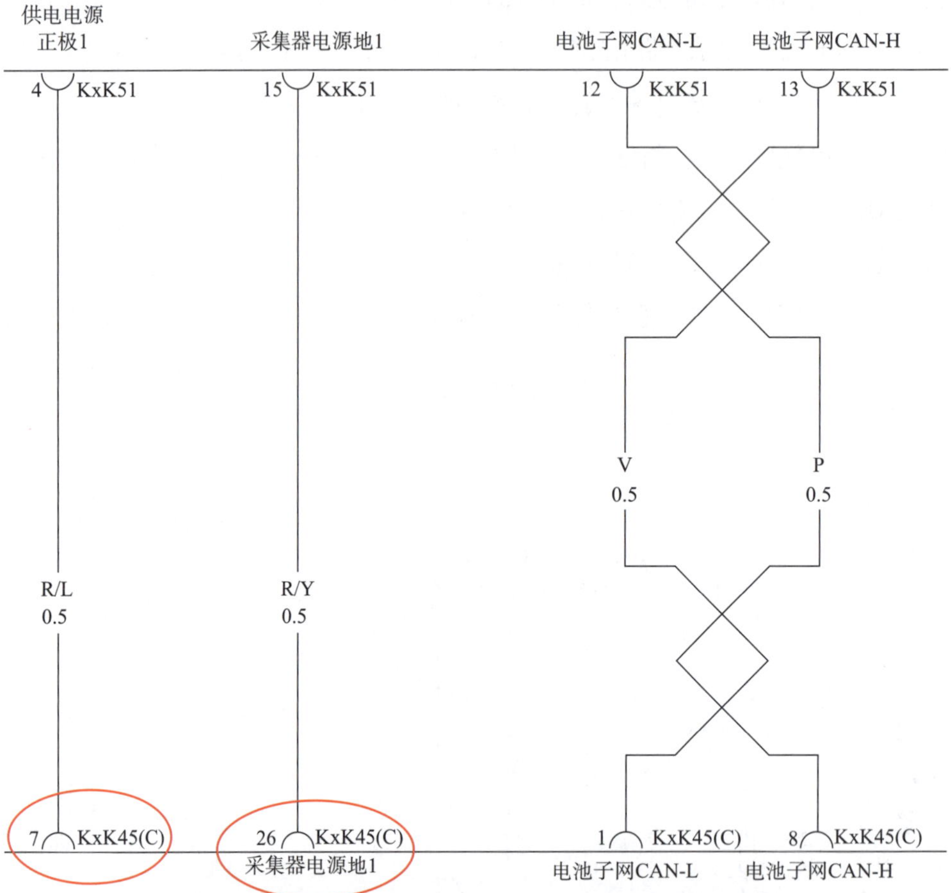

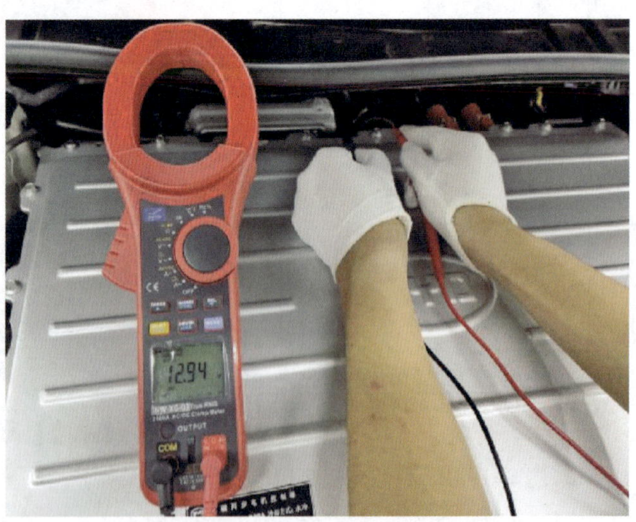

图 3-1-13　检测步骤 3（比亚迪 e5 2017 款）

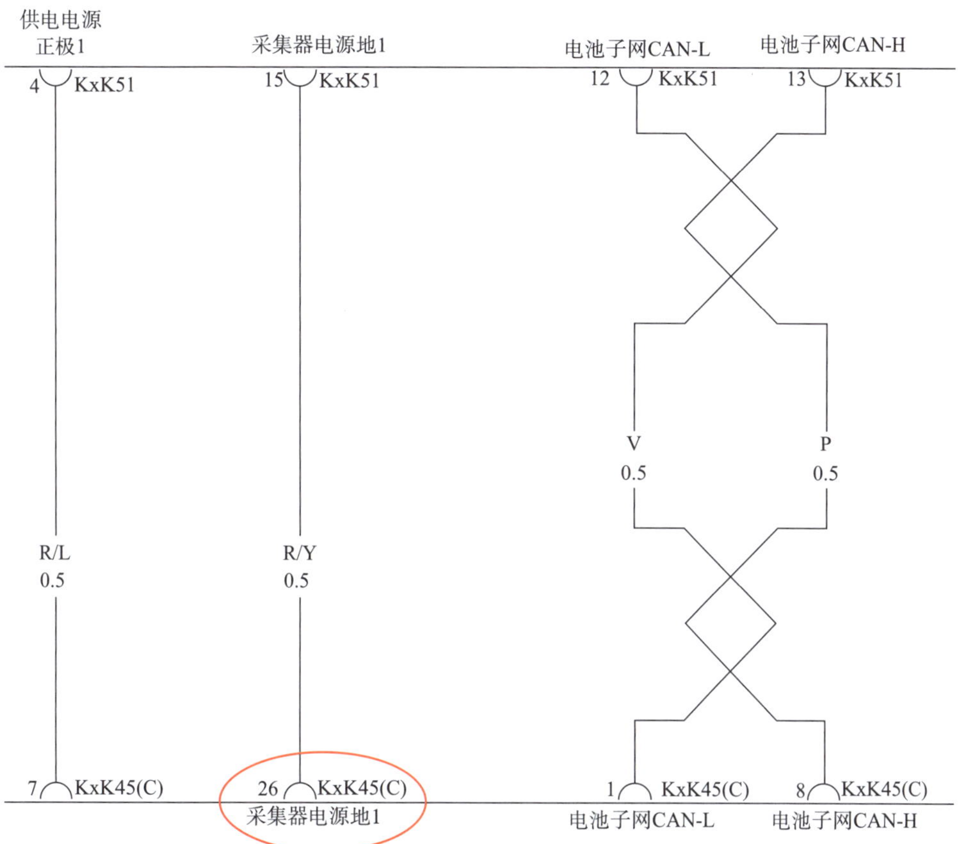

图 3-1-14 检测步骤 4（比亚迪 e5 2017 款）

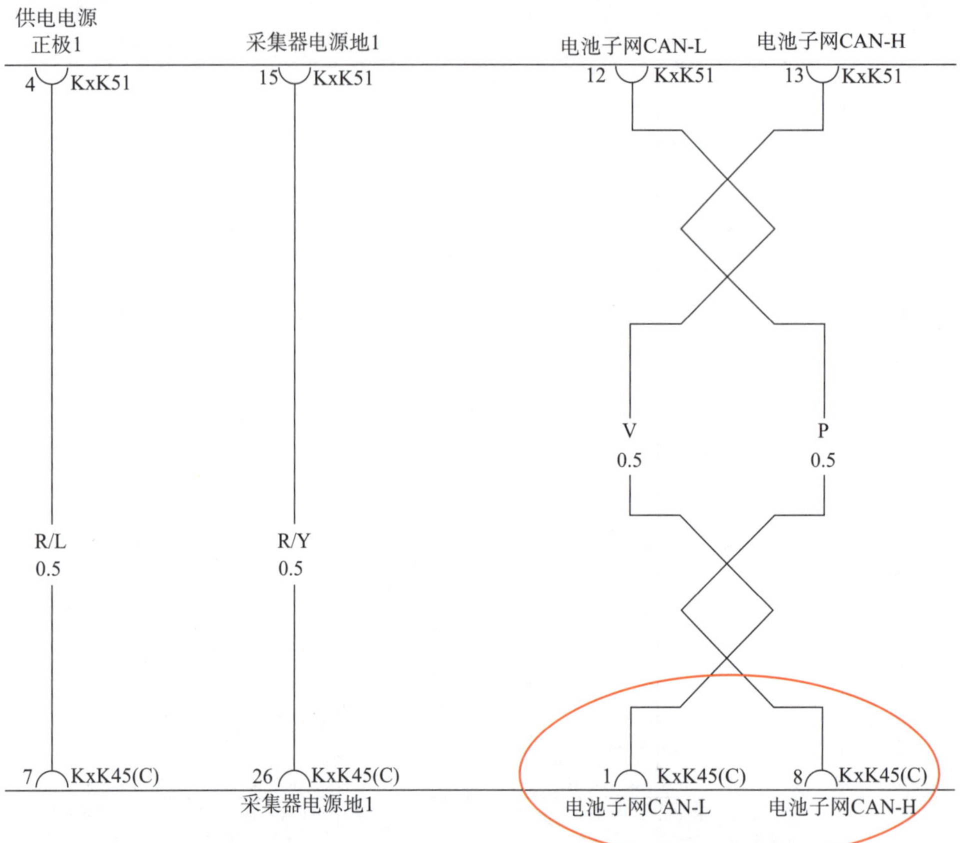

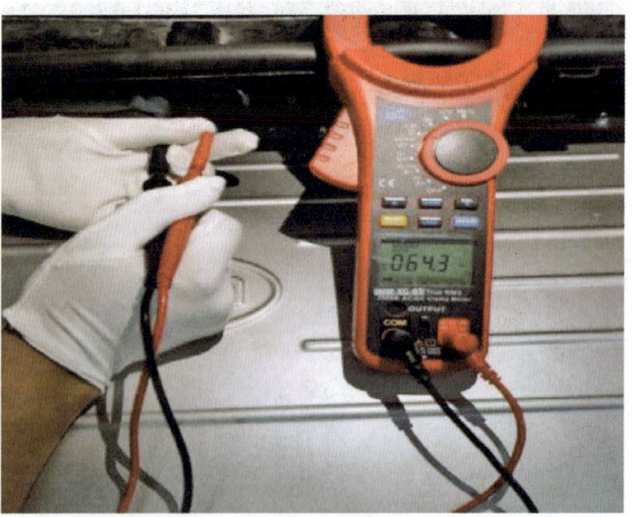

图 3-1-15　检测步骤 5（比亚迪 e5 2017 款）

3. 采样线束及采样端子的更换

以比亚迪秦动力蓄电池组采样线束及采样端子的更换为例，具体操作步骤如下：

（1）关闭电源开关，然后拆卸后排座椅及靠背，如图 3-1-16 所示。

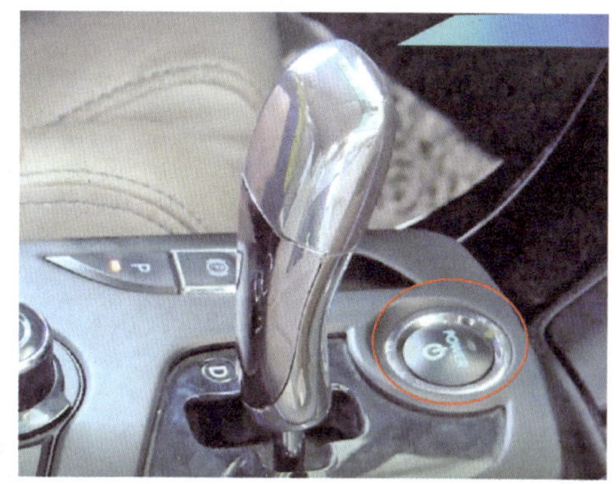

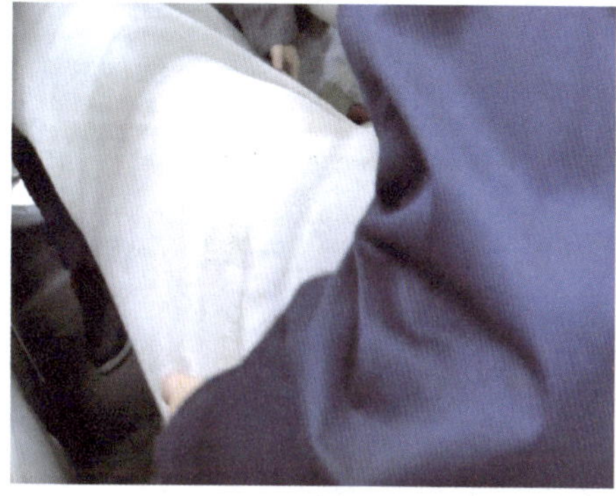

图 3-1-16　拆卸后排座椅及靠背

（2）拔下座椅相关连接器，两人配合抬出座椅靠垫，如图 3-1-17 所示。

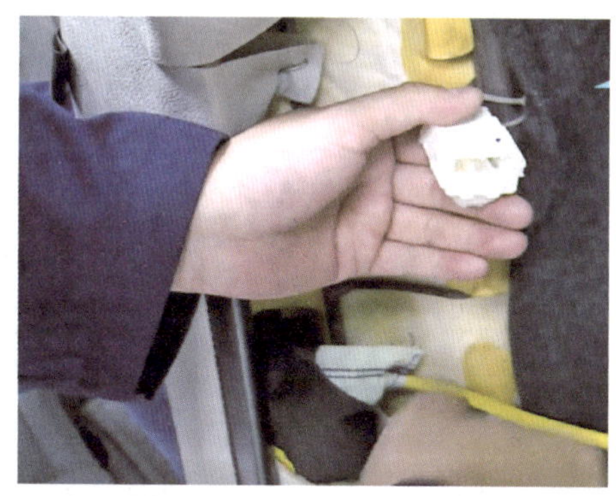

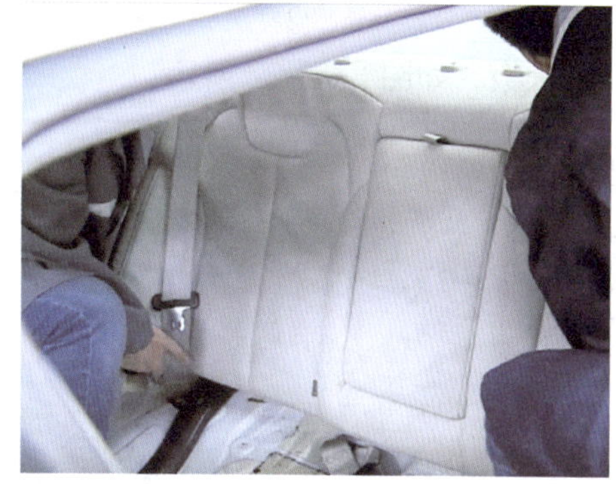

图 3-1-17　拔下座椅连接器并抬出座椅靠垫

（3）拔下维修开关，等待 3 min，如图 3-1-18 所示。

（4）打开行李舱盖，依次拆下行李舱内护板，如图 3-1-19 所示。

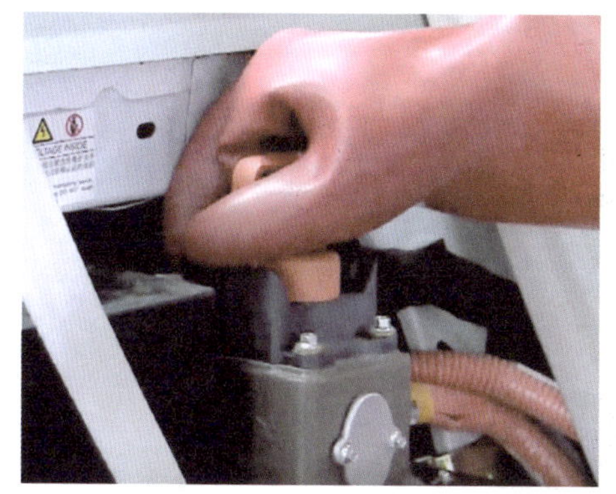

图 3-1-18　拔下维修开关

图 3-1-19　拆下行李舱内护板

（5）使用十字旋具拆下动力蓄电池包的前后封板，如图 3-1-20 所示。

（6）使用十字旋具拆卸电池组采样线束接头的 4 个固定螺栓，如图 3-1-21 所示。

图 3-1-20　拆下动力蓄电池包的前后封板

图 3-1-21　拆卸电池组采样线束接头的固定螺栓

（7）使用 7 mm 套筒和棘轮扳手拆卸电池组采样线束的 2 个固定螺栓，并依次拆下采样线束护板，如图 3-1-22 所示。

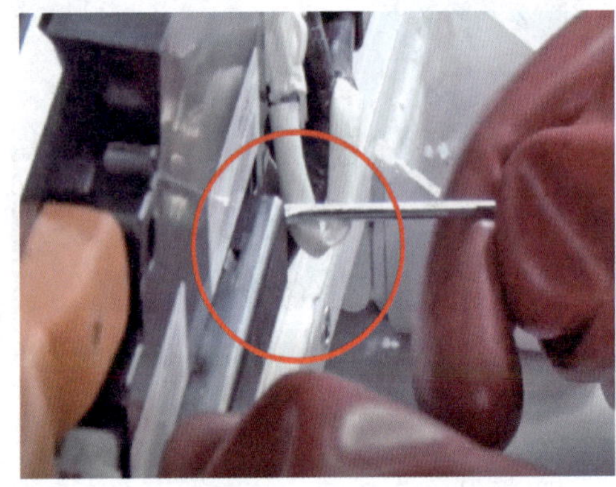

图 3-1-22　拆卸电池组采样线束的固定螺栓及护板

（8）拆下电池组采样线束连接器，如图 3-1-23 所示。

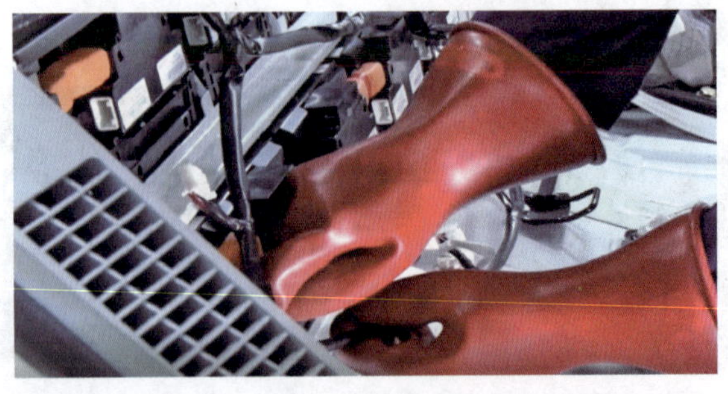

图 3-1-23　拆下电池组采样线束连接器

（9）安装新的电池组采样线束，按上面步骤先拆后装、后拆先装的顺序进行。

思考与练习

1. 简述电池信息采集器的主要功能。
2. 以比亚迪秦为例，简述动力蓄电池组采样线束及采样端子的更换步骤。

课题二 | 动力蓄电池管理控制器的更换

学习目标

1. 能准确描述动力蓄电池管理控制器的类型、功能及基本构成。
2. 能准确描述动力蓄电池管理系统的工作模式。
3. 能独立完成动力蓄电池管理控制器的更换作业。

●任务描述：

一辆比亚迪 e5 型汽车因动力蓄电池管理系统故障而无法行驶，被拖车运至店内。经维修技师检查后，确定为电池管理控制器故障。你作为 4S 店的维修技师，需完成该故障的诊断和电池管理控制器的更换。

●任务分析：

电池管理控制器的主要功能是充放电管理、接触器控制、功率控制、电池异常状态报警和保护、SOC/SOH 计算、自检以及通信等。电池管理控制器一旦出现故障则会造成整车高压系统无法正常上电，进而导致车辆无法行驶。因此，需要对电池管理控制器进行更换。

相关理论

一、动力蓄电池管理控制器认知

1. 动力蓄电池管理控制器的类型

市场上有许多不同类型的电池管理控制器，从结构角度来看，基于其拓扑结构的电池管理控制器只有三种类型，分别是集中式电池管理控制器、分布式电池管理控制器和模组化电池管理控制器，这些电池管理控制器的功能都是相似的。电池管理控制器如图 3-2-1 所示。

图 3-2-1　电池管理控制器

2. 动力蓄电池管理控制器的基本构成

（1）主控模块

主控模块包括继电器、电流测量电路、总电压隔离运放、绝缘检测电路等，如图 3-2-2 所示。

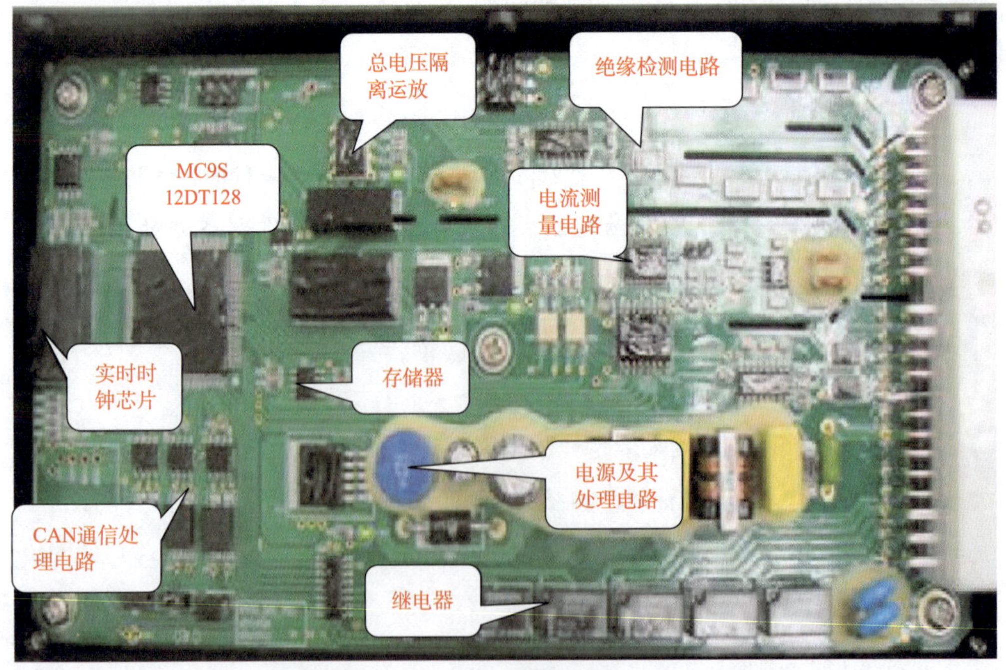

图 3-2-2　主控模块

（2）从控模块

从控模块主要包括继电器、电源处理电路、温度检测电路和CAN通信电路等，如图3-2-3所示。

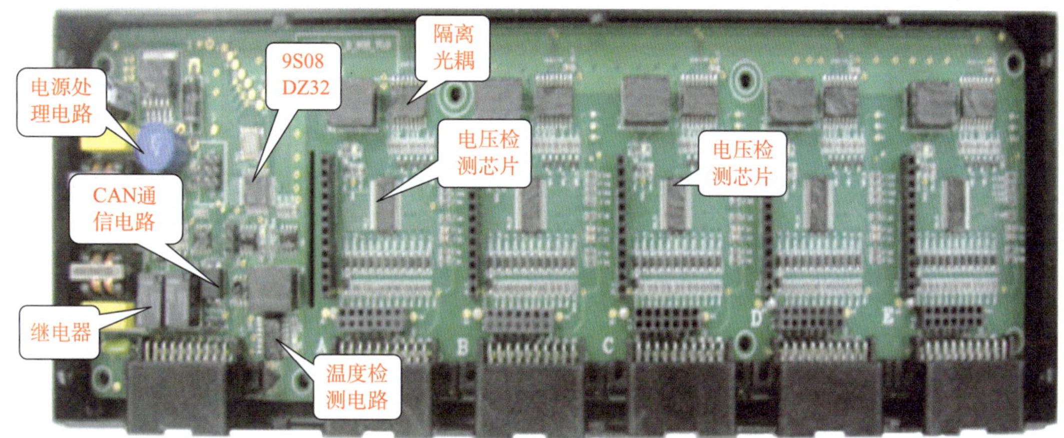

图3-2-3　从控模块

二、动力蓄电池管理系统工作模式

电池管理系统有五种工作模式，即下电模式、准备模式、放电模式、充电模式及故障模式，具体内容如下：

1. 下电模式

下电模式是整个系统的低压与高压部分处于非工作状态的模式。在下电模式下，电池管理系统控制的所有高压继电器均处于断开状态，低压控制电源处于不供电状态，只有电池内部控制器的低压供电电路有静态维持电流。

2. 准备模式

当电池管理系统处于准备模式时，系统所有的接触器均处于未吸合状态。当电池管理系统接收到外界整车开关、整车控制器、电机控制器和充电插头开关等部件发出的硬线信号，或接收到CAN信号，且系统的控制初始化、自检完成时，电池管理系统进入下一步放电模式。

3. 放电模式

当电池管理系统自检合格且检测到高压上电信号后，系统将首先闭合主负继电器。由于驱动电机是感性负载，驱动电机控制器内部电路有大电容，为防止过大的电流冲击，负极接触器闭合后，即闭合与正极继电器并联的预充接触器，进入预充电状态。当电机控制器内电容两端电压达到母线电压的 90% 时，立即闭合正极接触器，延迟 10 ms 后，断开预充接触器进入放电模式。

4. 充电模式

当电池管理系统检测到充电唤醒信号时，系统即进入充电模式。在该模式下，主正、主负继电器闭合；同时，为保证低压控制电源持续供电，DC/DC 直流转换接触器需处于工作状态。

充电模式下，电池管理系统不响应起动钥匙发出的任何指令，充电插件发出的充电唤醒信号是充电模式的判定依据。

磷酸铁锂蓄电池在低温条件下的充电特性较差，从充电安全角度考虑，在进入充电模式之前应对系统进行一次温度判别。当电池温度低于 0 ℃时，系统会先进入充电预热模式，通过接通电池包内的加热继电器向铺设在电池箱内的加热毯供电，对电池模组进行预热；当电池温度高于 0 ℃时，系统可进入充电模式，即闭合主正、主负继电器。

5. 故障模式

故障模式是一种常见的状态。由于动力蓄电池高压的使用关系到使用者和维修人员的人身安全，因此电池管理系统对于各种工作模式均采取"安全第一"的原则。电池管理系统对于故障的响应还需根据故障等级而定：当故障级别较低时，系统会采取报错或发出轻微报警信号的方式告知驾驶人；当故障级别较高，甚至伴有危险时，系统将采取断开高压接触器的控制策略。

任务实施

以比亚迪 e5 电池管理控制器的更换为例，操作步骤与内容见表 3-2-1。

表 3-2-1　　比亚迪 e5 电池管理控制器的更换

操作步骤	操作内容与要求	操作图示
步骤一：车辆防护	安装车内四件套、车外三件套、车轮挡块，拉隔离栏，放置安全警示牌	

续表

操作步骤	操作内容与要求	操作图示
步骤二：个人安全防护	检查和穿戴护目镜、安全帽、耐磨损手套、绝缘手套、绝缘鞋、放电工装	
步骤三：车辆下电	将车辆退电至OFF挡，等待5 min	—
步骤四：断开蓄电池负极	拆下蓄电池负极，并对负极接线桩进行包裹防护	
步骤五：拆卸BMC连接器	拔掉电池管理控制器上连接的电池采样线和整车低压线束连接器，拔掉整车低压线束在电池管理控制器支架上的固定卡扣	
步骤六：拆卸BMC固定螺栓	用10号套筒或梅花扳手拆卸电池管理控制器的3个固定螺栓	

续表

操作步骤	操作内容与要求	操作图示
步骤七：更换新的 BMC 总成	更换电池管理控制器，插上电池采样线和整车低压线束连接器	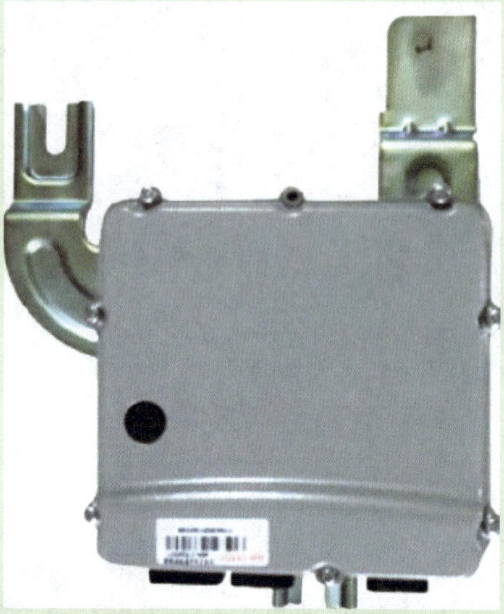
步骤八：BMC 参数标定	更换电池管理控制器时，根据原车电池包数据标定电池容量和 SOC	
步骤九：整车上电确认	整车上电，再次确认问题是否解决	

思考与练习

1. 简述动力蓄电池管理系统的五种工作模式。
2. 简述动力蓄电池管理控制器的更换步骤。

课题三 | 动力蓄电池安全保护元件的检测与更换

学习目标

1. 能准确描述高压熔断器的功用及类型。
2. 能准确描述高压接触器的类型、结构及安装位置。
3. 能按操作规范完成高压熔断器、高压接触器的检测与更换。

任务描述：

一辆比亚迪 e5 型汽车因动力蓄电池安全保护元件故障而无法行驶，被拖车运至店内。经维修技师检查后，确定为高压接触器故障。你作为 4S 店的维修技师，需完成该故障的诊断与排除。

任务分析：

近年来，动力蓄电池的比能量越来越高，单体电芯容量越来越大，各高压部件一旦出现短路现象而无相应的保护措施，轻则部件损坏，重则引起火灾，所以各高压部件回路的保护至关重要。因此，需要对动力蓄电池安全保护元件进行检测与更换。

相关理论

动力蓄电池安全保护元件主要有高压熔断器和高压接触器（分压、主正、主负、预充、充电接触器）。

一、高压熔断器

1. 高压熔断器的功用

高压熔断器在发生短路故障时能够及时熔化、断开，从而分断电路，起到保护作用。纯电动汽车的驱动部分及高压附件系统的电源均为动力蓄电池，为保护车辆及乘员安全，相关回路均应选用相应高压熔断器作为短路保护的措施。

2. 高压熔断器的类型

根据结构的不同，高压熔断器可以分为螺旋式熔断器和快速熔断器两种，如图 3-3-1 所示。

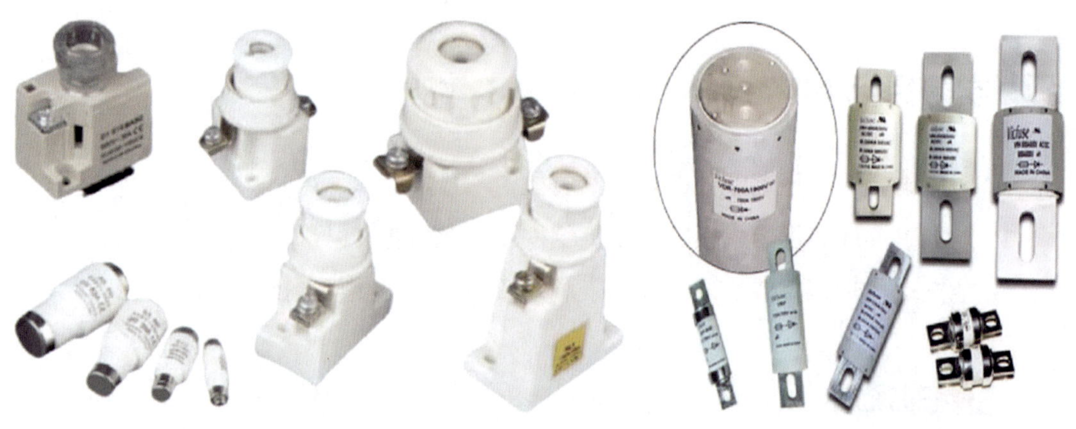

a）螺旋式熔断器　　b）快速熔断器

图 3-3-1　高压熔断器的类型

电动汽车的高压回路中主要应用快速熔断器，快速熔断器最重要的参数是可靠性、熔断速度和分断能力。

二、高压接触器

1. 高压接触器的类型、结构及安装位置

（1）高压接触器的类型

目前应用于电动汽车的高压接触器主要有陶瓷封装接触器和环氧封装接触器两种，两者的工作原理及灭弧原理相同，在使用效果上没有绝对的优劣，两种高压接触器如图 3-3-2 所示。

（2）高压接触器的结构

电动汽车的高压接触器一般为全密封结构，如图 3-3-3 所示。

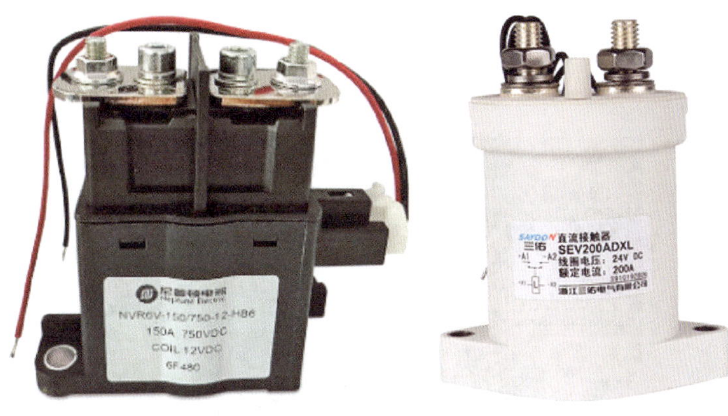

a）陶瓷封装接触器　　b）环氧封装接触器

图 3-3-2　高压接触器的类型

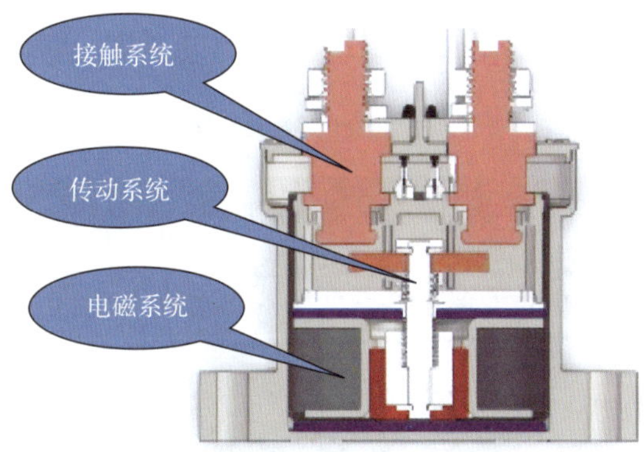

图 3-3-3　高压接触器的结构

（3）高压接触器的安装位置

高压接触器有主接触器、分压接触器、主正接触器、主负接触器、预充接触器、充电接触器等。

1）比亚迪 e5 的主接触器在高压电控总成中，如图 3-3-4 所示。

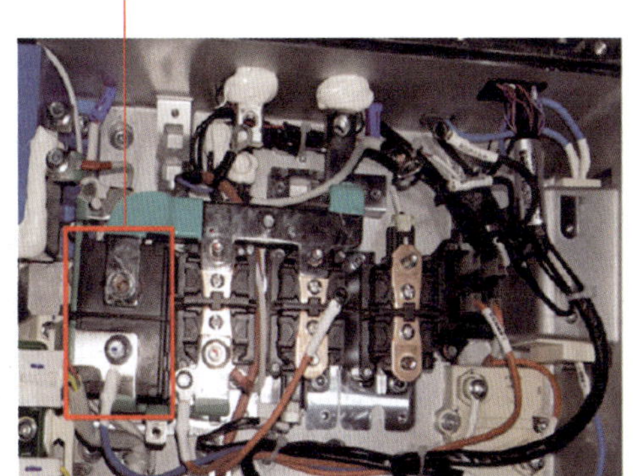

图 3-3-4　主接触器

2）比亚迪 e5 的交流充电接触器在高压电控总成中，如图 3-3-5 所示。

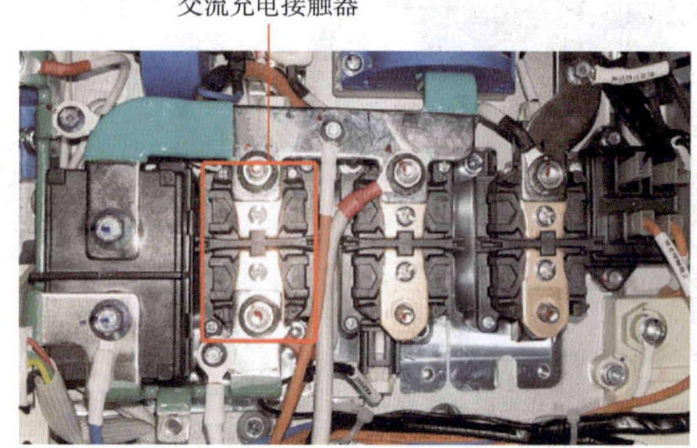

图 3-3-5　交流充电接触器

3）比亚迪 e5 的三相交流输出接触器在高压电控总成中，如图 3-3-6 所示。

图 3-3-6　三相交流输出接触器

4）比亚迪 e5 的直流充电正极接触器、直流充电负极接触器在高压电控总成中，如图 3-3-7 所示。

图 3-3-7　直流充电接触器

5）比亚迪 e5 的预充接触器在高压电控总成中，如图 3-3-8 所示。

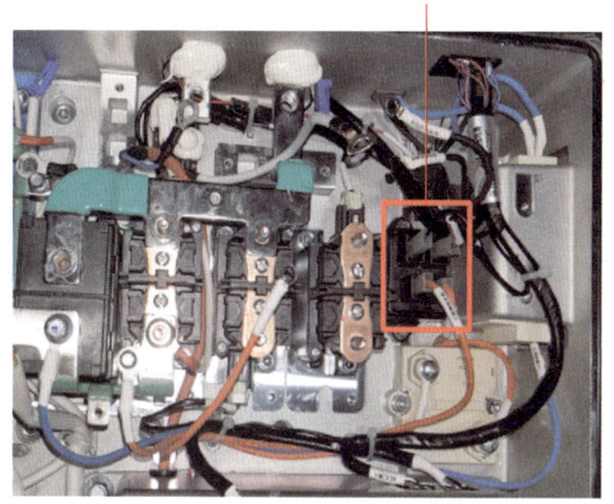

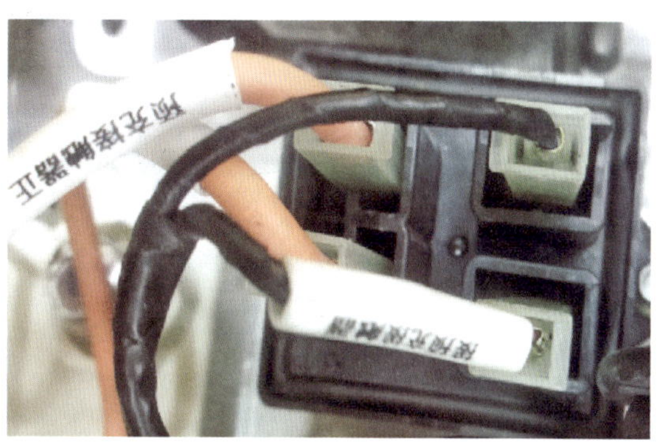

图 3-3-8　预充接触器

6）比亚迪 e5 的分压接触器（2 个）、主正接触器、主负接触器在动力蓄电池包内部，如图 3-3-9 所示。

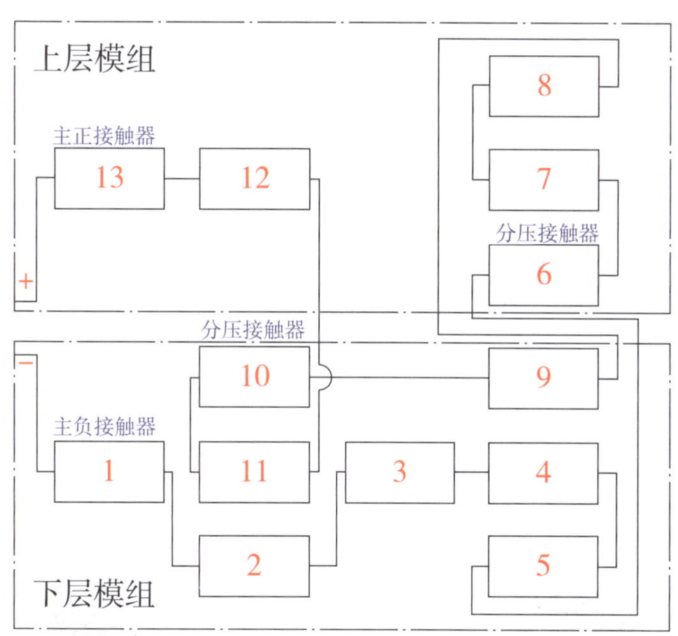

图 3-3-9　分压、主正、主负接触器

2. 高压接触器的控制原理

高压接触器的控制原理如图 3-3-10 所示。

吸合过程：电磁系统中的电磁线圈加以额定的驱动电压→电磁系统工作→传动系统中的传动机构克服弹簧的弹力向上做直线运动→接触系统中的动、静触点闭合，主触点接通。

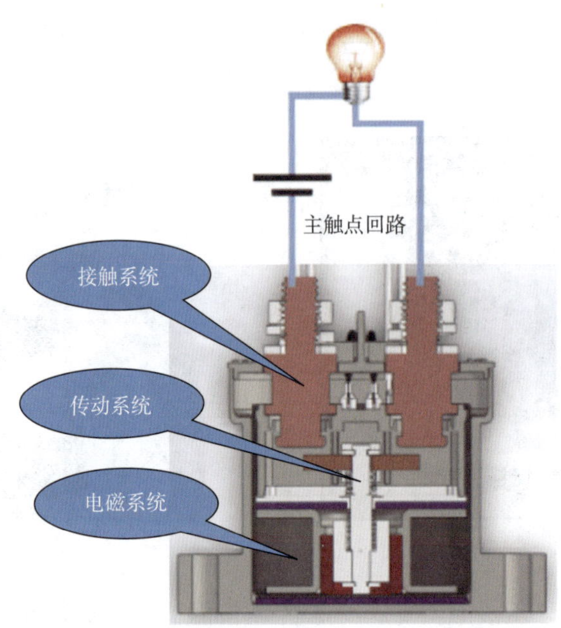

图 3-3-10　高压接触器的控制原理

断开过程：电磁系统中的电磁线圈断电→弹簧的弹力作用于传动系统中的传动机构→接触系统中的动、静触点分开，主触点断开。

任务实施

一、高压熔断器的检测与更换

1. 高压熔断器的检测

以比亚迪 e5 高压空调熔断器的检测为例，熔断器的额定电流为 32 A，安装在高压电控总成左侧，如图 3-3-11 所示。用万用表电阻挡检测其电阻是否为正常值（1 Ω），若不符合则进行更换。

图 3-3-11　高压空调熔断器

2. 高压熔断器的更换

以比亚迪 e5 高压空调熔断器为例，更换步骤如下：

（1）关闭电源开关，如图 3-3-12 所示。

图 3-3-12 关闭电源开关

（2）断开蓄电池负极并包裹，如图 3-3-13 所示。

图 3-3-13 断开蓄电池负极并包裹

（3）等待至少 5 min，取下维修开关，如图 3-3-14 所示。

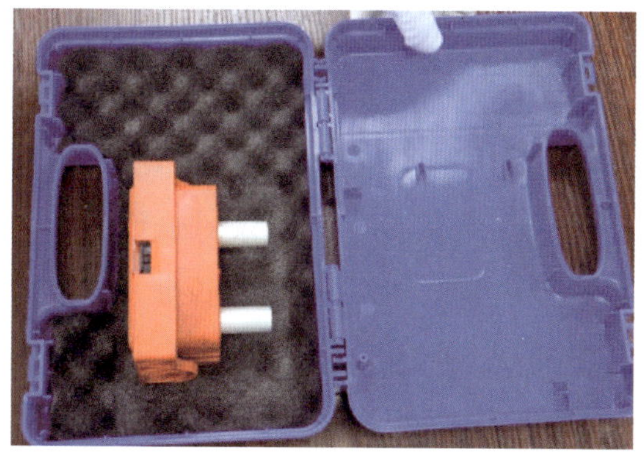

图 3-3-14 取下维修开关

（4）断开动力蓄电池的高压电控总成输出母线，经验电，电压为 0.2 mV，如图 3-3-15 所示。

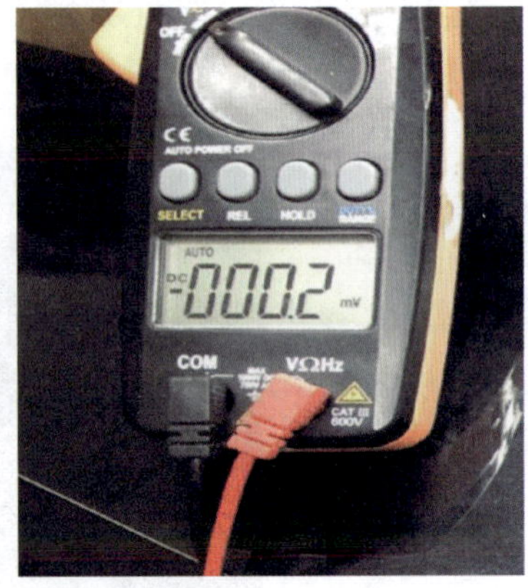

图 3-3-15　断开高压母线并验电

（5）拆开高压电控总成侧边箱盖，拆卸 32 A 高压空调熔断器两端的螺栓，更换新的熔断器，如图 3-3-16 所示。

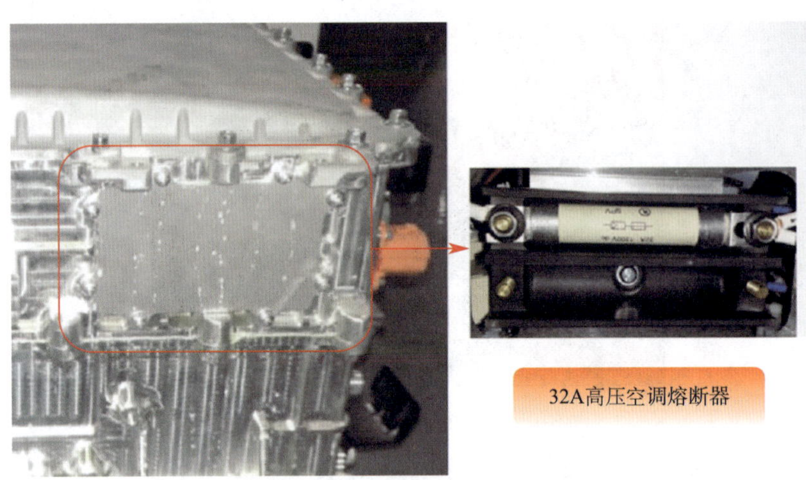

图 3-3-16　更换高压空调熔断器

二、高压接触器的检测与更换

1. 高压接触器的检测

以比亚迪 e5 主接触器为例，高压接触器的检测步骤如下：

（1）将道通 MS908 故障诊断仪接入 OBD-Ⅱ诊断座中，打开诊断仪电源和车辆电源开关，进入该车系统进行自动扫描，清除故障码，经诊断该车无故障码存在，如图 3-3-17 所示。

（2）进入电池管理系统，读取并记录相关数据流，如图 3-3-18 所示。

图 3-3-17　自诊断检测

图 3-3-18　读取并记录相关数据流

（3）查询电气原理图，将红表笔与 B28（B）-32 号针脚连接、黑表笔与搭铁连接，测量电压为 12.90 V，如图 3-3-19 所示。

图 3-3-19　B28（B）-32 号针脚的电压输出

（4）查询电气原理图，车辆上电，用背插针连接 BK45（A）-9 号针脚，将黑表笔与搭铁连接，观察是否有压降。如果测量电压小于 1 V，证明线路和主接触器无故障，如图 3-3-20 所示。

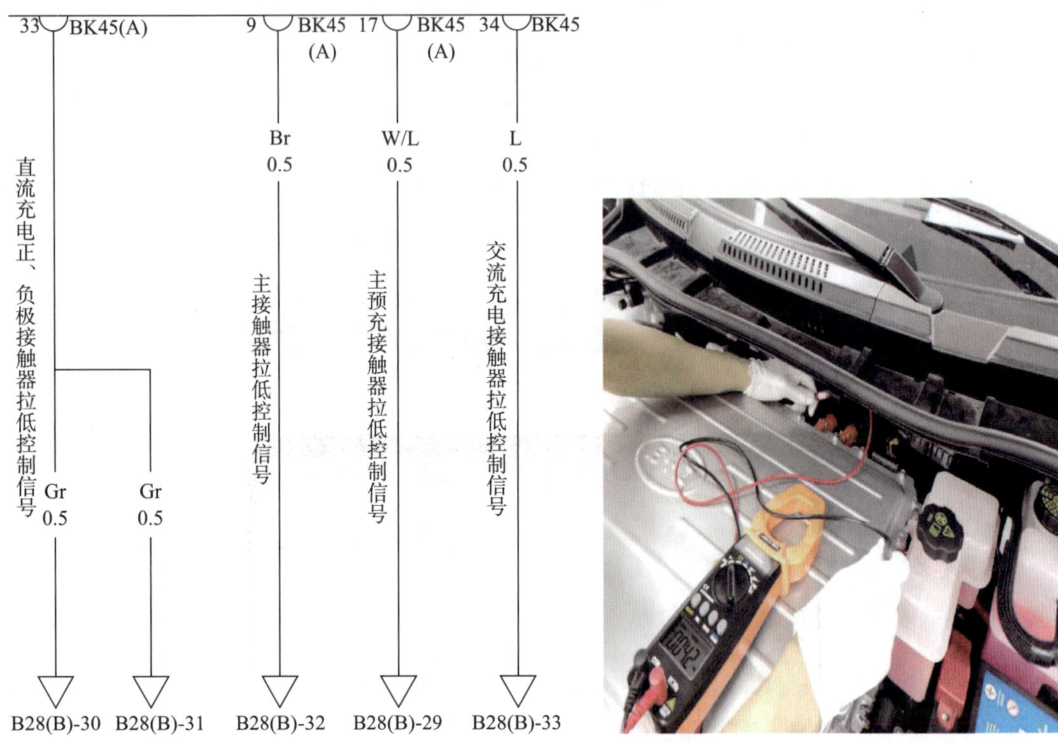

图 3-3-20　主接触器的检测

2. 高压接触器的更换

以比亚迪 e5 主接触器为例，主接触器的更换步骤见表 3-3-1。

表 3-3-1　　主接触器的更换步骤

操作步骤	操作项目及要求	操作图示
步骤一：车辆防护	安装车内四件套、车外三件套、车轮挡块，拉隔离栏，放置安全警示牌	
步骤二：个人安全防护	检查和穿戴护目镜、安全帽、耐磨损手套、绝缘手套、绝缘鞋、放电工装	

续表

操作步骤	操作项目及要求	操作图示
步骤三：车辆下电	将车辆退电至OFF 挡，等待3 min	—
步骤四：断开蓄电池负极	拆下蓄电池负极，并对负极及负极接线桩进行包裹	
步骤五：拆下维修开关	拆下维修开关，放置于专用位置	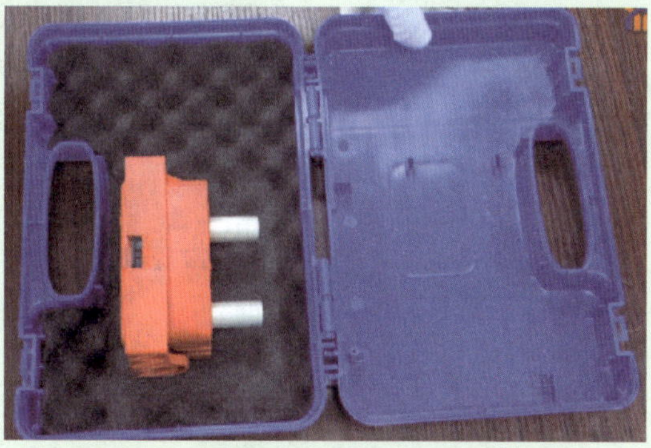
步骤六：拆下高低压母线	拆下高低压母线并验电（电压应小于1 V），并用电工胶布对高低压母线进行包裹	

续表

操作步骤	操作项目及要求	操作图示
步骤七：拆下交流、直流快充连接器	拆下高压控制盒交流慢充、直流快充连接器	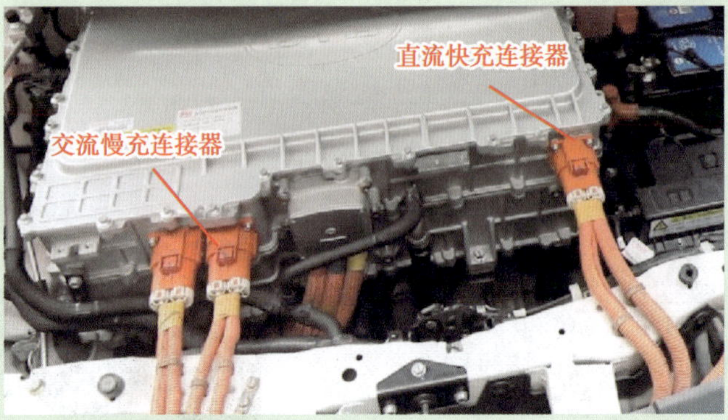
步骤八：找出主接触器	找出高压电控盒中的主接触器	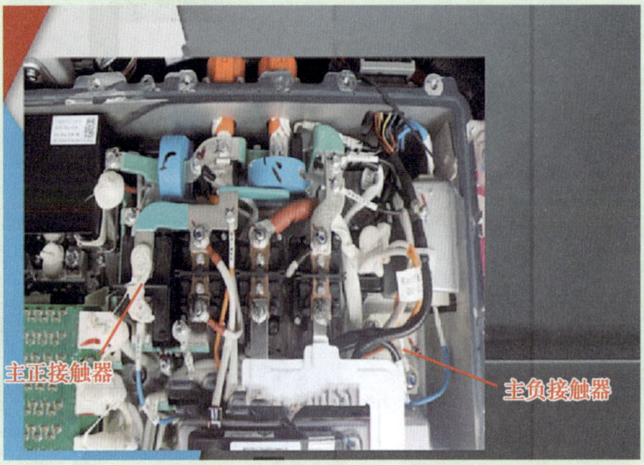
步骤九：拆卸连接器	拆卸主正接触器的连接器	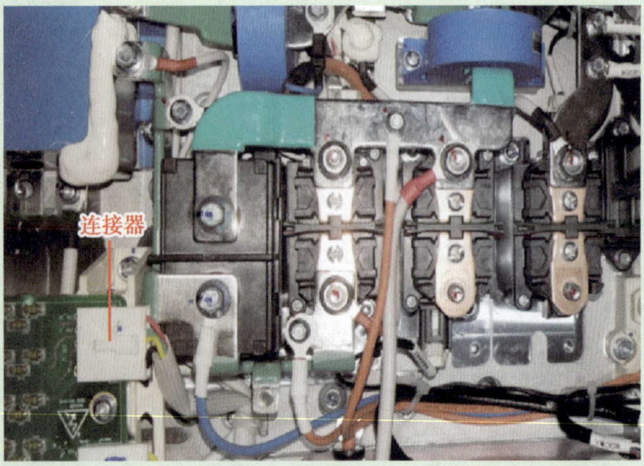

续表

操作步骤	操作项目及要求	操作图示
步骤十：拆卸固定螺栓和线束	拆卸主接触器和交流、直流接触器的固定螺栓和线束	
步骤十一：拆卸主接触器	拆卸主接触器	
步骤十二：安装新的主接触器	安装新的主接触器	

思考与练习

1. 简述高压熔断器的功用及类型。
2. 简述高压接触器的更换步骤。

课题四 | 动力蓄电池热管理系统的检测与更换

学习目标

1. 能准确描述动力蓄电池热管理系统的功能、结构及工作原理。
2. 能按操作规范完成动力蓄电池冷却系统的检测。
3. 能按操作规范完成动力蓄电池加热系统的检测与更换。

●任务描述：

一辆比亚迪 e5 型汽车（2019 款）因动力蓄电池热管理系统故障而无法行驶，被拖车运至店内。经维修技师检查后，无法确定具体故障原因。你作为比亚迪厂家的技术代表，需完成该故障的诊断与排除。

●任务分析：

电动汽车上使用的动力蓄电池是由多个电池单体通过串联方式组成的，为了使电池组在合理的温度范围内工作，电池组必须配备科学和高效的热管理系统。因此，需要对动力蓄电池热管理系统进行检测与更换。

相关理论

一、动力蓄电池热管理系统的功能

动力蓄电池热管理系统的主要功能包括：电池温度的准确测量和监控、电池温度过高时的有效散热、低温条件下的快速加热、保证电池组温度场的均匀分布等。动力蓄电池热管理系统的组成如图 3-4-1 所示。

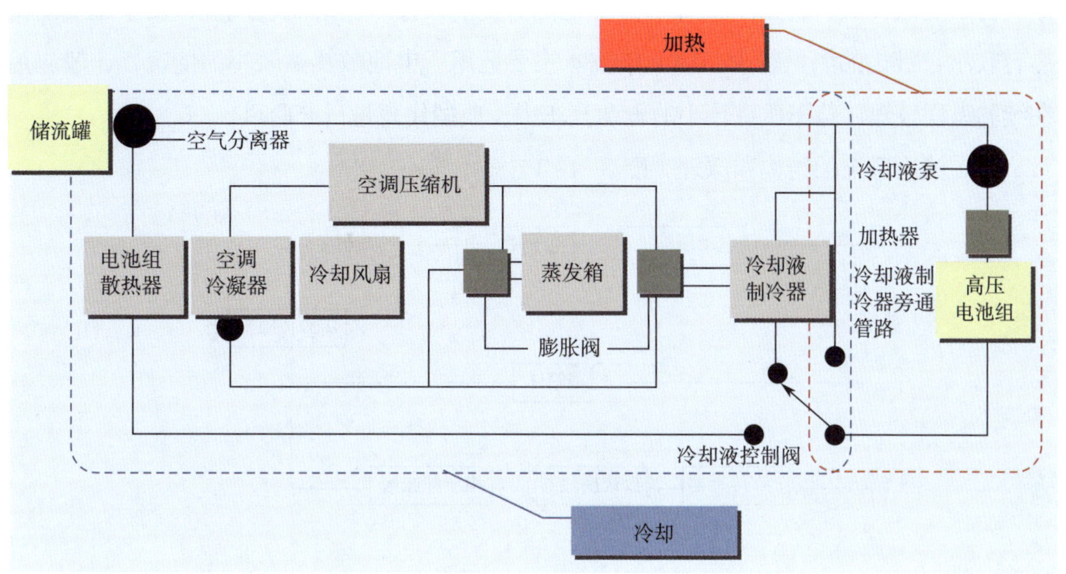

图 3-4-1 动力蓄电池热管理系统的组成

二、动力蓄电池热管理系统的结构及原理

1. 冷却系统的结构及原理

电池包的冷却主要有风冷和液冷两种方式。研究表明，风冷方式易实现，但电池包温度梯度的变化较大，不利于电池稳定工作。通过冷却液与空调系统的制冷剂进行换热的液冷方式逐渐成为主流。

（1）风冷系统的结构和原理（图 3-4-2）

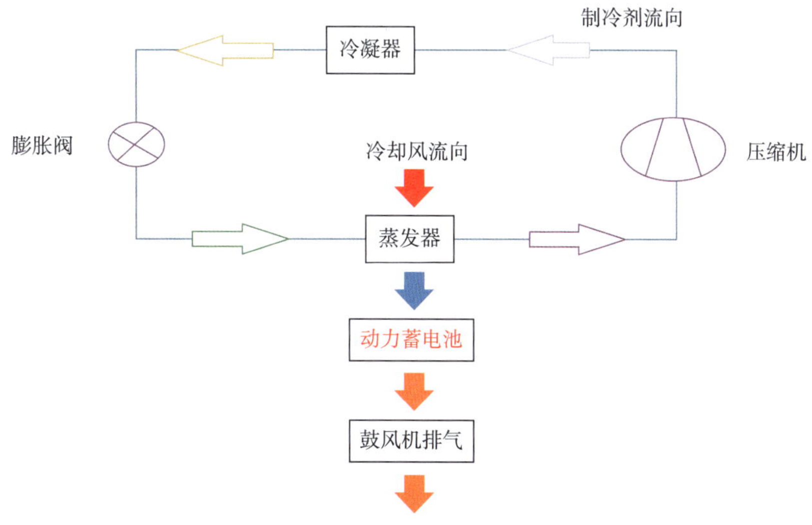

图 3-4-2 风冷系统的结构和原理

在风冷技术中，鼓风机（专门为动力蓄电池冷却用）驱动空气通过空调风冷系统的蒸发器后变成冷风，再用于冷却动力蓄电池。目前该技术已经比较成熟，由于空气的比热容较小，带走的热量较少，因此该技术主要适用于电池散热量较小的情况，一般应用在续驶里程较短、整车质量较小的电动汽车中，典型代表是日产聆风。

（2）液冷系统的结构和原理（图 3-4-3）

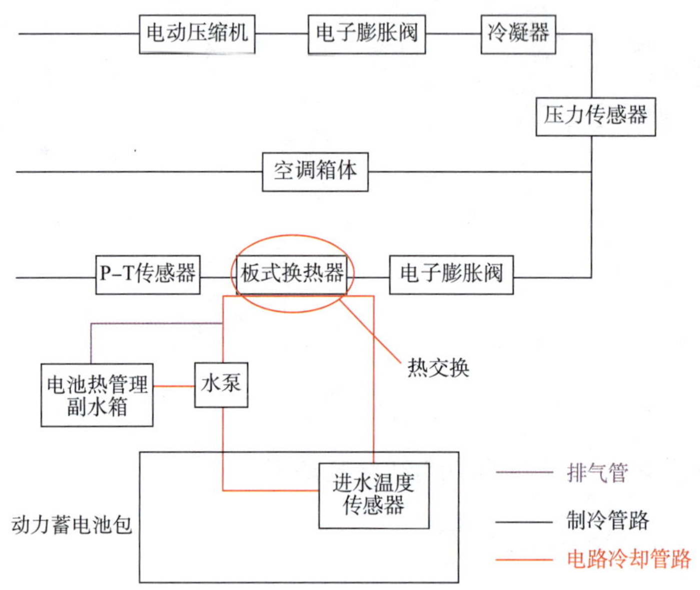

图 3-4-3　液冷系统的结构和原理

比亚迪 e5 采用相变液冷技术实现电池冷却，电池冷却液通过板式换热器和空调制冷剂进行热交换，降温后的电池冷却液被电动水泵带到动力蓄电池包内，与电池进行热交换，从而带走电池充放电产生的热量，达到为电池降温的目的。

（3）制冷剂直接冷却系统的结构和原理（图 3-4-4）

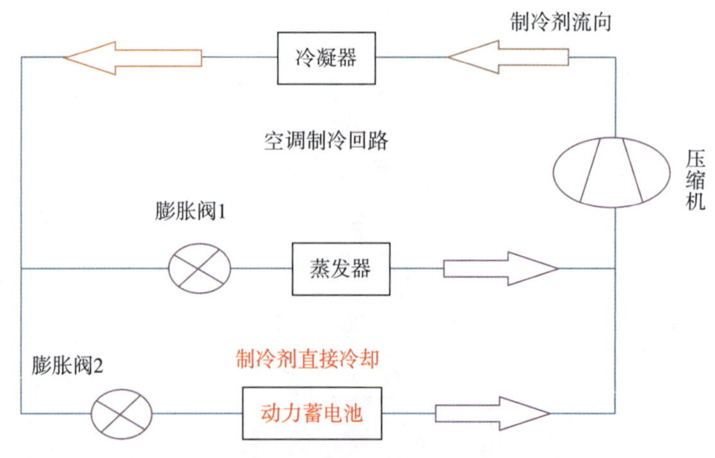

图 3-4-4　制冷剂直接冷却系统的结构和原理

在制冷剂直接冷却技术中，压缩机带动制冷剂流动，经过冷凝器、膨胀阀和动力蓄电池，直接对动力蓄电池进行冷却。制冷剂直接冷却技术的应用不是非常广泛，原因是制冷剂的压力一般能够达到 304～405 kPa（3～4 atm），压力较大，对系统的耐高压和密封性能要求非常高，风险较大。

2. 加热系统的结构及原理

电池系统加热的方法主要有两种：内部加热法和外部加热法。内部加热法是通过电池电阻或电池内部的化学反应等直接对电池内部进行加热，该方法加热效率高，能耗低。外部加热法即通过外部加热组件产生热量，从外部对电池进行加热，主要加热方式有气体加热、液体加热、电阻式加热等。外部加热相对简单，但效率相对较低。

（1）内部加热法

自加热电池的结构和原理如图 3-4-5 所示。

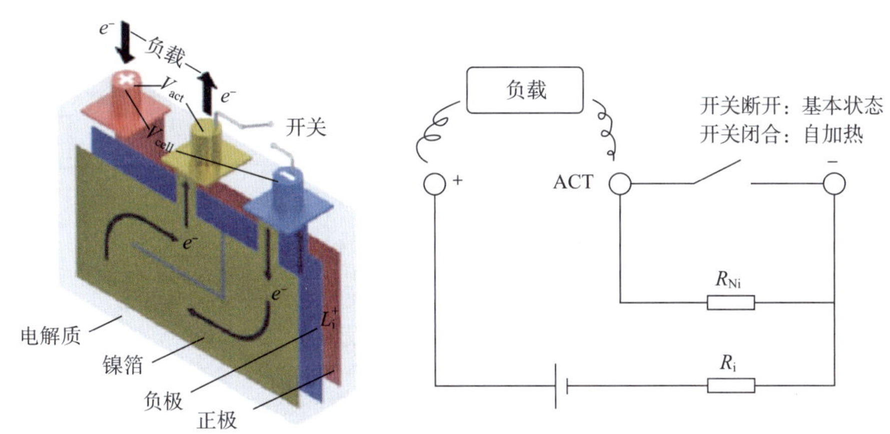

图 3-4-5　自加热电池的结构和原理

内部加热法在电池中设计了镍箔作为第三极，只要环境温度低于 0 ℃，正极和第三极就会形成放电回路，产生热量对电池进行加热；电池内部温度超过 0 ℃后，第三极断开，电池回到工作状态。采用内部加热法将电池从 -30 ℃加热到 0 ℃只要 30 s，同时消耗约 5.5% 的电量，效率高，时间短，有望解决电动汽车在低温环境中的应用问题。

（2）外部加热法

1）热风加热

热风加热有两种方式：一是引入外部热风，这种方式对电池箱及管道等的密封性要求较高，而且热量散失较大，加热效率直接与气体流速、进出风口温度等有关，但这种方式下电池箱内若产生有害气体可以直接排出，并且可以同时作为散热系统；二是在电池箱内部进行热风循环，配合其他加热装置（如 PTC 加热器），风扇将加热装置产生的热量吹向散热器形成热气流，在电池箱内部形成热空气内循环。

热风加热适用于圆柱形、方形结构的电池，其组成模块或模组时电池之间自然形成或留有气体通道，便于加热和散热。对于软包电池，由于组合体积、方式和成本等方面的限制，热风加热应用较少。

2）液体加热

液体加热是在外部或电池箱内将液体加热，使其流经电池周围，实现对电池的加热。以比亚迪 e5（2019 款）为例，电池加热系统如图 3-4-6 所示。

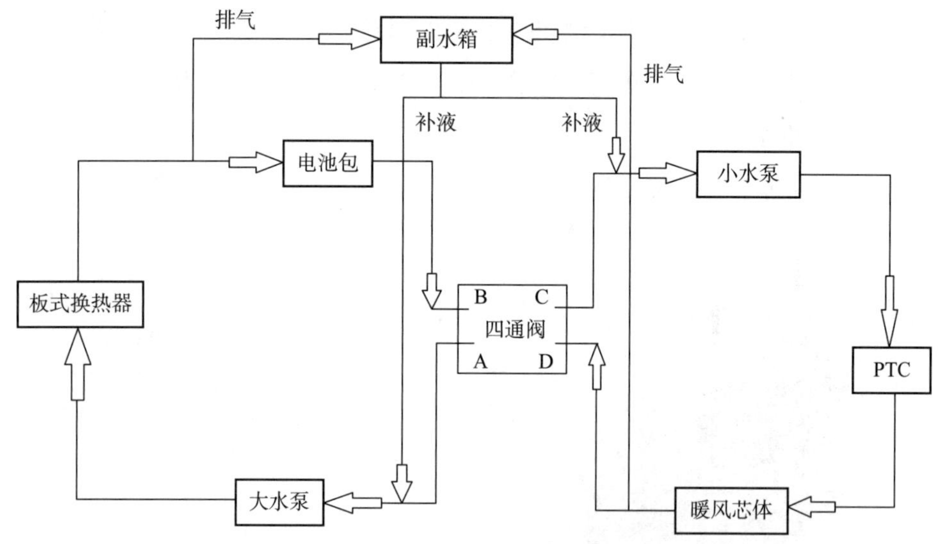

图 3-4-6　比亚迪 e5（2019 款）动力蓄电池加热系统

在加热方式上，比亚迪 e5（2019 款）在电池散热回路中串联了 PTC 加热器，通过调节加热器的功率，控制进水温度及流量，使电池工作在适宜温度，确保充电速度和放电动力性。

3）PTC 加热器加热

PTC 加热器由 PTC 陶瓷发热元件与铝管组成。PTC 发热元件热阻小，换热效率高达 99%，安全性好，任何应用情况下均不会产生过热现象。PTC 加热器与风扇结合使用时，即使风扇故障停转，PTC 加热器的功率也会因得不到充分散热而急剧下降，不会持续大功率发热而导致安全性问题。PTC 加热器的使用寿命长，电压范围大，电压和功率可根据需求设计。

使用时，可在电池模块的不同单体之间加铝制加热板，加热板和 PTC 加热器连接，对电池组进行加热，但要注意加热板和电池之间的绝缘问题。在加热器不工作时，加热板还可用于电池的散热。PTC 加热器可以作为单独加热装置与风扇结合使用形成热风循环，也可以做成板状对电池组进行加热，其成本较低，已在电池组中广泛使用。

4）加热膜加热

不同形状的加热膜如图 3-4-7 所示。

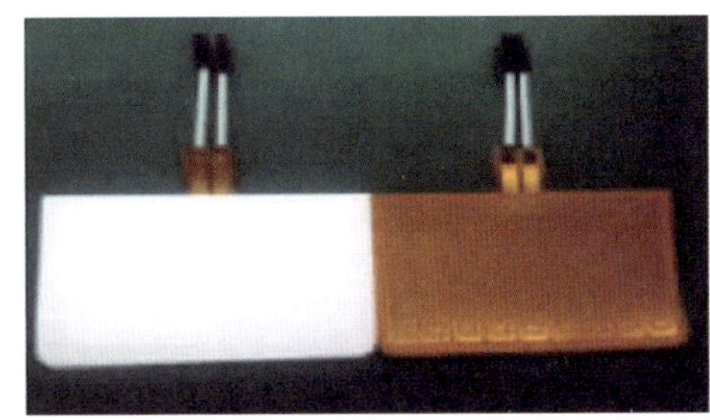

图 3-4-7 加热膜

加热膜有两种组成方式，一种采用金属箔作为发热元件，通常覆以绝缘、耐高压、耐高温、强度高的聚亚酰胺膜，厚度只有 0.1 mm 左右，也可以与其他导热材料（如导热硅胶等）组合使用，做成厚度较大、更可靠的加热膜；另一种则是以合金丝等作为发热元件，涂覆由硅橡胶与玻璃纤维布等组成的绝缘层，厚度相对较大，约几毫米。

3. 相变材料储热系统

相变材料包裹电池式结构如图 3-4-8 所示。

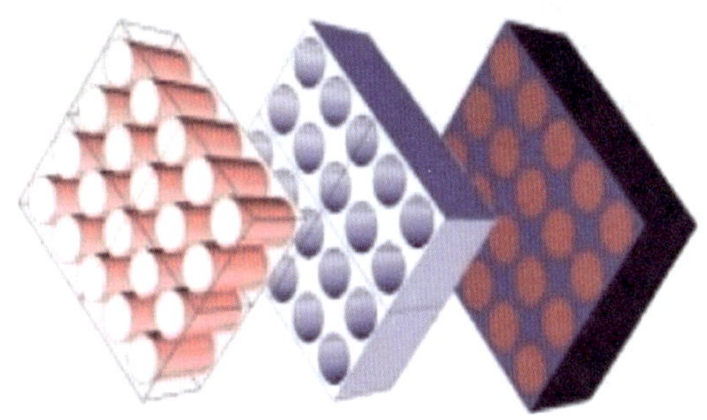

图 3-4-8 相变材料包裹电池式结构

相变材料（phase change material，PCM）储热系统以相变材料作为传热介质，利用相变材料在发生相变时可以储存能量与释放能量的特性，达到对动力蓄电池高温散热与低温加热的效果。

利用相变材料进行电池冷却和加热的原理是：当电池进行大电流放电时，PCM 吸收电池放出的热量，自身发生相变，使电池温度迅速降低，此过程中系统把热量以相变热的形式储存在 PCM 中。当电池进行充电时，特别是在温度较低的环境中（即大气温度远低于相变温度），PCM 会将储存的热量释放出来。

任务实施

一、动力蓄电池冷却系统的检测

这里以一辆北汽 EV160 纯电动汽车的动力蓄电池冷却水泵不工作的故障为例，说明故障诊断与排除的方法步骤。

1. 检测熔丝

关闭电源开关，保管好车钥匙，拆下低压蓄电池负极并用电工胶布包裹。取下熔丝盒盖，取下 MB02（20 A）水泵熔丝，将红表笔和黑表笔分别连接熔丝端子，测量值为 1 Ω，如图 3-4-9 所示，说明熔丝正常无损坏，再测量熔丝线路是否对地短路。

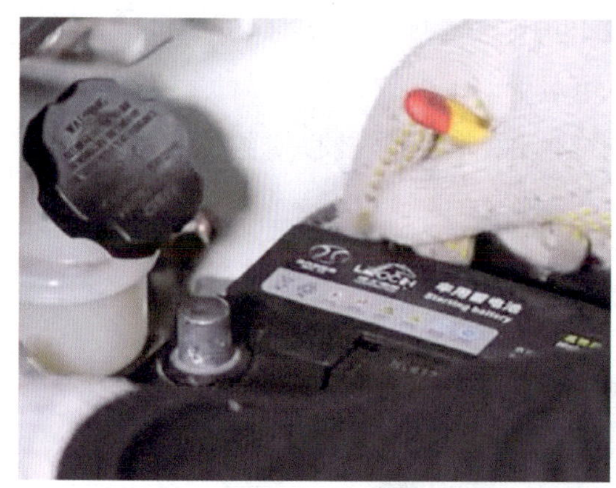

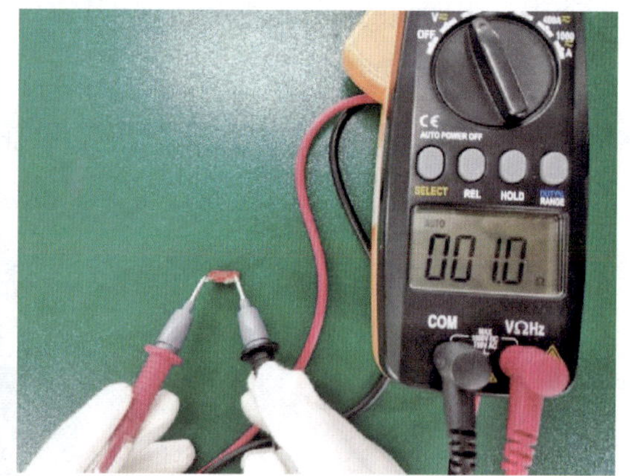

图 3-4-9 检测熔丝

2. 检测熔丝到继电器端线路的通断

取下 R05 水泵继电器，检测熔丝到继电器 30 号端子的线路通断情况（正常状态下为导通）和熔丝到继电器 86 号端子的线路通断情况（正常状态下为导通）。

3. 检测继电器到电子水泵线路的通断

将黑表笔连接继电器 87 号端子，红表笔连接电子水泵连接器 1 号针脚，检测线路的通断情况（正常状态下为导通）。

4. 检测控制单元 VCU 线路的通断

拆卸控制单元 VCU 连接器，将红表笔连接水泵继电器 85 号线束端子，黑表笔连接控制单元 VCU 115 号端子，检测线路的通断情况（正常状态下为导通）；将黑表笔连接控制单元 VCU 115 号端子，红表笔连接车身搭铁，检测线路的通断情况（正常状态下为

导通），如图 3-4-10 所示。

图 3-4-10　检测控制单元 VCU 线路的通断

5. 检测继电器线圈的电阻

（1）将红表笔连接继电器 86 号端子，黑表笔连接继电器 85 号端子，测量值为 76.6 Ω，正常（正常范围：75～80 Ω）。

（2）将红表笔连接继电器 85 号端子，黑表笔分别连接继电器 30 号和 87 号端子，测量值为无穷大（正常状态下为无穷大）；将黑表笔连接继电器 86 号端子，红表笔分别连接继电器 30 号和 87 号端子，测量值为无穷大（正常状态下为无穷大）。表明继电器线圈绝缘性正常，如图 3-4-11 所示。

6. 继电器通电测量

将 12 V 电源分别与继电器 86 号端子、继电器 85 号端子相连接，万用表旋转至电阻挡，将万用表红、黑表笔分别与继电器 30 号端子、继电器 87 号端子相连接，测量值为 0.1 Ω（正常应小于 1 Ω），如图 3-4-12 所示。

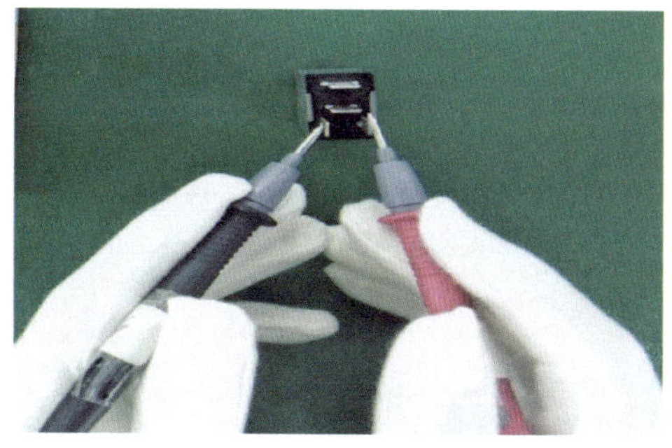

图 3-4-11　检测继电器线圈的电阻

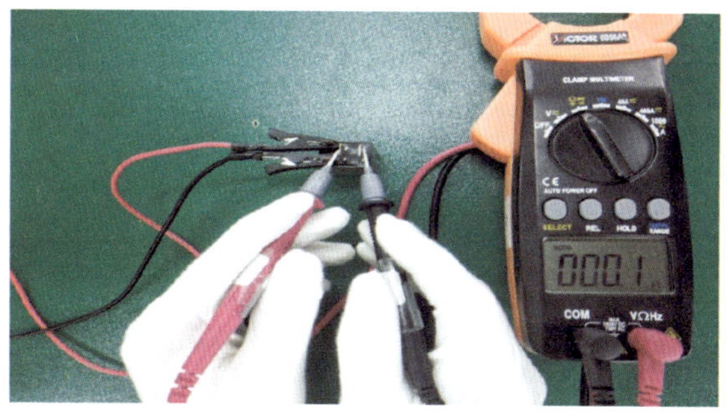

图 3-4-12　继电器通电测量

请严格按上述检测步骤操作，故障排除后，应用专用解码仪读取故障码，并进行试车。

二、动力蓄电池加热系统的检测与更换

下面以一辆比亚迪 e5（2019 款）纯电动汽车的动力蓄电池 PTC 加热器工作异常故障为例，说明检测与更换的方法步骤。

1. 动力蓄电池加热系统的检测

比亚迪 e5（2019 款）使用功率为 6 kW 的加热器（水加热器可以为空调系统加热，也可以在冬季行驶或充电时为电池包加热，避免电池无法正常充放电），需要对 PTC 加热器补偿水桶、管路和 PTC 加热器等进行检查。

（1）PTC 加热器补偿水桶的检查

检查 PTC 加热器补偿水桶液位是否在 MAX 线，若不足需添加；检查冷却液有无变质、异物等，如图 3-4-13 所示。

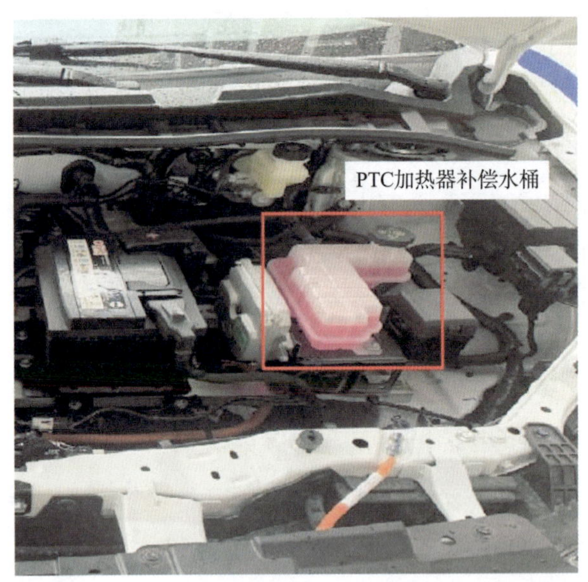

图 3-4-13　PTC 加热器补偿水桶的检查

（2）PTC 加热器管路的检查

检查 PTC 加热器管路连接是否正常，有无破损、裂纹和泄漏，连接器、卡箍是否安装牢固等，如图 3-4-14 所示。

（3）PTC 加热器的检查

检查 PTC 加热器表面有无破损、变形、裂纹，连接器有无弯曲、缺失。

图 3-4-14 PTC 加热器管路的检查

（4）PTC 加热器高压线束绝缘性检查

使用绝缘电阻测试仪，测量 PTC 加热器连接插头绝缘（对地）电阻值，经测量为 169 MΩ，符合绝缘要求，如图 3-4-15 所示。

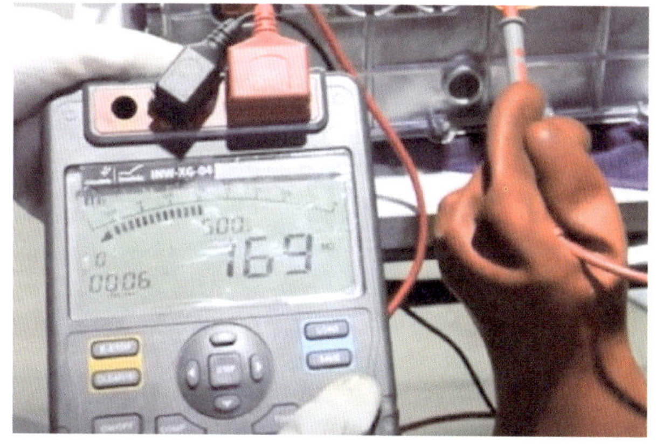

图 3-4-15 PTC 加热器高压线束绝缘性检查

2. 动力蓄电池加热系统的更换

以比亚迪 e5（2019 款）动力蓄电池 PTC 加热器的更换为例，更换步骤如下：

（1）拆卸负极，取下低压蓄电池，如图 3-4-16 所示。

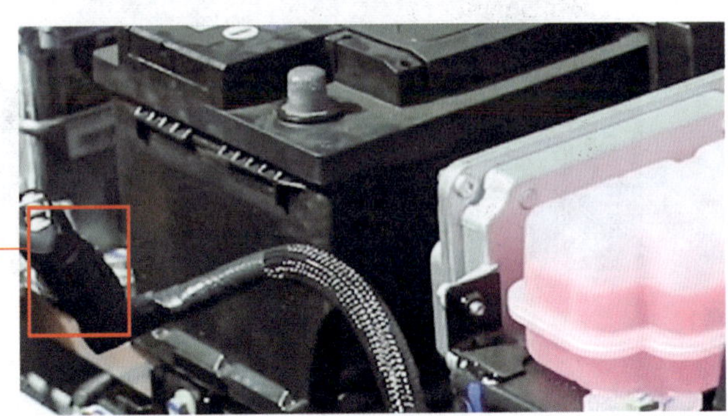

图 3-4-16　拆卸负极，取下低压蓄电池

（2）抽取 PTC 加热器补偿水桶内的冷却液，断开水桶与出水管，吹出系统内剩余补偿液，如图 3-4-17 所示。

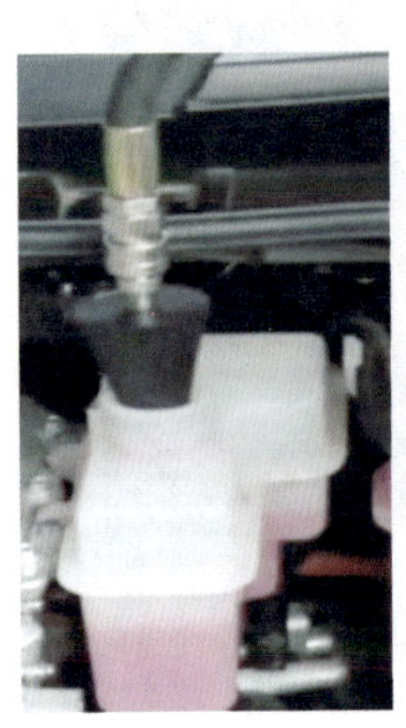
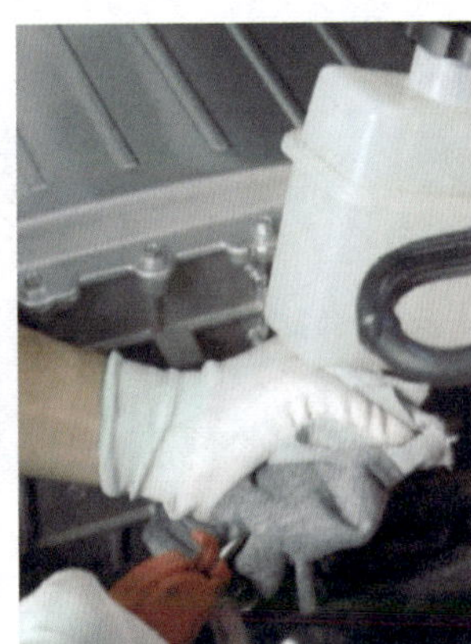
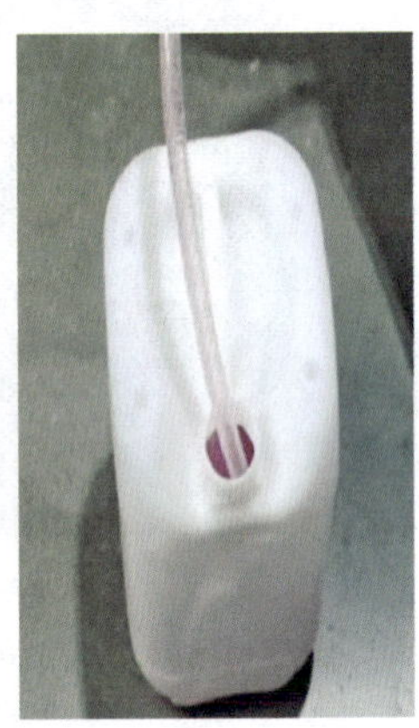

图 3-4-17　排出 PTC 加热器补偿水桶内的冷却液

（3）拆下 PTC 加热器各线束，取下 PTC 加热器连接水管，如图 3-4-18 所示。

（4）拆下 PTC 加热器固定螺栓，拆下 PTC 加热器，如图 3-4-19 所示。

（5）安装新的 PTC 加热器，如图 3-4-20 所示。

图 3-4-18　拆下 PTC 加热器各线束和连接水管

图 3-4-19　拆下 PTC 加热器

图 3-4-20　安装新的 PTC 加热器

思考与练习

1. 简述动力蓄电池冷却系统检测的操作步骤。
2. 简述动力蓄电池加热系统更换的操作步骤。

课题五 | 动力蓄电池均衡管理系统的检测与均衡

学习目标

1. 能准确描述动力蓄电池均衡管理系统的功能、类型及工作原理。
2. 能按操作规范完成动力蓄电池均衡管理系统的检测与均衡。

任务描述：

一辆比亚迪秦 DM 汽车因动力蓄电池均衡管理系统故障导致续驶里程变短，经维修技师检查后，无法确定故障原因。你作为比亚迪厂家的技术代表，需完成该故障的诊断与排除。

任务分析：

过充电和过放电是电池使用过程中的大敌，不仅会缩短电池的使用寿命而且严重影响汽车的续驶里程，严重时会使电池发生热失控，甚至引发各种事故和火灾。为提高电动汽车动力蓄电池单体间的一致性及其能量利用率，需要对电池单体或在模组间进行电量均衡。

相关理论

一、动力蓄电池均衡管理系统的功能

动力蓄电池均衡管理功能指的是电池管理控制单元对所有单体电池端电压的一致性控制。为了减小电池组中单体电池容量和能量的差异，提高电池组的能量利用率，在电池组的充放电过程中需要使用均衡电路。动力蓄电池均衡管理系统的功能如图 3-5-1 所示。

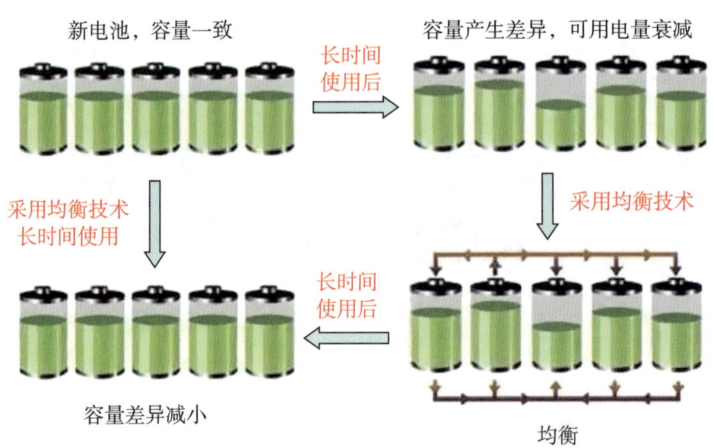

图 3-5-1　均衡管理系统的功能

电池均衡带来的利益：可以随时检测单体电池的工作状态，能及时发现电池早期失效；提高测试效率，可以通过 LAN 口对电池进行统一集中的监测，随时发现电池故障；提高电池设备的可靠性，确保用电设备的安全运行；延长电池的使用寿命，减少因电池而造成的环境污染，符合国家对节能环保的要求，具有良好的社会效益和经济效益。

以比亚迪唐为例，比亚迪唐的电池管理系统是非常可靠的，当任一电芯充电达到 3.75 V 时，电池管理系统会认为满电而不再充电，防止过充电并转入均衡；放电过程中，当任一电芯电压突降到 2 V 时会全车终止放电，以保护电池。

以 4 节串联电芯为例，满电瞬间 1 号电芯电压为 3.47 V，2 号电芯电压为 3.52 V，3 号电芯电压为 3.42 V，4 号电芯电压为 3.75 V。4 节电芯的压差较大，数据分析如下：

1. 满电均衡 6 h（行车 4 km）后，各电芯组数据见表 3-5-1。

表 3-5-1　各电芯组数据

电芯组	U_{max}/V	U_{min}/V	ΔU/V
1	3.326	3.32	0.006
2	3.326	3.319	0.007
3	3.32	3.319	0.001
4	3.321	3.319	0.002
5	3.321	3.319	0.002
6	3.32	3.319	0.001
7	3.322	3.321	0.001
8	3.322	3.319	0.003
9	3.326	3.32	0.006
10	3.326	3.319	0.007
11	3.326	3.32	0.006
12	3.326	3.319	0.007
13	3.326	3.32	0.006
14	3.325	3.319	0.006
15	3.325	3.319	0.006
16	3.326	3.319	0.007

2. 满电 28 min 后，各电芯组数据见表 3-5-2。

表 3-5-2　各电芯组数据

电芯组	U_{max}/V	U_{min}/V	ΔU/V
1	3.342	3.321	0.021
2	3.343	3.322	0.021
3	3.342	3.323	0.019

续表

电芯组	U_{max}/V	U_{min}/V	ΔU/V
4	3.343	3.321	0.022
5	3.339	3.321	0.018
6	3.344	3.326	0.018
7	3.343	3.322	0.021
8	3.338	3.323	0.015
9	3.348	3.322	0.026
10	3.343	3.323	0.02
11	3.345	3.321	0.024
12	3.336	3.32	0.016
13	3.341	3.321	0.02
14	3.348	3.322	0.026
15	3.344	3.32	0.024
16	3.344	3.321	0.023

表 3-5-1 是满电均衡 6 h 且匀速行车 4 km 后的电压数据，可以看到电压的一致性非常好。表 3-5-3 是充满电 28 min 后的电压数据，可以看到电压的一致性变差，因为在充电过程中电芯的不一致性和内阻的不同导致压差增大。

二、动力蓄电池均衡管理系统的类型

根据均衡过程中对所传递的能量处理方式的不同，均衡管理系统可以分为非能量耗散型均衡管理系统（即无损均衡）和能量耗散型均衡管理系统，国外有些文献又分别称之为主动均衡和被动均衡。

三、动力蓄电池均衡管理系统的基本原理

非能量耗散型均衡（主动均衡）是对电池组在充电、放电或者放置过程中，单体电池之间产生的容量或电压差异进行均衡，来消除电池内部产生的各种不一致性。这一过程涉及能量的转移，能量转移一般有两种方法，一种是将能量高的单体电池的能量均衡到能量低的电池，另一种是将电压（容量）高的单体电池的能量转移给一个备用电池，再由备用电池转移到其他电压（容量）较低的电池。

能量耗散型均衡（被动均衡）的工作原理是通过对电压的采集，发现串联单体电池之间的差异，以设定好的充电电压的“上限阈值电压”为基准，任何一个单体电池只要在充电时最先达到“上限阈值电压”并被检测出与相邻组内电池存在差异时，即对该单体电池采用并联能耗电阻的方式进行放电，以此类推，直到电压最低的单体电池到达“上限阈值电压”为一个平衡周期。以比亚迪动力蓄电池的均衡为例，比亚迪动力蓄电池中的每一个单体电池两端并联一个分流电阻，通过将能量多的电池中多余的能量消耗掉，实现整组电池电压的均衡。

非能量耗散型均衡与能量耗散型均衡相比，具有均衡电流大、均衡速度快、效率高、能量损耗小的优点；缺点是技术复杂、成本高，结构复杂也会导致故障率升高。

非能量耗散型均衡管理系统的工作过程如图 3-5-2、图 3-5-3 和图 3-5-4 所示。

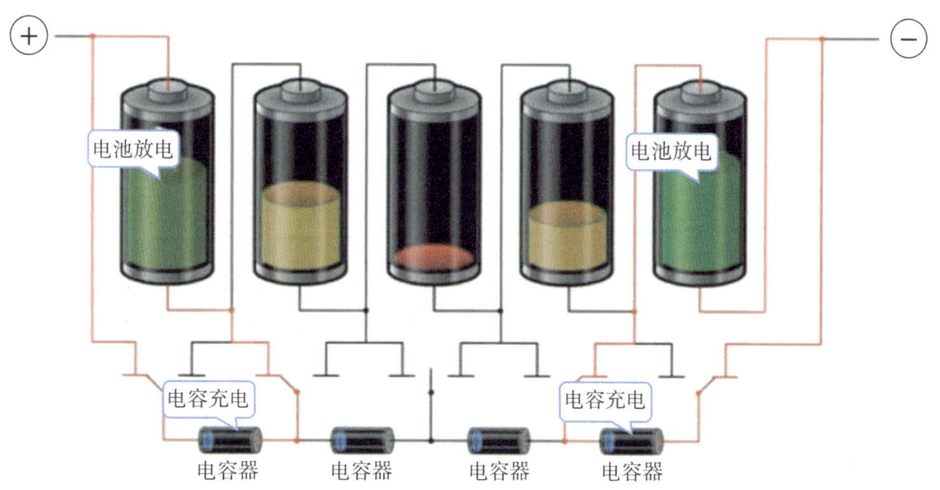

图 3-5-2 电池放电，电容充电

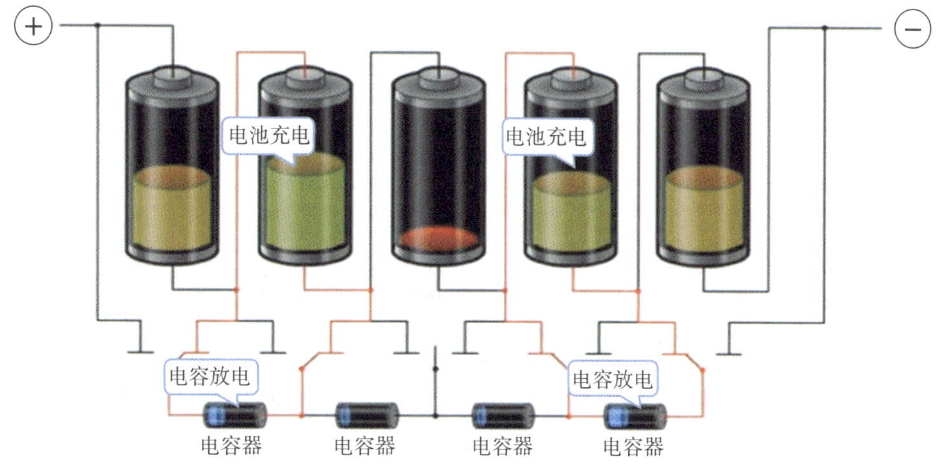

图 3-5-3 电容放电，电池充电

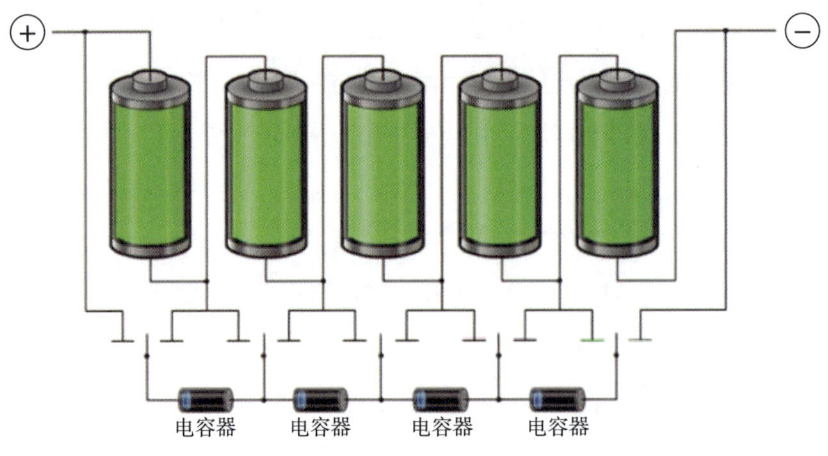

图 3-5-4　均衡管理完成

能量耗散型均衡管理系统的工作过程如图 3-5-5、图 3-5-6、图 3-5-7 和图 3-5-8 所示。

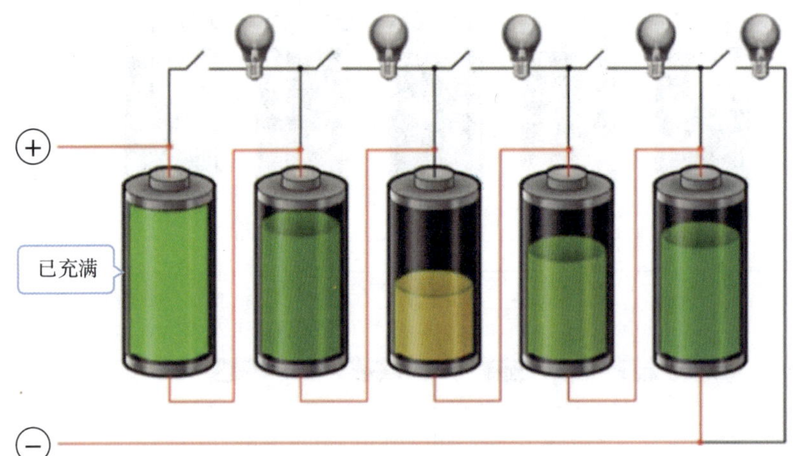

图 3-5-5　电池充电中，部分电池已充满

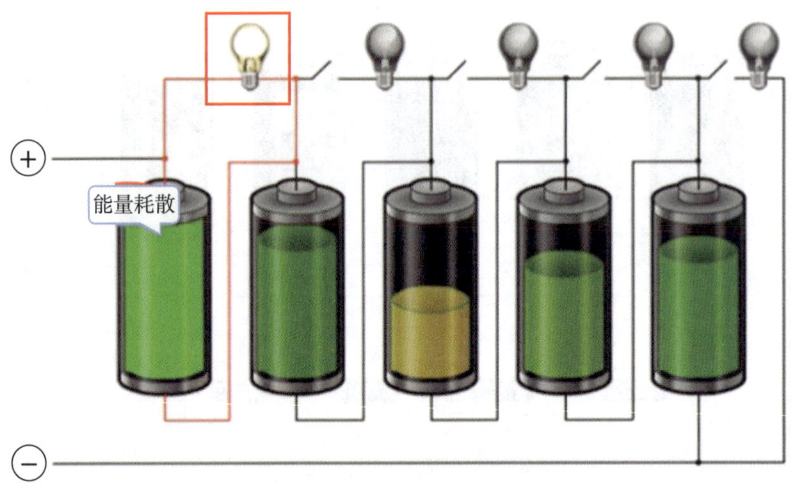

图 3-5-6　停止充电，能量耗散

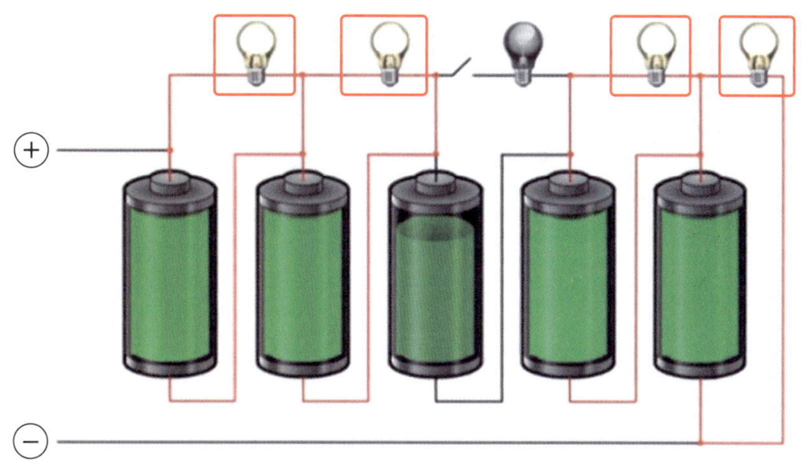

图 3-5-7 多次调节

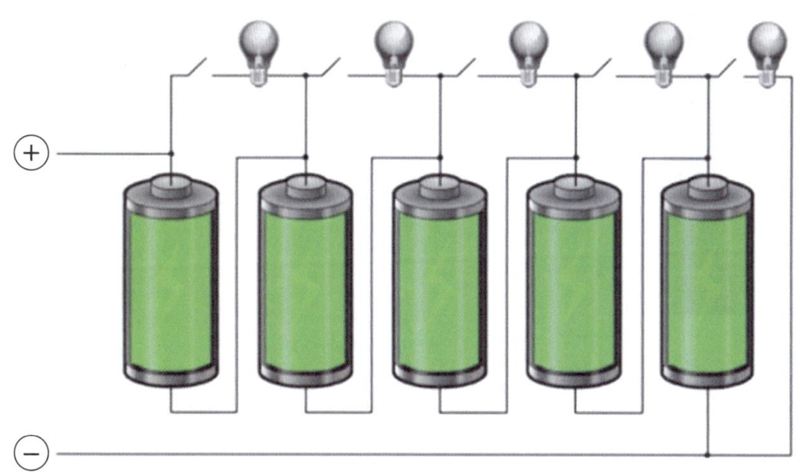

图 3-5-8 均衡管理完成

任务实施

动力蓄电池均衡管理系统检测与均衡

以比亚迪秦 DM 为例，动力蓄电池均衡管理系统的检测与均衡过程如下。

1. 自诊断检测

打开电源开关，观察组合仪表并记录以下内容：电量是否充足、各故障灯是否点亮、“OK”灯是否点亮，然后关闭电源开关，如图 3-5-9 所示。

将道通 MS908 故障诊断仪接入 OBD-Ⅱ诊断座中，打开车辆电源开关，打开诊断仪开关，进入该车系统进行自动扫描，清除故障码，经诊断该车无故障码存在，如图 3-5-10 所示。

图 3-5-9　观察仪表并记录

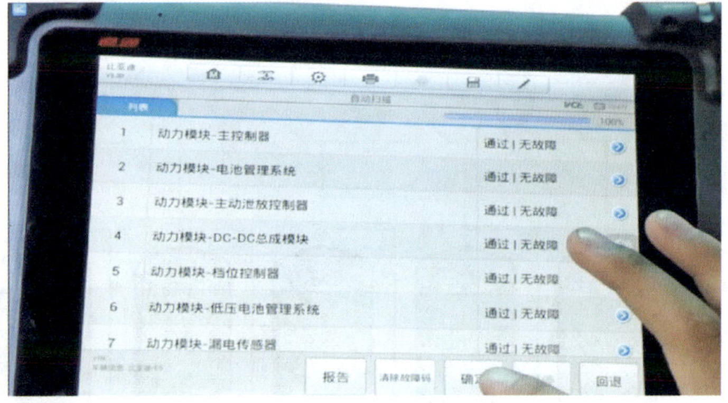

图 3-5-10　自诊断检测

2. 动力蓄电池均衡

（1）动力蓄电池的位置

动力蓄电池的安装位置如图 3-5-11 所示。

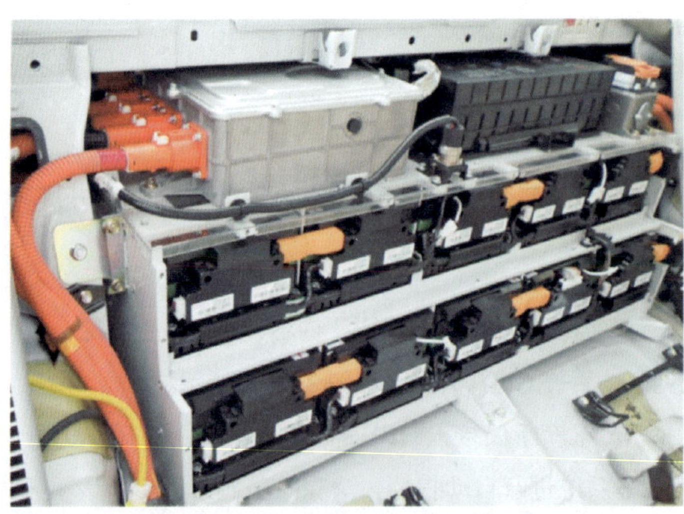

图 3-5-11　动力蓄电池的安装位置

（2）动力蓄电池的拆卸

断开低压蓄电池，拆下维修开关，断开蓄电池正负极高压连接，拆下数据采集线束及分压接触器控制线束，断开各模组高压连接器及固定螺栓，从而把各模组单独拆出，如图 3-5-12 所示。

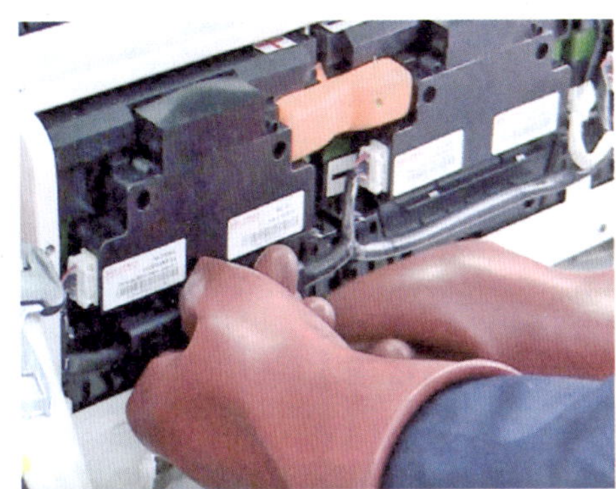
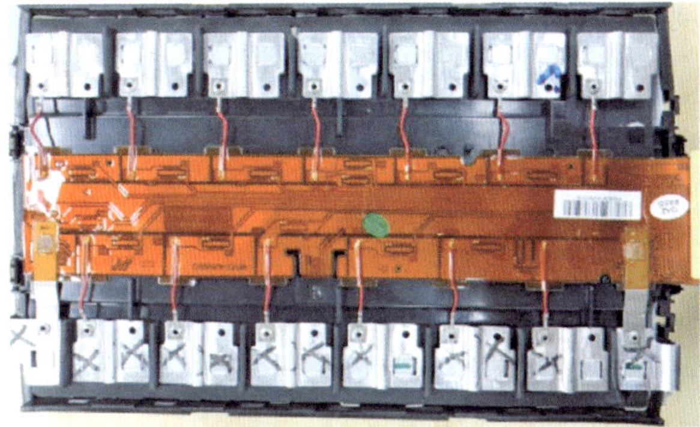

图 3-5-12　动力蓄电池的拆卸

（3）动力蓄电池的均衡

使用可调稳压电压的充电机或低压蓄电池对锂电池进行均衡。对比亚迪秦动力蓄电池进行均衡的前提条件是单体电池的电压为 2.5～3 V。

1）使用可调稳压电压的充电机对锂电池（电池模组）进行均衡时，应将电压参数设置为 3.2 V、电流参数设置为 2 A，如图 3-5-13 所示。

图 3-5-13　可调稳压电压的充电机对锂电池进行均衡

2）使用低压蓄电池对锂电池进行均衡时，应在电路中串联一个功率电阻来均衡单体电池，如图 3-5-14 所示。

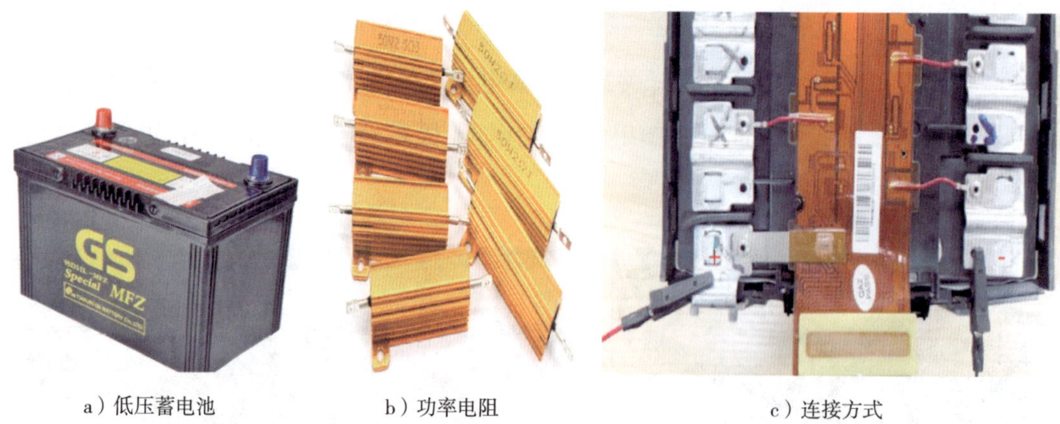

a）低压蓄电池　　b）功率电阻　　c）连接方式

图 3-5-14　低压蓄电池对锂电池进行均衡

注意：单体电池的电压应低于 2.5 V，串联的功率电阻阻值应稍大，以限制电流，避免损坏电池。

3）当电压无法达到一致时，使用内阻测试仪测量各单体电池的内阻，若某单体电池的内阻与其他电池差异较大，则应对其进行更换，使各单体电池的内阻相对接近，如图 3-5-15 所示。

图 3-5-15　更换电池使内阻接近

4）对于所有被均衡的电池，电压高于 3 V 即可装车，安装电池保护盖板时，注意不要压到单体电池采样线束，如图 3-5-16 所示。

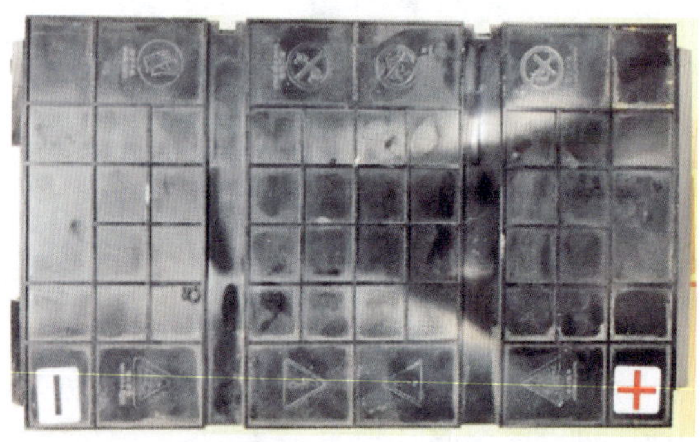

图 3-5-16　安装电池保护盖板

思考与练习

1. 简述动力蓄电池均衡管理系统的功能。
2. 简述动力蓄电池均衡的操作步骤。

课题六 | 动力蓄电池安全保护系统的检测

学习目标

1. 能准确描述动力蓄电池安全保护系统的功能。
2. 能准确描述动力蓄电池安全保护系统的测试方法和要求、监测功能及措施。
3. 能按操作规范完成动力蓄电池安全保护系统的检测。

●任务描述：

一辆比亚迪 e5 型汽车因动力蓄电池安全保护系统故障而无法行驶，被拖车运至店内。经维修技师检查后，无法确定故障原因。你作为比亚迪厂家的技术代表，需完成该故障的诊断。

●任务分析：

动力蓄电池安全保护系统能够确保电动汽车和人员的安全，安全保护系统若出现故障，则会导致车辆无法行驶或其他更严重的后果。因此，需要对动力蓄电池安全保护系统进行检测。

相关理论

动力蓄电池安全保护系统认知

1. 动力蓄电池安全保护系统的功能

动力蓄电池系统作为高能量载体，在不需要外部能量输入的情况下，本身就能够因能量非正常释放而产生巨大的破坏力。

动力蓄电池安全保护系统的功能是：阻止电能和化学能在系统正常运行状态和某些非正常状态（法律法规、标准所规定的情况以及典型的失效情况）下以不可控的方式释放，或减轻其不可控释放所带来的危害。

2. 动力蓄电池安全保护系统的测试方法及要求

对动力蓄电池过放电、过充电、短路、跌落、加热、挤压保护的测试方法及要求见表 3-6-1。

表 3-6-1　动力蓄电池过放电、过充电、短路、跌落、加热、挤压保护的测试方法及要求

标准项目	《电动汽车用锂离子蓄电池》QC/T 743—2006		SAE J2929—2011	
	测试方法	要求	测试方法	要求
过放电	蓄电池在（20±5）℃下以 $1I_3$（A）的电流放电，直至某一单体蓄电池电压为 0（如果有电子保护线路，应暂时除去放电电子保护线路） C_3 为 3 h 率额定容量（A·h） I_3 为 3 h 率放电电流，其数值等于 $C_3/3$（A）	不爆炸、不起火、不漏液	电池在冷却系统工作情况下正常运行，但断开放电控制；HEV/PHEV：1*C*；EV：*C*/3；放电直到放电连接接口断开或者电池电压达（0±0.2）V	不起火，不爆炸，电池外壳无破裂；可燃气体浓度小于最低浓度限值
过充电	可按以下两种充电方式之一进行试验： 1. 以 $3I_3$（A）的电流充电，至蓄电池电压达到 5 V 或充电时间达到 90 min（其中一个条件达到即停止试验） 2. 以 $9I_3$（A）的电流充电，至蓄电池电压达到 10 V 即停止试验	不爆炸、不起火	电池在冷却系统工作情况下正常运行，但断开充电控制；以允许的最大充电速率进行充电（低于过流保护设定值），最大电压限定为充电设备的输出限值。充电直到充电设备电压达到上限或电池与充电设备断开为止	不起火，不爆炸，电池外壳无破裂；可燃气体浓度小于最低浓度限值
短路	将蓄电池用电阻小于 5 mΩ 的线路经外部短路 10 min	不爆炸、不起火	用电阻小于 5 mΩ 的线路经外部短路 10 min 或出现其他异常现象。测试中旁路保护设备正常运行；所有的电子控制模块都应该处于运行状态	不起火，外壳无破裂或爆炸；可燃气体浓度小于最低浓度限值

续表

标准项目	《电动汽车用锂离子蓄电池》QC/T 743—2006		SAE J2929—2011	
	测试方法	要求	测试方法	要求
跌落	单体蓄电池在（20±5）℃下，从1.5 m高度处自由跌落到厚度为20 mm的硬木地板上，每个面一次	不爆炸、不起火、不漏液	电池组以最易损坏的方向从2 m高空自由坠落到一水平硬质平面，试验完最少观察1 h	不起火、不爆炸
加热	将蓄电池置于（85±2）℃恒温箱内并保温120 min	不爆炸、不起火	—	—
挤压	单体：垂直于蓄电池极板方向，用面积不小于20 cm^2的挤压头挤压蓄电池直至壳体破裂或内部短路（电压变为0） 模块：用异型板以垂直于单体电池排列的方向挤压。先挤压至原尺寸的85%，保持5 min，然后再挤压至原尺寸的50%	不爆炸、不起火	外壳的完整性检测 电池系统评估——特别应用：SOC为100%，温度（25±5）℃的条件下，用异型板以最大1 000倍电池组重量的力在0.5 cm/min~1 cm/min的速度下挤压至原尺寸的85%，保持5 min，然后再挤压至原尺寸的50% 电池系统评估——普通：完整的电池系统测试方式同上，当挤压力达到100 kN时停止整车评估，在SOC为100%，温度为(25±5) ℃条件下，按FMVSS305规定进行碰撞试验	在测试中及测试后1 h内电池系统不应该有外壳破裂、起火或爆炸现象，并且对地绝缘强度应不低于100 Ω/V

3. 动力蓄电池安全保护系统的监测功能及措施

（1）动力蓄电池安全保护系统对电池电压的监测、警报及相应措施见表3-6-2。

表3-6-2 监测动力蓄电池电压

序号	项目	电池工作状态	警报	措施
1	动力蓄电池电压	放电状态	单体电池电压过低严重警报	（1）大功率设备（主电机、空调压缩机和PTC加热器）停止放电 （2）延迟一定时间切断主接触器，断开负极接触器 （3）仪表灯亮 （4）仪表显示报警信息

续表

<table>
<tr><th>序号</th><th>项目</th><th>电池工作状态</th><th>警报</th><th>措施</th></tr>
<tr><td>2</td><td rowspan="3">动力蓄电池电压</td><td>放电状态</td><td>单体电池电压过低一般警报</td><td>（1）大功率设备（电机、空调压缩机和 PTC 加热器）降低当前电流，限功率工作
（2）仪表显示报警信息
（3）电压低于一定值时，SOC 修正为 0</td></tr>
<tr><td>3</td><td rowspan="2">充电状态</td><td>单体电池电压过高一般警报</td><td>（1）延迟一定时间，断开充电接触器，断开负极接触器，禁止充电
（2）仪表灯亮
（3）仪表显示报警信息</td></tr>
<tr><td>4</td><td>单体电池电压过高严重警报</td><td>（1）禁止动力蓄电池进行充电
（2）仪表显示报警信息
（3）电压达到一定值时，SOC 修正为 100%
（4）禁止电机能量回馈</td></tr>
</table>

（2）动力蓄电池安全保护系统对电池电流的监测、警报及相应措施见表 3-6-3。

表 3-6-3　　监测动力蓄电池电流

<table>
<tr><th>序号</th><th>项目</th><th>电池工作状态</th><th>警报</th><th>措施</th></tr>
<tr><td>1</td><td rowspan="3">动力蓄电池电流</td><td>放电状态</td><td rowspan="3">过流警报</td><td>（1）大功率用电设备（电机、空调压缩机和 PTC 加热器）降低当前电流，限功率工作
（2）如果在过流警报发出后，电流依然处于过流状态并持续 10 s，则断开主接触器，禁止放电</td></tr>
<tr><td>2</td><td>充电状态</td><td>若电流在过流状态持续 10 s，则断开充电接触器，禁止充电</td></tr>
<tr><td>3</td><td>回馈充电状态</td><td>（1）电机控制器限制回馈充电电流
（2）如果发出过流报警后，电流依然处于过流状态并持续 10 s，则断开主接触器</td></tr>
</table>

（3）动力蓄电池安全保护系统对电池温度的监测、警报及相应措施见表 3-6-4。

表 3-6-4 监测动力蓄电池温度

<table>
<tr><th>序号</th><th>项目</th><th>电池工作状态</th><th>警报</th><th>措施</th></tr>
<tr><td>1</td><td rowspan="4">动力蓄电池温度</td><td rowspan="4">充放电状态</td><td>电池组过热严重警报</td><td>（1）充电设备停止充电，直到警报解除
（2）大功率设备（驱动电机、空调压缩机和 PTC 加热器）停止用电
（3）延迟一定时间切断主接触器和负极接触器
（4）仪表灯亮
（5）仪表显示报警信息</td></tr>
<tr><td>2</td><td>电池组过热一般警报</td><td>（1）充电设备降低当前充电电流，限功率充电
（2）大功率设备（驱动电机、空调压缩机和 PTC 加热器）降低当前电流
（3）仪表显示报警信息</td></tr>
<tr><td>3</td><td>电池组低温一般警报</td><td>（1）限功率充电
（2）仪表显示报警信息
（3）PTC 加热器开始工作</td></tr>
<tr><td>4</td><td>电池组低温严重警报</td><td>（1）限功率充电
（2）仪表显示报警信息
（3）PTC 加热器开始工作</td></tr>
</table>

（4）动力蓄电池安全保护系统对电池碰撞、漏电的监测、警报及相应措施见表 3-6-5。

表 3-6-5 监测动力蓄电池碰撞、漏电

<table>
<tr><th>序号</th><th>项目</th><th>电池工作状态</th><th>警报</th><th>触发条件</th><th>措施</th></tr>
<tr><td>1</td><td>碰撞</td><td>充放电状态</td><td>碰撞故障</td><td>接收碰撞信号</td><td>立即断开主接触器、分压接触器</td></tr>
<tr><td>2</td><td rowspan="3">漏电</td><td rowspan="3">充放电状态</td><td rowspan="2">一般漏电警报</td><td rowspan="2">绝缘电阻为 100～500 Ω/V</td><td rowspan="2">行车中：仪表灯亮，立即断开主接触器、分压接触器
停车中：
（1）禁止上电
（2）仪表灯亮，报动力系统故障
充电中：
（1）断开交流充电接触器、分压接触器
（2）仪表灯亮，报动力系统故障</td></tr>
<tr><td>3</td></tr>
<tr><td>4</td><td>严重漏电警报</td><td>绝缘电阻小于 100 Ω/V</td><td>仪表灯亮，报动力系统故障</td></tr>
</table>

任务实施

动力蓄电池安全保护系统检测

现以比亚迪 e5 动力蓄电池管理系统智能实训台架为例，具体分析动力蓄电池的正常、过温、漏电、过放电、欠压和过充电状态的诊断。

1. 比亚迪 e5 动力蓄电池的单体电池电压正常（3.2 ~ 3.4 V），如图 3-6-1 所示。

图 3-6-1　单体电池电压正常

2. 比亚迪 e5 的动力蓄电池过温，如图 3-6-2 所示。

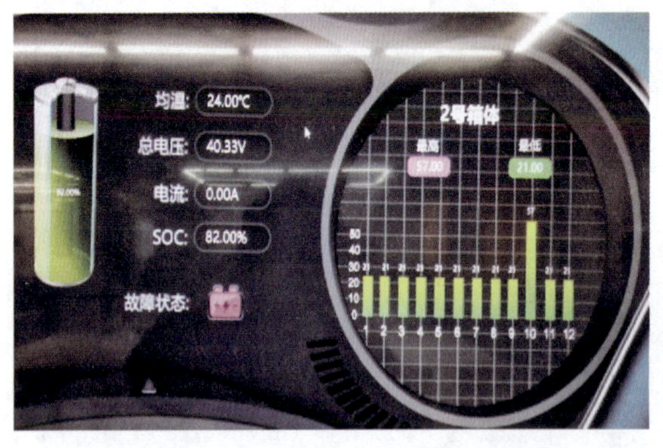

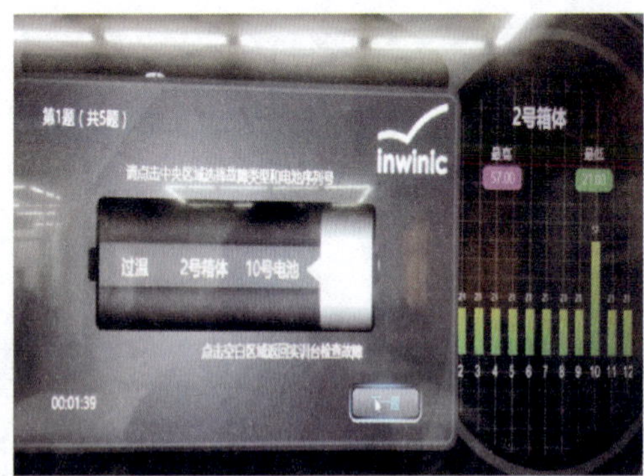

图 3-6-2　动力蓄电池过温

3. 比亚迪 e5 的动力蓄电池漏电，如图 3-6-3 所示。

4. 比亚迪 e5 的动力蓄电池过放电（单体电池电压小于 2.7 V），如图 3-6-4 所示。

5. 比亚迪 e5 的动力蓄电池欠压（单体电池电压为 2.7 ~ 3.2 V），如图 3-6-5 所示。

6. 比亚迪 e5 的动力蓄电池过充电（单体电池电压大于 3.4 V），如图 3-6-6 所示。

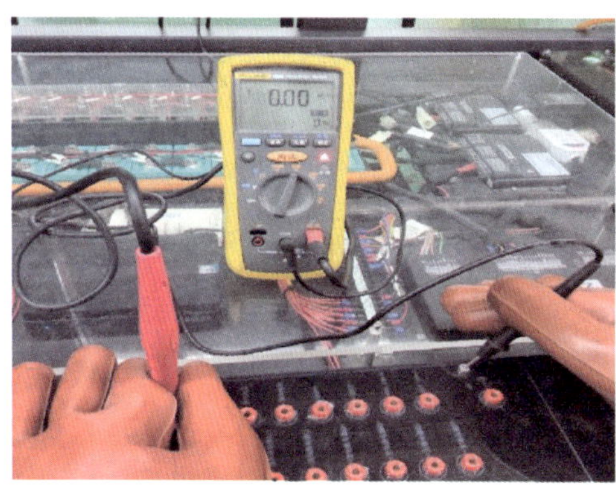

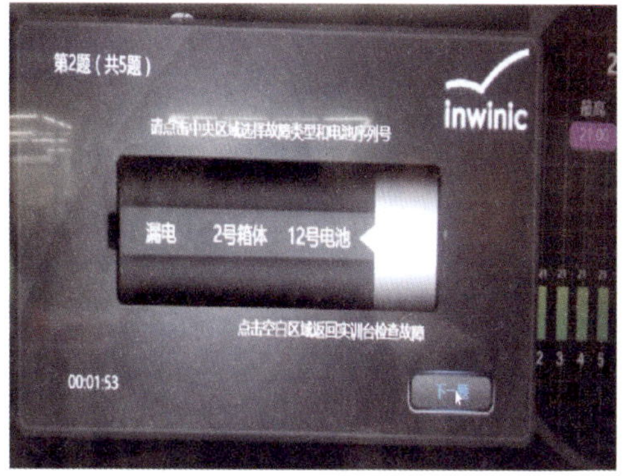

图 3-6-3 动力蓄电池漏电

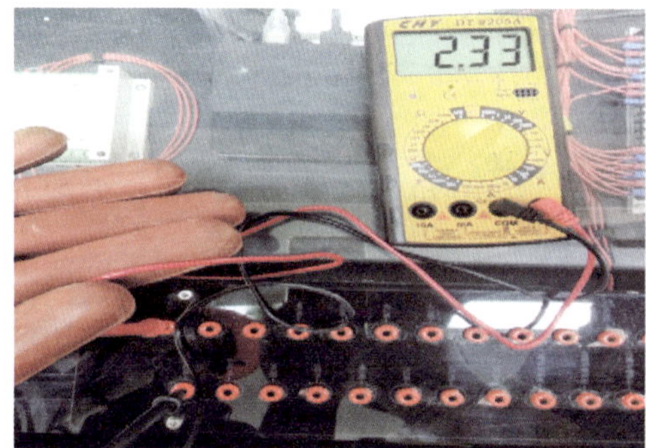

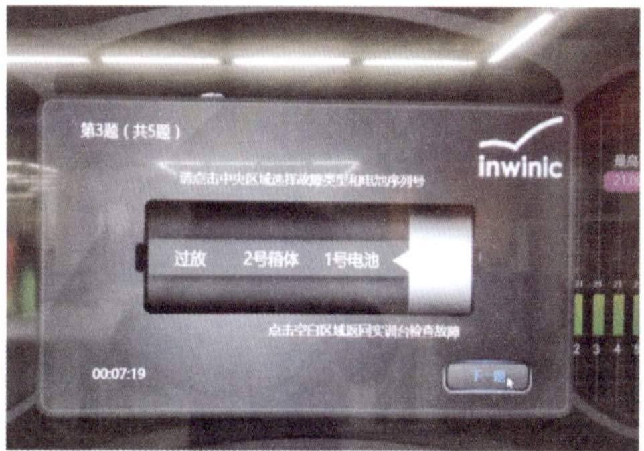

图 3-6-4 动力蓄电池过放电

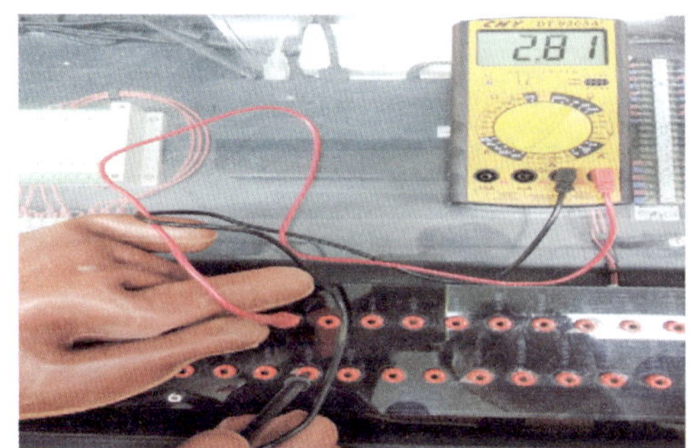

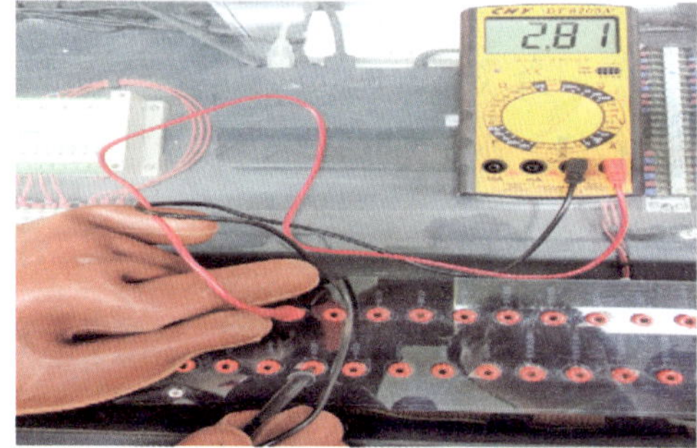

图 3-6-5 动力蓄电池欠压

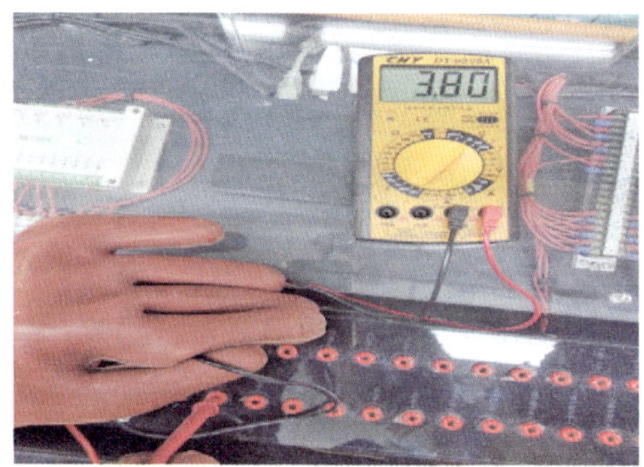

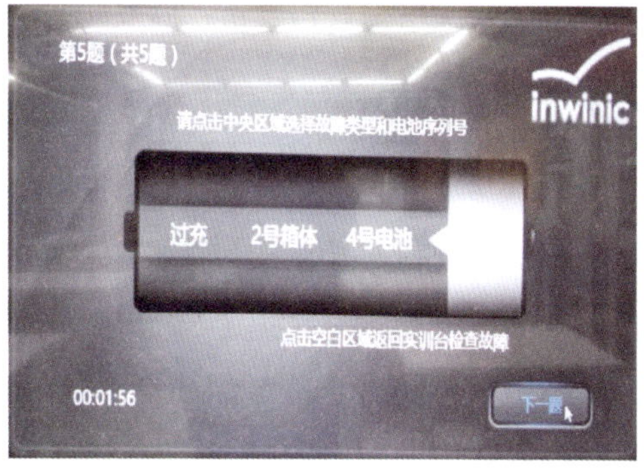

图 3-6-6 动力蓄电池过充电

思考与练习

1. 简述动力蓄电池安全保护系统的功能。

2. 简述动力蓄电池安全保护系统对电池碰撞采取的保护措施。

worldskills 世赛知识

世界技能大赛运输与物流类项目

1. 飞机维修

飞机维修项目是指按照标准和程序要求对飞机或直升机进行维护、检查，发现并排除故障，使飞机或直升机达到安全服役状态的竞赛项目。飞机维修项目对选手的技能要求主要包括：熟悉飞机或直升机的机身结构和动力、液压、操纵、电气等系统的原理和组成，具备钣金成形、铆接、机务维护、复合材料修理、机械和电气结构拆装和故障排除等基本知识和技能；掌握简单的飞机或直升机结构图、电气系统原理图、技术手册等，能够正确使用各种工具和检测设备对各种类型的飞机或直升机进行技术故障排除、修理和维护；具备飞机或直升机故障查找和准确描述、飞机结构（有色金属）修理、复合材料结构检修、外场可更换单元（LRU）机械和电气故障排除等理论知识和操作技能。

2. 车身修理

车身修理项目是指通过车身校正平台和相关的测量设备，检测车身损伤程度并修复结构损伤至原厂技术参数的竞赛项目。车身修理项目对选手的技能要求主要包括：诊断与校正；更换需要焊接的面板和部件；拆卸、重换、更换、重组内外部件和面板；正确选择、组装和使用工具和设备；修复车身相关件，如塑料件修复和玻璃更换等。

3. 汽车技术

汽车技术项目是指选手在汽修车间进行汽车检测、故障诊断以及维护修理的竞赛项目。汽车技术项目对选手的技能要求主要包括：目视检查，使用测试仪器与故障诊断仪器进行测量、检测，对数据（流）进行分析，诊断车辆各系统的故障并进行排除；具备系统的逻辑思维能力，能进行电气系统的构建和测试；可完成制动稳定性控制系统、悬架及转向系统、发动机机械性能测试与修理，具备传动装置和组件、柴油系统和汽油发

动机等的诊断及维护能力。

4. 汽车喷漆

汽车喷漆项目是指运用合适的技术和流程，对汽车工件上的损伤进行喷漆修复的竞赛项目。汽车喷漆项目对选手的技能要求主要包括：打磨原子灰至受损前状态；喷涂底漆、水性底色漆、清漆至原厂漆质量；选择并使用正确用量的色母调配色漆，喷涂试色板检验所调颜色是否准确，然后微调颜色直到与目标颜色一致；在汽车工件上喷绘图案。

5. 重型车辆维修

重型车辆维修项目是指对工程机械、农业机械、矿山机械、林业机械、重型卡车和工业设备进行维修、保养的竞赛项目。重型车辆维修项目对选手的技能要求主要包括：具备组织和执行有关保养和维护决定的能力，能够对液压系统、整车电气、传动系统、转向系统、制动系统进行故障诊断和排除；按照要求进行相应的精密测量、故障检查、保养维修工作；正确使用相关工具，在保养、维修过程中以书面形式，清晰、准确地对每项任务的技术资料进行记录。

6. 货运代理

货运代理项目自第 45 届世赛开始成为正式参赛项目（第 44 届为新增展示项目），是指按照货运代理业务流程，在规定的期限和压力下完成客户获取、报价计算、运输管理、费用计算、海运操作、投诉处理和索赔处理等的竞赛项目。比赛中对选手的技能要求主要包括：掌握货运代理业务流程，运用公路、铁路、航空、海（水）运、多式联运等多种交通手段，实现货物在世界范围内移动，以用于销售和生产；在规定的期限和压力下完成客户获取、报价计算、运输管理等多方面内容；应用国际通用语言——英语，对业务情况进行交涉与沟通；具有全面、专业的物流知识，具备精准、快速的反应能力，有效运用问题处理技能满足客户的要求。

模块四
动力蓄电池与管理系统故障诊断与评估

课题一 纯电动汽车电池系统故障诊断与排除

学习目标

1. 能准确描述纯电动汽车动力蓄电池故障指示灯的含义。
2. 能了解纯电动汽车动力蓄电池的故障等级和常见故障。
3. 能遵守操作规范，完成纯电动汽车动力蓄电池的故障诊断及维修。

●任务描述：

一辆比亚迪 e5 型汽车（2017 款）一直无法充电，也无法上电，仪表板显示“动力电池故障”，同时动力蓄电池故障指示灯、动力系统故障指示灯点亮。

结合上述现象，初步怀疑是动力蓄电池故障。现在车间主管要求你依据上述故障现象，对该车的动力蓄电池进行故障诊断与排除。

●任务分析：

结合上述故障现象，考虑到无法充电及无法上电的共性问题，初步判断是动力蓄电池故障。因此，需要梳理纯电动汽车动力蓄电池的故障成因，这样才能对故障进行诊断与排除。

相关理论

一、纯电动汽车动力蓄电池故障指示灯

纯电动汽车动力蓄电池系统相关的故障指示灯主要有：动力蓄电池故障指示灯、高压断开指示灯、动力系统故障指示灯、SOC 低指示灯、绝缘报警指示灯等，见表 4-1-1。

表 4-1-1　纯电动汽车动力蓄电池相关的故障指示灯

指示 / 警告灯	功能含义
	动力蓄电池断开：当动力蓄电池处于断开状态时，LED 常亮
	动力蓄电池故障：当动力蓄电池发生故障时，LED 常亮
	高压断开：高压接触器连接之前常亮
	动力系统报警：当系统存在警报或降功率运行时，LED 常亮
SOC	SOC 低：SOC 低于 20%，常亮；低于 10%，闪烁
	动力系统故障：当动力系统出现故障，不能正常工作时，LED 常亮或闪烁
	绝缘报警：一级故障，常亮；二级故障，闪烁

动力蓄电池系统发生故障的成因比较复杂，一般会导致几个故障灯同时点亮：

1. 动力蓄电池故障指示灯和 SOC 低指示灯点亮时，基本可以判断为动力蓄电池系统故障。

2. 高压断开指示灯和绝缘报警指示灯点亮时，表示车辆高压系统存在故障，并不单指动力蓄电池系统故障。

二、纯电动汽车动力蓄电池故障等级和影响

根据动力蓄电池故障对整车的影响，将动力蓄电池故障划分为三个等级。

1. 纯电动汽车动力蓄电池故障等级

（1）一级故障（非常严重）

动力蓄电池出现一级故障会造成安全事故，如起火、爆炸、触电等。BMS 一旦上报该故障，则表明动力蓄电池处于非常严重的故障状态。

（2）二级故障（严重）

动力蓄电池出现二级故障会导致整车跛行、暂停能量回馈、停止充电等。BMS 一旦上报该故障，则表明动力蓄电池的某些硬件出现故障或动力蓄电池处于非正常工作条件。

（3）三级故障（轻微）

动力蓄电池出现三级故障对整车几乎无影响或导致整车进入“限功率行驶”状态。BMS 一旦上报该故障，则表明动力蓄电池处于极限温度下或电池一致性变差等。

2. 纯电动汽车动力蓄电池故障影响

（1）一级故障

一级故障非常危险，对整车的影响也很明显。基于安全考虑，对主正、主负接触器的控制是迅速、直接的，其对应的故障名称、故障编码及对整车的影响见表 4-1-2。

表 4-1-2　一级故障对应的故障名称、故障编码及对整车的影响

故障名称	厂家故障编码	对整车的影响
单体电压过低	P118822	行车模式：电池放电电流降为 0，高压断开，无法行驶 车载充电模式：请求停止充电 / 停止加热，主正、主负接触器断开 直流快充模式：BMS 发送终止充电指令，主正、主负接触器断开
电池外部短路	P118111	
温度过高	P0A7E22	
电池内部短路	P118312	

（2）二级故障

二级故障的危险性居于一级故障与三级故障之间，基于安全考虑，对于正在行驶的车辆，应逐渐降速、限功率。对于正在充电的车辆，一般直接断开充电。二级故障对应的故障名称、故障编码及对整车的影响见表 4-1-3。

表 4-1-3 二级故障对应的故障名称、故障编码及对整车的影响

故障名称	故障编码	对整车的影响
单体电压欠压	P0269	行车模式：限功率至放电电流为 25 A 为止
BMS 内部通信故障	P0279	行车模式：限功率至放电电流为 25 A 为止 充电模式：“最大允许充电电流”调整为 0；请求停止充电，如果上报故障 2 s 后未收到反馈，BMS 主动断开高压继电器或加热继电器
BMS 硬件故障	P0234	
BMS 与车载充电机通信故障	P0283	
温度过高	P0258	行车模式：限功率至放电电流为 25 A 为止 充电模式：“最大允许充电电流”调整为 0
绝缘电阻过低	P0276	行车模式：限功率至放电电流为 25 A 为止，“最大允许充电电流”调整为 0 充电模式：请求停止充电，如果上报故障 2 s 后未收到反馈，BMS 主动断开主正、主负接触器或加热继电器
加热元件故障	P0281-1	充电模式：请求停止充电，如果上报故障 2 s 后未收到反馈，BMS 主动断开主正、主负接触器或加热继电器

（3）三级故障

三级故障的危险性最低，一般重新上电后即可恢复。三级故障对应的故障名称、故障编码及对整车的影响见表 4-1-4。

表 4-1-4 三级故障对应的故障名称、故障编码及对整车的影响

故障名称	故障代码	对整车影响
温度过高	P1043	行车模式：调整放电功率至当前状态的 50%
绝缘电阻过低	P1047	上报不处理
电压不均衡	P1046	行车模式：调整放电功率至当前状态的 40%
单体电压欠压	P1040	
温度不均衡	P1045	上报不处理
放电电流受限	P1042	行车模式：调整放电功率至当前状态的 50%

3. 同类故障的不同等级划分

类型相同但严重程度不同的故障，其故障等级是不同的。例如，北汽新能源 E150 EV 汽车，当单体电池温度达到 45 ℃时，为三级故障；单体电池温度达到 50 ℃时，为二级故障；单体电池温度达到 55 ℃时，为一级故障。

由图 4-1-1 可知，该单体电池的最高温度为 24 ℃，最低温度为 21 ℃，说明此刻单体电池的温度正常。

北汽新能源>>车辆选择 >> E150EV >> 系统选择 >> 整车控制器(VCU) >> 数据流

名称	当前值	单位
动力电池充放电电流	0	A
动力电池SOC	56	%
动力电池单体最低电压	3.28	V
动力电池单体最高电压	3.29	V
动力电池当前电流	2.18	A
动力电池单体最高温度	24	deg C
动力电池单体最低温度	21	deg C
BMS生命信号	0	
动力电池主负继电器状态	On	
动力电池主正继电器状态	On	
冷却风扇状态	On	
加热状态	On	
挡位状态	N	
加速踏板信号1电压	0.76	V
加速踏板信号2电压	0.36	V
冷却风扇继电器#1状态	Off	

图 4-1-1　单体电池温度

三、纯电动汽车动力蓄电池常见故障

纯电动汽车动力蓄电池的常见故障较多，可以分为电压类、温度类、充电类、绝缘类、通信类、SOC 异常类、电流异常类故障等。下文主要介绍绝缘故障和 SOC 异常的标准及故障成因。

1. 绝缘故障

我国制定的电动汽车国家标准与国际标准是一致的，标准中规定电动汽车的绝缘状况以绝缘电阻来衡量。

（1）绝缘电阻检测

纯电动汽车动力蓄电池绝缘电阻的定义为：如果动力蓄电池与地（车底盘）之间的某一点短路，最大泄漏电流（意味着绝缘电阻是最小的）所对应的电阻即为动力蓄电池的绝缘电阻。

目前，常用的电动汽车绝缘电阻的检测方法是分压检测法。分压检测法是在直流母线正、负极和对应接地端（底盘）之间接入分压电阻，通过电子开关或高压接触器接通电阻和对应接地端（底盘），然后测量这些分压电阻上的电压或电流，再计算得到各绝缘电阻的大小。最后，根据动力蓄电池绝缘电阻的定义，最小者为整车绝缘电阻。

电动汽车绝缘电阻的检测原理如图 4-1-2 所示。将直流正、负极母线对地电阻分别等效为电阻 R_P 和 R_N，R_P 是直流正极母线对地电阻，R_N 是直流负极母线对地电阻。在电路图中，U_b 表示动力蓄电池电压，地即为电动汽车底盘，U_1 表示正对地电压，U_2 表示地对负电压，C_P 表示正极侧电容，C_N 表示负极侧电容，R1、R2 为正极母线侧检测电阻，R3、R4 为负极母线侧检测电阻，S1 为正极母线侧电子开关或正极高压接触器，S2 为负极母线侧电子开关或负极高压接触器。

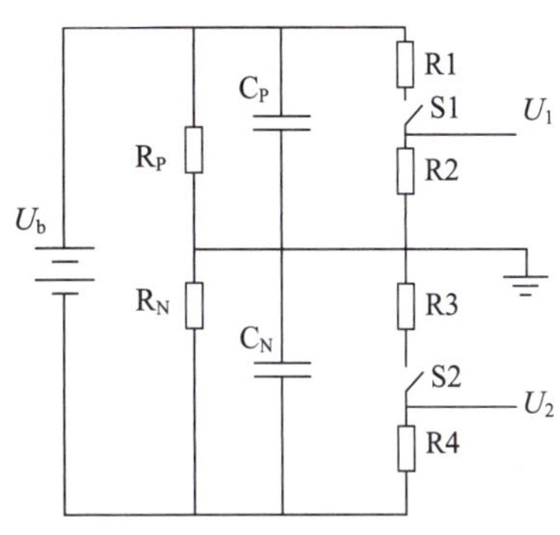

图 4-1-2 电动汽车绝缘电阻的检测原理

检测思路是：

1）当 S1、S2 断开时，U_1=U_2=0，可以检测电子开关或高压接触器 S1、S2 是否损坏。

2）当 S1 闭合，S2 断开时，测量 U_1 值；当 S2 闭合，S1 断开时，测量 U_2 值。比较 U_1 与 U_2 数值，可以判定是否漏电。

（2）绝缘监测

目前，绝缘监测的方法主要包括电流传感法、对称电压测量法、桥式电阻法、低频信号注入法等。其中低频信号注入法应用最为广泛，其工作原理如图 4-1-3 所示。

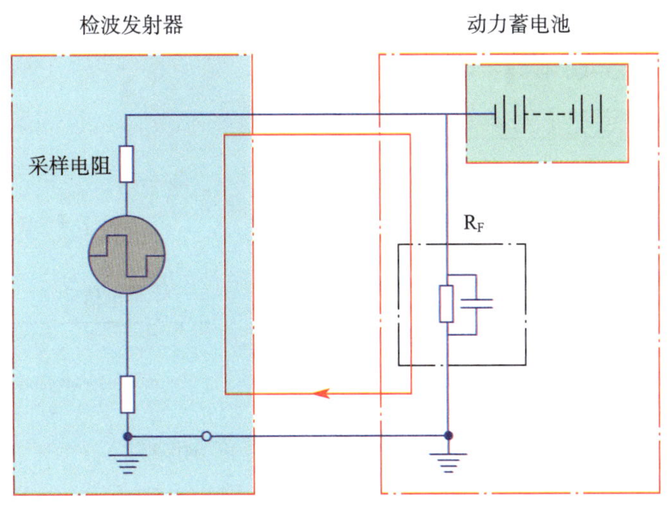

图 4-1-3 绝缘监测工作原理（低频信号注入法）

采用低频信号注入法进行测试时，系统内部会产生一个正负对称的方波信号，绝缘阻抗监测仪连接端子与直流高压系统和底盘之间的绝缘电阻 R_F 构成测量回路，通过对采样电阻电压和电流的采集，计算得出 R_F 大小。

电动汽车系统中，电机在不同转速下对应的频率不同，因此系统的容抗、感抗会随测试转速的变化而变化。此外，电机绕阻对电机壳体的分布电容也会随着转速以及环境温度等因素的变化而变化。因此，系统本身的阻抗特性会随着系统的运行而时刻发生改变，测出的绝缘阻抗值呈动态特性。

（3）漏电流检测

漏电流检测主要是检测新能源汽车特别是纯电动汽车在高压电经过时，整个绝缘系统漏电流的大小。漏电流检测与绝缘电阻测试是有区别的，但是动力蓄电池包的绝缘性检测通常由漏电传感器来完成。

1）电流型漏电传感器检测

电流型漏电传感器的检测原理如图 4-1-4 所示。从电池包流出的电流 I_+ 流经全部直流负载后，返回负极直流电路，此时电流为 I_-。当支路没有接地电路时，$I_+=I_-$。漏电传感器霍尔线圈中产生一固定频率、固定波形的交变电流进行激励，使磁芯往复磁化达到饱和。漏电传感器不输入漏电信号给电池管理控制器，电池组正常工作。

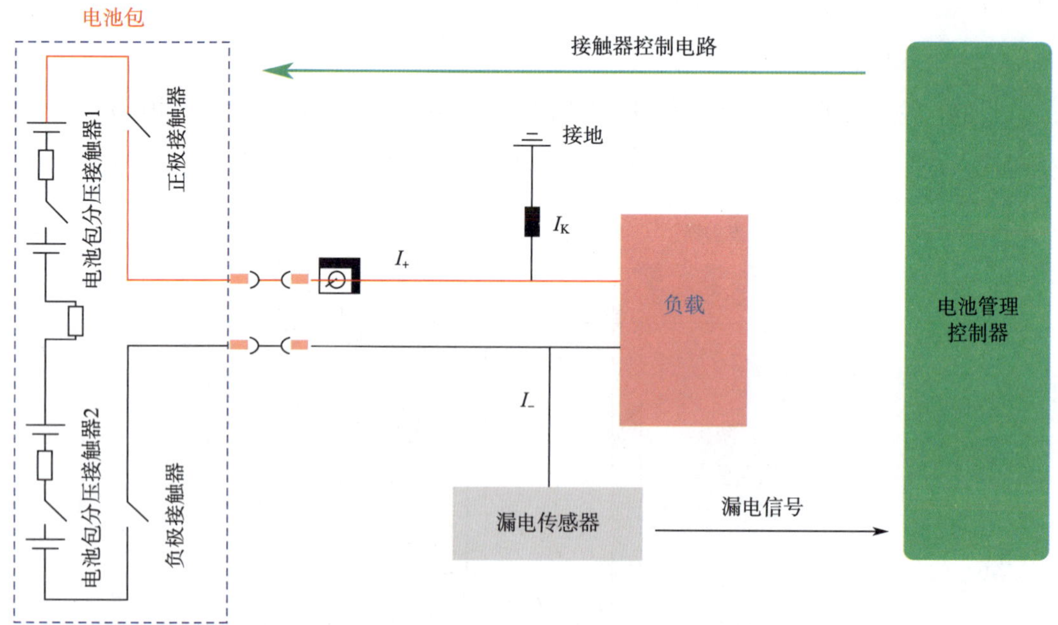

图 4-1-4　电流型漏电传感器检测原理

当支路有接地电路时，输出电流为 I_K，此时 $I_+=I_-+I_K$。漏电传感器接收直流输出信号，经过放大、滤波和 A/D 转换得到漏电情况，根据情况将漏电信号传递给电池管

理控制器。电池管理控制器根据信号判断车辆是否安全，若漏电流超过人体安全电流 10 mA，则关闭电池组中的接触器开关，车辆停止工作。

2）比亚迪 e5 漏电传感器检测

比亚迪 e5 漏电传感器属于电流型漏电传感器，其检测基本电路如图 4-1-5 所示。漏电传感器检测动力蓄电池包的负极主电路绝缘电阻，同时将漏电信号及时报送到电池管理系统。

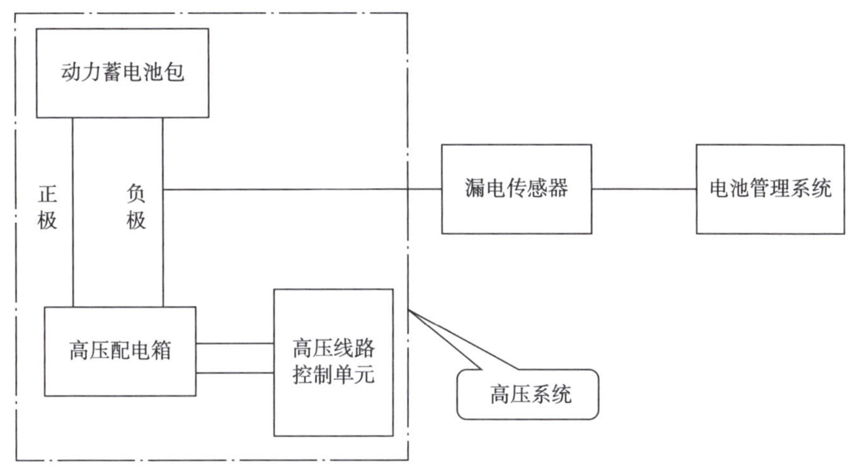

图 4-1-5 比亚迪 e5 漏电传感器的检测基本电路

电池管理系统接收到异常的漏电信号后，会采取禁止充放电等相关保护措施并报警，从而防止动力蓄电池包及高压部件的高压电外泄，避免造成损失。比亚迪 e5 的漏电传感器如图 4-1-6 所示。

图 4-1-6 比亚迪 e5 漏电传感器

比亚迪 e5 的漏电传感器端子连接如图 4-1-7 所示。漏电传感器主要监控图中上方的动力蓄电池直流母线负极电流，同时和高压电控总成连接，采集电源正、电源接地、CAN-H、CAN-L 和公共接地五根线的信号，还有发送到电池管理系统的一般漏电、严重漏电两根线的信号。

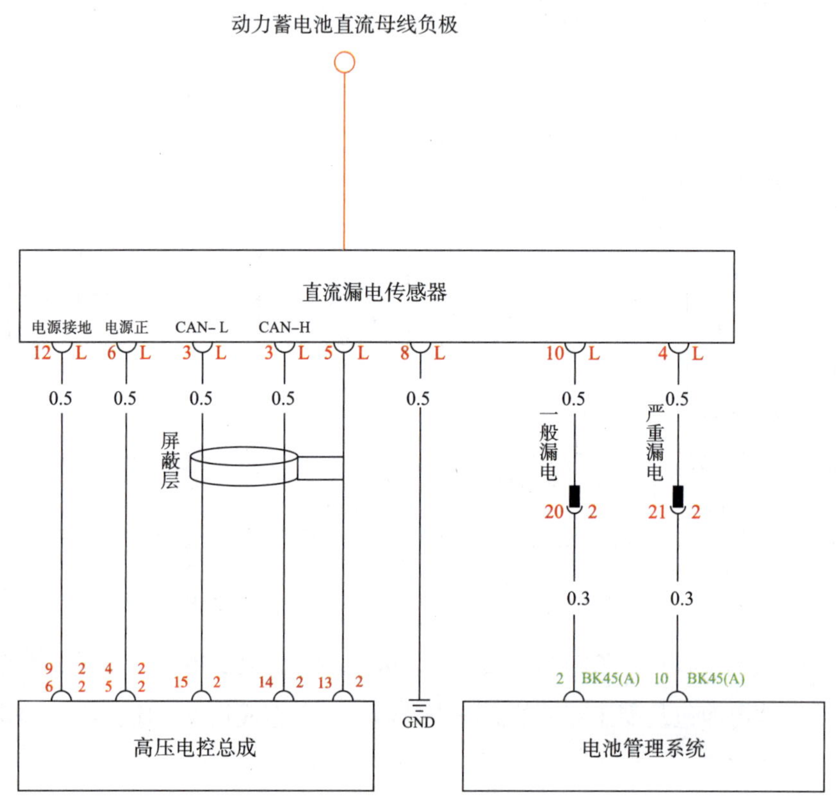

图 4-1-7　比亚迪 e5 漏电传感器端子连接

比亚迪 e5 电池管理系统内部电路的一般漏电模块如图 4-1-8 所示。

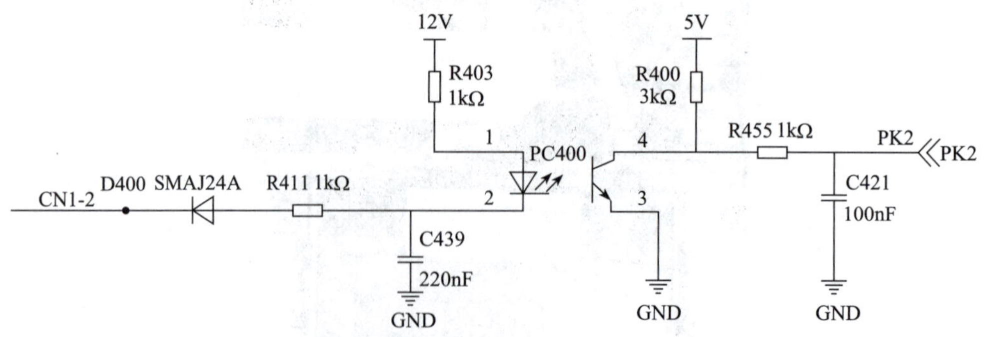

图 4-1-8　比亚迪 e5 电池管理系统内部电路的一般漏电模块

图 4-1-8 中的 CN1-2 端子对应 BK45（A）-2 针脚。当漏电传感器发出一个一般漏电的拉低电压信号时，信号会从一般漏电模块的 12 V 正极电源开始，经过 R403 电

阻、PC400 发光二极管、R411 电阻，然后经过二极管，进入到 CN1-2 端子，也就是电路图中的 BK45（A）-2 针脚。

PC400 发光二极管发出光源，光敏二极管感应，于是电池管理系统内部核心模块感应到 PC400 的 3、4 针脚导通，因此将线圈信号拉低，电池管理系统的内部主控芯片将感受到 PK2 端子信号接地，于是电池管理系统接收到一般漏电信号。

2. SOC 异常

纯电动汽车的 SOC 常见异常有：SOC 在系统工作过程中变化幅度很大，或者在几个数值之间反复跳变；在系统充放电过程中，SOC 有较大偏差；SOC 一直显示固定数值不变。

导致 SOC 异常的原因有：电流未校准；电流传感器型号与主机程序不匹配；电池长期未深度放电；数据采集模块采集跳变，导致 SOC 进行自动校准；霍尔传感器故障。

目前，应用最广、效果最稳定可靠的 SOC 计算方法是积分算法与开路电压（open circuit voltage，OCV）法阶段性校核相结合的方法。

积分算法的具体方式为：电池管理系统主控芯片根据电流传感器采集到的电流信息，把每个瞬间的电流值相加，就得到了一段时间内电池充、放的电量，单位是安时，通过计算即可得到 SOC。

开路电压法的具体方式为：在测试单体电芯性能的过程中，单体电压与单体的荷电状态具有非常严格的对应关系，一个确定的荷电状态必然对应着一个确定的开路电压，如图 4-1-9 所示。因此，在 OCV 确定的情况下，可以推算出 SOC。

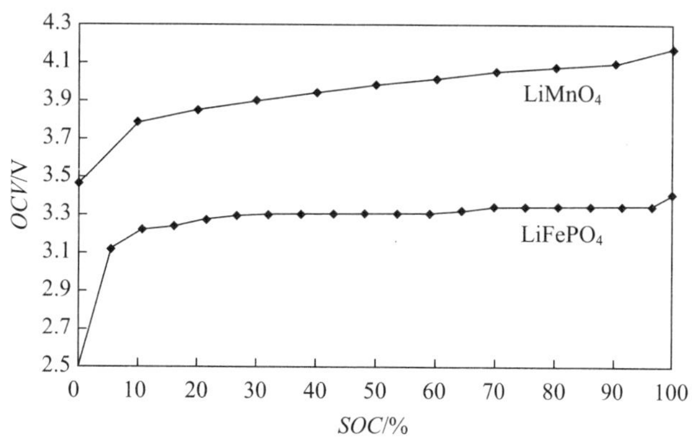

图 4-1-9 开路电压与荷电状态的对应关系

另外，当通过积分算法得到的 SOC 与依据开路电压曲线得到的 SOC 不一致时，容易产生 SOC 跳变现象。在排除动力蓄电池包单体电池问题之后，大多是电池管理系统的内部程序检测问题。

任务实施

一、动力蓄电池 CAN 通信故障排查

1. 首先按照以下说明，完成相关作业前的准备工作。

（1）检查隔离栏，放置安全警示牌、灭火器。

（2）做好车辆防护及车辆预检。

（3）做好绝缘手套、绝缘鞋等防护用品的检查。

（4）做好诊断仪型号、解码器外观和 OBD 诊断接头的检查。

2. 起动车辆，仪表板“OK”灯没有点亮，并显示“请检查动力系统”，如图 4-1-10 所示，说明车辆无法上 OK 电，无法正常行驶。

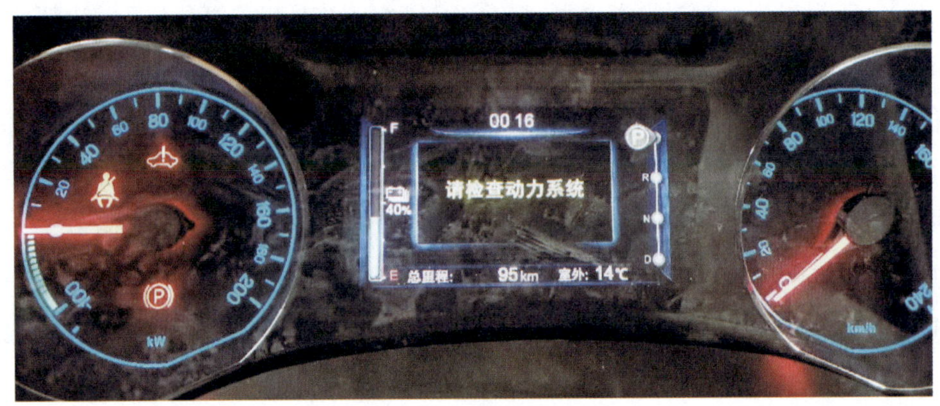

图 4-1-10　车辆故障

3. 确认故障现象。使用诊断仪读取 BMS 故障码，报 BIC1 ~ BIC13 通信故障，如图 4-1-11 所示。

4. 从 BMS 背端测量电池管理控制器给 BIC 的供电，确认正常。

5. 从 BMS 背端测量电池子网 CAN-L 和 CAN-H 的对地电压，测量电压正常（CAN-L 对地电压的正常范围为 1.5 ~ 2.5 V，CAN-H 对地电压的正常范围为 2.5 ~ 3.5 V，需断开诊断设备测量）。

6. 将车辆退电至 OFF 挡，断开低压蓄电池负极，等待 3 min。

7. 从 BMS 背端测量电池子网 CAN-L 和 CAN-H 之间的电阻，测量电阻正常（标准为 60 ~ 70 Ω）。

8. 从 BMS 背端测量电池子网 CAN-L 和 CAN-H 的对地电阻，测量电阻正常（标准为 >10 kΩ）。

图 4-1-11　解码器显示大量 BIC 故障码

9. 由以上 CAN 线的测量结果确定 BIC 无 CAN 信号输出，因此故障点锁定为电源。

10. 观察电路图 4-1-12，整理思路，从电池包测量电源供电确认线束或 BIC 故障。拔出 KxK45（C）B-26 线束端针脚顺线，向后找到断路位置，并在断路位置找到新的隐藏针脚插回 BMS。

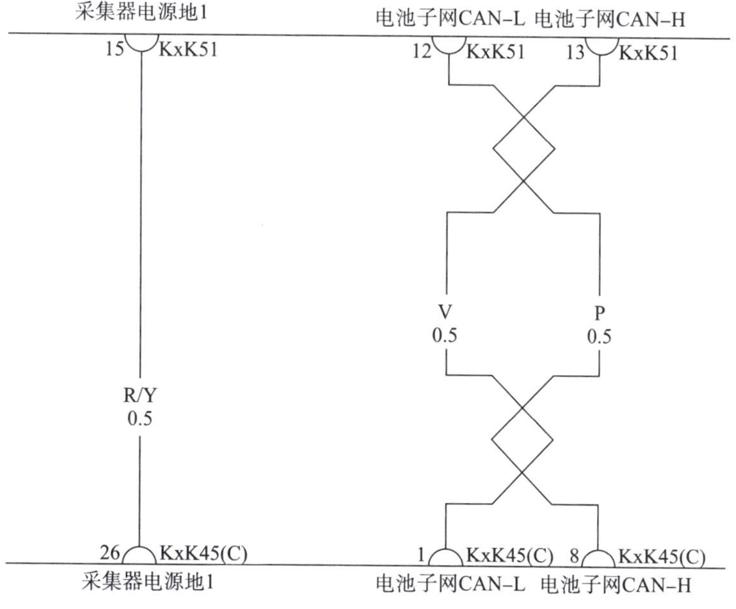

图 4-1-12　BMS 与动力蓄电池包的 CAN 线连接

11. 重新上电，确认故障排除，清除系统历史故障码。

二、霍尔电流传感器故障排查

1. 首先按照以下说明，完成相关工作。

（1）检查隔离栏，放置安全警示牌、灭火器。

（2）做好车辆防护及车辆预检。

（3）做好绝缘手套、绝缘鞋等防护用品的检查。

（4）做好诊断仪型号、解码器外观和 OBD 诊断接头的检查。

2. 确认故障现象。充电时，车内仪表显示充电电流为 0。

3. 确认车辆故障。交流充电时，仪表上的 SOC 值一直保持不变，用诊断仪读取 BMS 数据流，发现充电时“电池组当前总电流”一直为 -0.1 A，“最大允许充电功率”为 0，如图 4-1-13 所示。

图 4-1-13　BMS 数据流

4. 根据读取的 BMS 数据流，“电池组当前总电压”为 649 V，说明 BMS 与动力蓄电池可以正常通信，排除 BMS 自身故障。

5. 比亚迪 e5 纯电动汽车充电时，电流数据由高压电控总成内部的霍尔电流传感器检测，BMS 与霍尔电流传感器的连接如图 4-1-14 所示。霍尔电流传感器与 BMS 有三根线连接，分别是直流霍尔电源 -、直流霍尔电源 + 和直流霍尔信号线。

6. 结合电路图，检测霍尔电流传感器与 BMS 的三根连接线的导通情况。整车下电，静置 5 min 以上，然后利用万用表检测这三根线的两个端子的导通情况，见表 4-1-5。

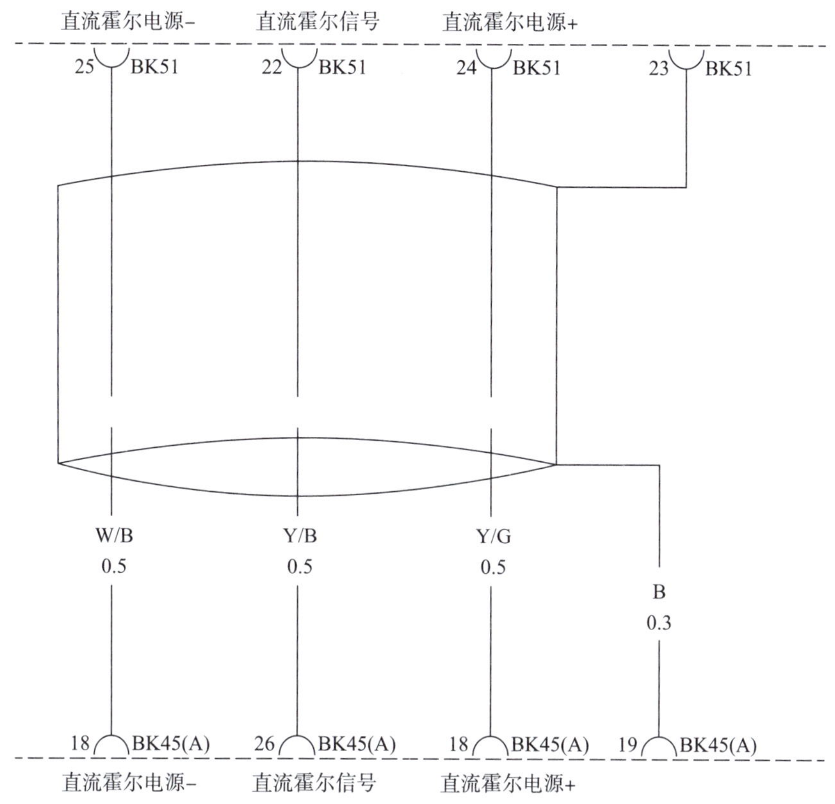

图 4-1-14 比亚迪 e5 BMS 与霍尔电流传感器的连接

表 4-1-5 霍尔传感器连接线导通情况检查

线名称	BMS 的 BK45（A）插头	电池包的 BK51 插头	检查结果
直流霍尔电源 + 线	电阻为 0.1 Ω、导通		正常
直流霍尔电源 - 线	电阻为 0.1 Ω、导通		正常
直流霍尔信号线	电阻为无穷大、不导通		不正常

7. 由于直流霍尔信号线 BMS 插头与高压电控插头之间的电阻无穷大，因此首先检查直流霍尔信号线 BMS 插头到高压电控插头的外观。经检查，发现 BMS 的 BK45（A）插头的 26 号针脚颜色不对，电路图显示是 W/B，为黑白线。经仔细检查发现针脚插错，重新找到黑白线，插回 BMS 的 BK45（A）插头的 26 号针脚。比亚迪 e5 的台架上 BK45（A）-26 接线端子的位置如图 4-1-15 所示。

8. 恢复后重新充电，车辆恢复正常。

9. 依据 6S 规范整理场地。

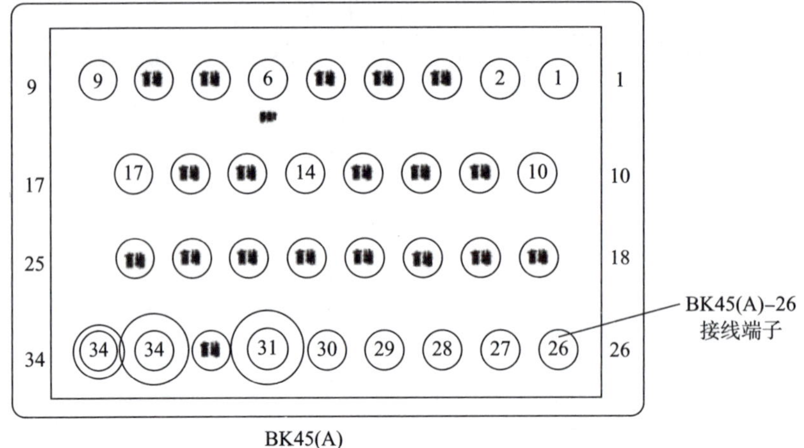

图 4-1-15　比亚迪 e5 台架 BK45（A）-26 接线端子的位置

思考与练习

1. 简述动力蓄电池故障的三个等级及其对应的后果。
2. 参照图 4-1-14，简述霍尔电流传感器的检测步骤。

课题二 | 混合动力汽车电池系统故障诊断与排除

学习目标

1. 能描述混合动力汽车动力蓄电池系统的常见故障和故障现象。
2. 能描述混合动力汽车动力蓄电池系统的故障码和数据流。
3. 能按照操作规范完成混合动力汽车动力蓄电池系统典型故障的诊断与排除。

●**任务描述：**

一辆行驶里程约 9 万公里的 2009 年第三代丰田普锐斯混合动力汽车在行驶不久后，发动机会突然熄火，车辆无法正常行驶，组合仪表的混合动力系统主警告灯点

亮，同时多信息显示屏显示 HV 蓄电池警告标识。你的主管要求你进行故障诊断并将故障排除，现在你需要查阅资料，分析故障原因，以顺利排除这个故障。

任务分析：

接到维修任务后，应首先进行试车，故障现象确如用户所述。故障出现后，通过一键启动系统关闭 HV 系统，再次启动 HV 系统后，表示 HV 系统良好的“READY”灯没有点亮。此时，主警告灯点亮并且显示 HV 蓄电池警告标识，车辆无法行驶。综上所述，需要对该车的 HV 蓄电池进行检修。

相关理论

一、混合动力汽车动力蓄电池系统故障分析

1. 混合动力汽车动力蓄电池系统的常见故障

动力蓄电池是混合动力汽车控制系统的重要组成部分，其内部或控制系统存在故障将导致混动系统失效，甚至使车辆无法行驶。

混合动力汽车的动力蓄电池系统常见故障如下：

（1）动力蓄电池管理模块故障，如供电故障等。

（2）内部电池电压故障，如监测到过高或过低电压的单体电池。

（3）动力蓄电池组总成冷却系统故障。

（4）动力蓄电池组内高压输出电路故障。

2. 混合动力汽车动力蓄电池系统故障的现象

混合动力汽车的动力蓄电池系统发生故障时，会出现以下现象：

（1）仪表指示灯点亮

混合动力汽车的动力蓄电池系统故障，会导致以下仪表指示灯点亮，如图 4-2-1 所示。

a）HV蓄电池警告

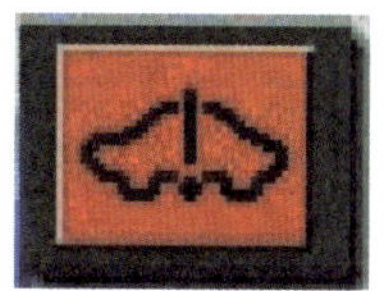

b）车辆动力系统故障

图 4-2-1 混合动力汽车仪表故障指示灯

（2）车辆无法起动或功率降低

混合动力汽车动力蓄电池系统故障会导致车辆无法正常起动，也可能导致高速行驶的车辆降低运行功率。

3. 混合动力汽车动力蓄电池故障代码和数据流

混合动力汽车动力蓄电池系统发生故障后，首先应采用故障诊断仪进行故障代码读取和数据流分析。下面介绍丰田普锐斯动力蓄电池系统相关的故障码和数据流。

（1）故障码

丰田普锐斯动力蓄电池系统常见故障码见表 4-2-1。

表 4-2-1　　丰田普锐斯动力蓄电池系统常见故障码

DTC 号	检测项目	故障可能发生部位	CHK ENG1	主警告灯 2	警告 3	显示屏
PO560（05-667）	系统电压	（1）线束或连接器 （2）HEV 熔丝 （3）蓄电池 ECU	○	○	HV 系统	○
POAIF（25-670）	蓄电池能量控制模块	蓄电池 ECU	○	○	HV 系统	○
POA7F（05-671）	混合动力蓄电池损坏	（1）HV 蓄电池总成 （2）蓄电池 ECU	○	○	HV 系统	○
POA80（05-672）	更换混合动力蓄电池组	（1）HV 蓄电池总成 （2）蓄电池 ECU	○	○	HV 系统	○
POA81（05-673）	混合动力蓄电池组冷却风扇 1	（1）后侧风道（鼓风机电机控制器） （2）蓄电池 ECU	×	○	HV 系统	○
POA82（05-675）	混合动力蓄电池组冷却风扇 1	（1）后侧风道 （2）2 号后侧风道 （3）2 号后侧内风道 （4）通风器内风道 （5）蓄电池鼓风机总成 （6）蓄电池 ECU	×	○	HV 系统	○
POA85（05-677）	混合动力蓄电池组冷却风扇 1	（1）线束或连接器 （2）BATT FAN 熔丝 （3）1 号蓄电池鼓风机继电器 （4）蓄电池鼓风机总成 （5）后侧风道（鼓风机电机控制器） （6）蓄电池 ECU	×	○	HV 系统	○

续表

DTC 号	检测项目	故障可能发生部位	CHK ENG1	主警告灯 2	警告 3	显示屏
POA95 (05-686)	高压熔丝	(1) 高压熔丝 (2) 检修塞卡箍 (3) 蓄电池塞 (4) 蓄电池 ECU	×	○	HV 系统	○
POA9B (05-689)	混合动力蓄电池温度传感器电路	(1) HV 蓄电池总成（蓄电池温度传感器） (2) 蓄电池 ECU	○	○	HV 系统	○
POAAC (05-692)	混合动力蓄电池组空气温度传感器 “A” 电路	(1) HV 蓄电池总成（进气温度传感器） (2) 蓄电池 ECU	○	○	HV 系统	○
P3011 (05-694)	蓄电池盒 1 变弱	(1) HV 蓄电池总成 (2) 蓄电池 ECU	○	○	HV 系统	○
P3012 (05-694)	蓄电池盒 2 变弱	(1) HV 蓄电池总成 (2) 蓄电池 ECU	○	○	HV 系统	○
P3013 (05-694)	蓄电池盒 3 变弱	(1) HV 蓄电池总成 (2) 蓄电池 ECU	○	○	HV 系统	○
P3014 (05-694)	蓄电池盒 4 变弱	(1) HV 蓄电池总成 (2) 蓄电池 ECU	○	○	HV 系统	○
P3015 (05-694)	蓄电池盒 5 变弱	(1) HV 蓄电池总成 (2) 蓄电池 ECU	○	○	HV 系统	○
P3016 (05-694)	蓄电池盒 6 变弱	(1) HV 蓄电池总成 (2) 蓄电池 ECU	○	○	HV 系统	○
P3017 (05-694)	蓄电池盒 7 变弱	(1) HV 蓄电池总成 (2) 蓄电池 ECU	○	○	HV 系统	○
P3018 (05-694)	蓄电池盒 8 变弱	(1) HV 蓄电池总成 (2) 蓄电池 ECU	○	○	HV 系统	○
P3019 (05-694)	蓄电池盒 9 变弱	(1) HV 蓄电池总成 (2) 蓄电池 ECU	○	○	HV 系统	○
P3020 (05-694)	蓄电池盒 10 变弱	(1) HV 蓄电池总成 (2) 蓄电池 ECU	○	○	HV 系统	○
P3021 (05-694)	蓄电池盒 11 变弱	(1) HV 蓄电池总成 (2) 蓄电池 ECU	○	○	HV 系统	○

续表

DTC 号	检测项目	故障可能发生部位	CHK ENG1	主警告灯 2	警告 3	显示屏
P3022（05-694）	蓄电池盒 12 变弱	（1）HV 蓄电池总成 （2）蓄电池 ECU	○	○	HV 系统	○
P3023（05-694）	蓄电池盒 13 变弱	（1）HV 蓄电池总成 （2）蓄电池 ECU	○	○	HV 系统	○
P3024（05-694）	蓄电池盒 14 变弱	（1）HV 蓄电池总成 （2）蓄电池 ECU	○	○	HV 系统	○
P3030（05-694）	蓄电池与 ECU 间断开	（1）继电器盒总成（母线模块） （2）2 号车架线（母线和线束） （3）蓄电池 ECU	○	○	HV 系统	○
P3056（05-694）	蓄电池电流传感器电路故障	（1）HV 蓄电池总成（线束或连接器） （2）蓄电池电流传感器 （3）蓄电池 ECU	○	○	HV 系统	○
UO100（05-704）	与 ECM/PCM “A” 的通信中断	CAN 通信系统	○	○	HV 系统	○
UO293（05-704）	与混合动力车辆控制系统的通信中断	CAN 通信系统	○	○	HV 系统	○

注：1.“○”表示 CHK ENG1、主警告灯 2 点亮或显示屏工作。
2.“×”表示 CHK ENG1、主警告灯 2 不点亮或显示屏不工作。

（2）数据流

在丰田普锐斯的动力蓄电池模块内，可使用诊断仪读取数据流。其中主要数据流内容见表 4-2-2。

表 4-2-2　丰田普锐斯动力蓄电池系统主要数据流内容

诊断仪显示	测量项目 / 范围（显示）	参考范围
MIL 状态	CHK ENG 状态：ON 或 OFF	ON
故障发生时积累的行驶英里数	故障发生时，积累的行驶英里数：0～65.535	—

续表

诊断仪显示	测量项目 / 范围（显示）	参考范围
蓄电池充电状态	蓄电池充电状态：0 ~ 100%	始终：0 ~ 100%
SOC 盒	SOC 最大和最小间的差异：0 ~ 100%	“READY”灯点亮，发动机停止，没有电负荷：0 ~ 60%
蓄电池组电流值	蓄电池组的电流值：-327.68 ~ 327.67 A	（1）发动机停止工作后立即满载加速：最大 140 A（车内温度） （2）P 挡发动机自动启动，然后换到 N 挡位 1 s 后，发动机停止，前照灯点亮，空调风扇高速运转，“READY”灯点亮：最大 30 A
吸入空气温度	吸入蓄电池组的室外空气温度：-55 ~ 55 ℃	一天不受干扰：与室外空气温度相同
VMF 风扇电机电压	蓄电池鼓风机电机监控电压：-25.6 ~ 25.4 V	在 P 挡位，“READY”灯点亮，风扇在停机模式：8.5 ~ 11.5 V
辅助蓄电池电压	辅助蓄电池电压：12.6 ~ 14.4 V	与备用蓄电池电压相等
充电控制数值	从蓄电池 ECU 输送到 HV 控制 ECU 的充电控制的功率：-64 ~ 0 kW	≥-25 kW
放电控制数值	从蓄电池 ECU 输送到 HV 控制 ECU 的放电控制的功率：0 ~ 63.5 kW	≤21 kW
冷却风扇模式	蓄电池鼓风机电机转动模式：0 ~ 4	停止：0 从低速向高速转动：1.6
ECU 控制模式	ECU 控制模式：0 ~ 4	—
备用鼓风机请求	蓄电池鼓风机电机停止控制请求（备用鼓风机）	ON/OFF
蓄电池温度 TB1 ~ TB3	HV 蓄电池温度：-55 ~ 80 ℃	一天不受干扰：与室外空气温度相同
蓄电池盒号	蓄电池盒号：0 ~ 255	始终：14
蓄电池最小电压	蓄电池最小电压：-327.68 ~ 327.67 V	SOC 为 50% ~ 60%：≥12 V
最小蓄电池盒号	电压最小的蓄电池盒号	0 ~ 13

续表

诊断仪显示	测量项目 / 范围（显示）	参考范围
蓄电池盒最大电压	蓄电池盒最大电压：−327.68 ~ 327.67 V	SOC 为 50% ~ 60%：≤12 V
最大蓄电池盒号	电压最大的蓄电池盒号	0 ~ 13
蓄电池盒电压 $U_{01}\sim U_{14}$	蓄电池盒电压：−327.68 ~ 327.67 V	SOC 为 60%：12 ~ 20 V
内阻 $R_{01}\sim R_{14}$	各个蓄电池盒的内阻：0 ~ 0.255 Ω	始终：0.01 ~ 0.1 Ω
依照规则	依照规则	Euro-OBD
排放 DTC 号	相关动力转动 DTC 排放号：0 ~ 127	—
存储 DTC 号	存储 DTC 号：0 ~ 255	—

二、丰田普锐斯混合动力汽车动力蓄电池系统

1. 普锐斯 HV 蓄电池与其他高压元件的关系

普锐斯 HV 蓄电池位于汽车后部，自身带有蓄电池 ECU 及漏电检测传感器，通过电源电缆与车辆前部的各个高压元件连接。

（1）与升压转换器、变频器的连接

HV 蓄电池向外供电时，经过升压转换器，将 HV 蓄电池 DC 201.6 V 电压增加到 DC 500 V，经过变频器转换为交流电，输送到电机 MG2。

当能量回收时，变频器将 AC 500 V 电压转换成 DC 500 V 电压，经降压后给 HV 蓄电池充电。

（2）与 A/C 变频器的连接

将 HV 蓄电池的 DC 201.6 V 电压输送到空调 A/C 变频器，转换成 AC 201.6 V，为空调系统中的高压电动变频压缩机供电。

（3）与 DC-DC 转换器的连接

将 HV 蓄电池的 DC 201.6 V 电压输送到 DC-DC 转换器，并且降压为 DC 12 V，为车身电器供电，同时为备用蓄电池充电。

上述三个高压电路的连接如图 4-2-2 所示。

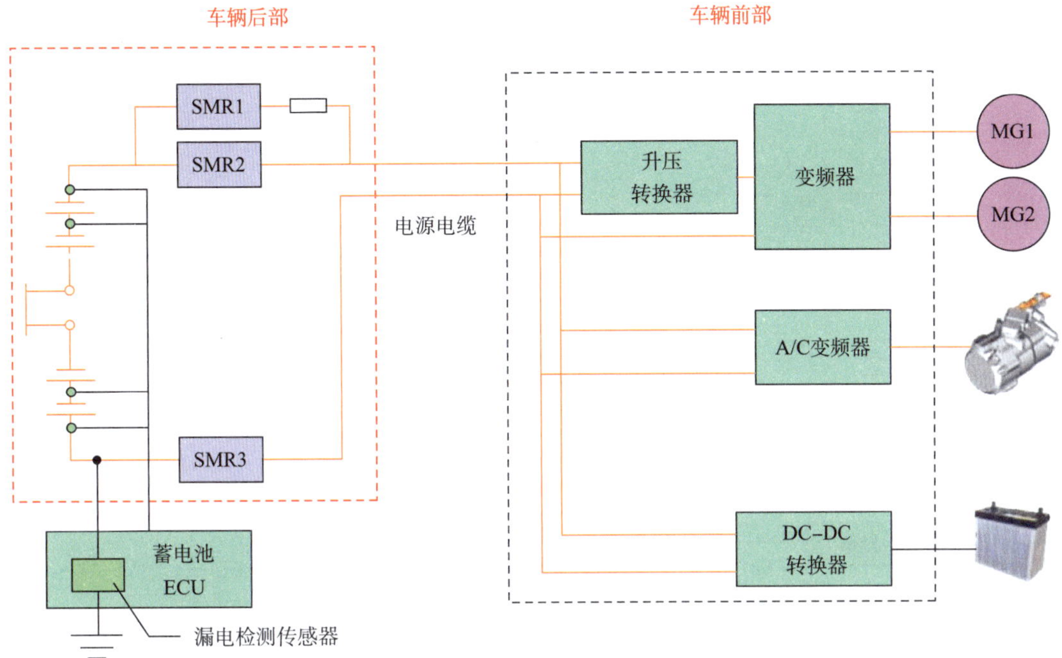

图 4-2-2 普锐斯 HV 蓄电池与其他高压元件的连接

2. 普锐斯 HV 蓄电池与其他低压元件的关系

普锐斯 HV 蓄电池的主要工作均受到 HV ECU 的控制。

（1）与信号输入元件的连接

HV ECU 需要采集各个传感器元件的输入信号，方便对 HV 蓄电池的工作进行控制。

1）电源线路输入信号

当驾驶人点击车辆电源开关，此信号报送给电源控制 ECU，电源控制 ECU 将起动信号报送给 HV ECU，告知车辆的上电起动信息。

2）安全线路输入信号

安全气囊传感器总成、断路传感器、互锁开关（检修塞）和互锁开关（变频器盖）将各自的信号报送给 HV ECU。

3）电流传感器输入信号

电流传感器在 HV 蓄电池的负极，实时监测动力蓄电池的负极电流，监测动力蓄电池的能量输入和输出，对于 HV 蓄电池的 SOC 检测具有重要的意义。

（2）与信号输出元件的连接

HV ECU 收集到各个传感器信号后，控制预充接触器 SMR1、正极接触器 SMR2、负极接触器 SMR3 和 HV 蓄电池的工作，如图 4-2-3 所示。

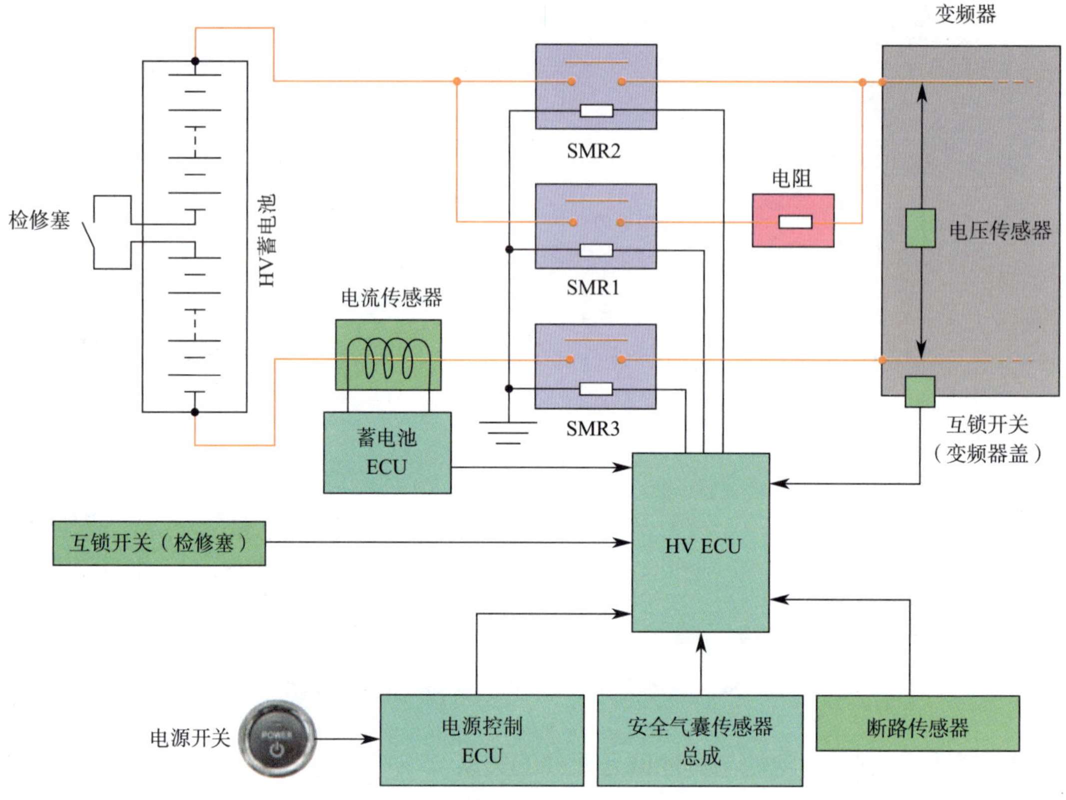

图 4-2-3　普锐斯 HV 蓄电池与其他低压元件的关系

3. 普锐斯 HV 蓄电池 ECU 的控制关系

第三代普锐斯 HV 蓄电池由 28 个镍氢电池模块组成，镍氢电池总电压为 201.6 V，体积约为 35.5 L。

（1）传感器信号输入

HV 蓄电池的负极电流传感器监测动力蓄电池负极，将信号输入蓄电池 ECU。BMS 对其采取每两个模块为一组的方式进行电压监测，所以共有 14 根电压监测线。此外，还有 4 个温度传感器监测温度信号。

（2）与其他 ECU 的联系

蓄电池 ECU 与 HV ECU、发动机 ECU、网关 ECU（联络空调 ECU）均有联系。

（3）与执行器的联系

蓄电池 ECU 控制蓄电池冷却风扇继电器、蓄电池冷却风扇控制器和蓄电池冷却风扇电机。

上述联系如图 4-2-4 所示。

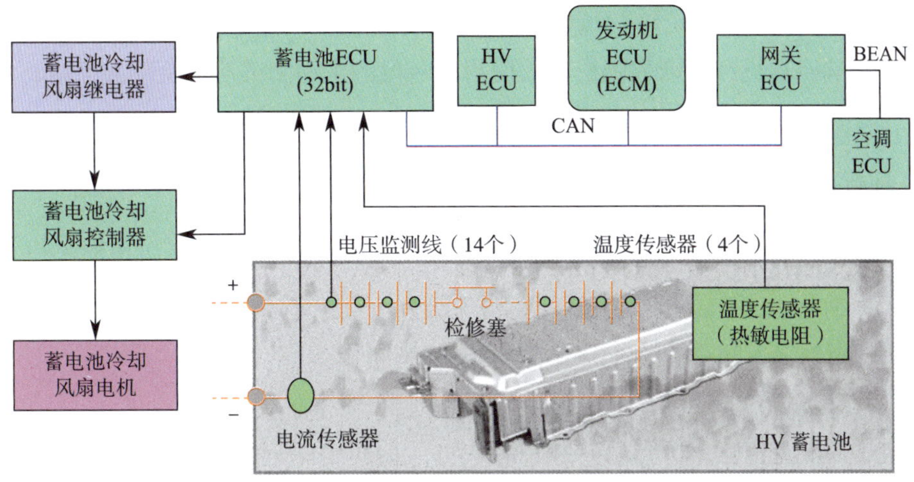

图 4-2-4 普锐斯 HV 蓄电池 ECU 的控制关系

任务实施

混合动力系统主警告灯点亮故障排查

1. 作业前准备

首先按照以下说明，完成相关作业前的准备工作。

（1）检查隔离栏，放置安全警示牌、灭火器。

（2）做好车辆防护及车辆预检。

（3）做好绝缘手套、绝缘鞋等防护用品的检查。

（4）做好诊断仪型号、解码器外观和 OBD 诊断接头的检查。

2. 故障现象

仪表显示 HV 蓄电池故障，诊断仪检查结果表明 HV 蓄电池温度高。

3. 故障原因分析

组合仪表混合动力系统主警告灯点亮，表明该车的 HV 系统存在故障，自检没有通过。同时，多信息显示屏显示 HV 蓄电池警告标识，说明混合动力系统的 HV 蓄电池也存在故障，自检也没有通过。这类故障通常有故障码可以读取，通过读取故障码诊断丰田普锐斯复杂的 HV 系统故障是十分必要的。

于是，维修人员连接故障诊断仪，读取到如下故障码：

POA81（05-673）混合动力蓄电池组冷却风扇 1

POA82（05-675）混合动力蓄电池组冷却风扇 1

POA85（05-677）混合动力蓄电池组冷却风扇 1

考虑到解码器已经读取故障码，故使用诊断仪的主动测试功能驱动鼓风机，发现驱动失败，且不能从数据流中看到鼓风机电机的转速。

4. 鼓风机电机控制电路

鼓风机电机的功能是控制调节蓄电池鼓风机总成的电压。鼓风机电机控制电路如图 4-2-5 所示。电流从蓄电池 ECU 的 FCTL1 端子流出，流入蓄电池鼓风机的继电器线圈。当继电器通电闭合时，则向电池鼓风机总成供电。

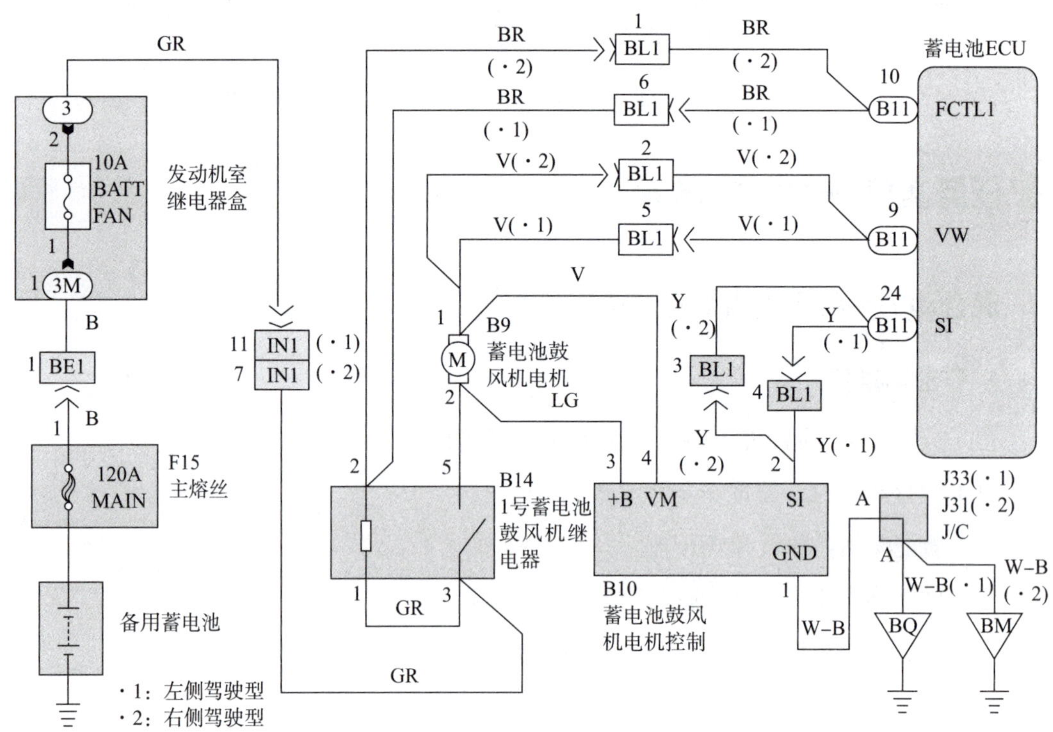

图 4-2-5 鼓风机电机控制电路

当蓄电池 ECU 输出风扇运行信号时，鼓风机电机控制调节施加给蓄电池鼓风机总成的电压，以获得需要的风扇转速。调节信号的同时以监测信号的形式输送给电池管理模块的 VM 端子，鼓风机电机通过监测蓄电池鼓风机总成的 +B 端子的电压纠正鼓风机电机的电压。

5. 诊断步骤

考虑到鼓风机不运转，因此从电源的初始起点从前往后检查。

（1）检查风扇熔丝（10 A）

1）从发动机舱熔丝盒（图 4-2-6）上拆下风扇熔丝。

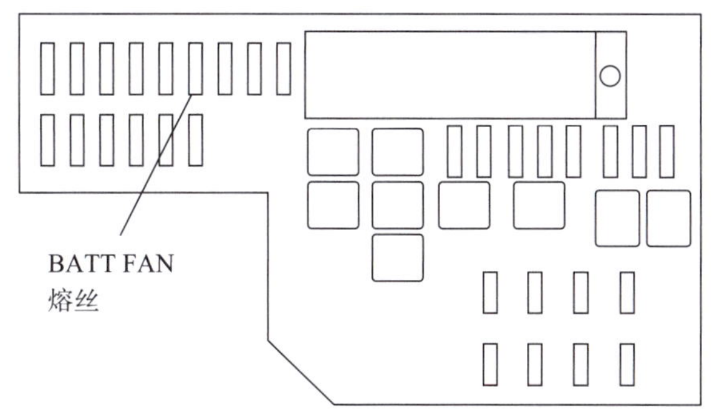

图 4-2-6 发动机舱熔丝盒

2）检查风扇熔丝电阻，标准值小于 1 Ω。

（2）检查鼓风机继电器

拆下蓄电池鼓风机继电器，如图 4-2-7 所示。

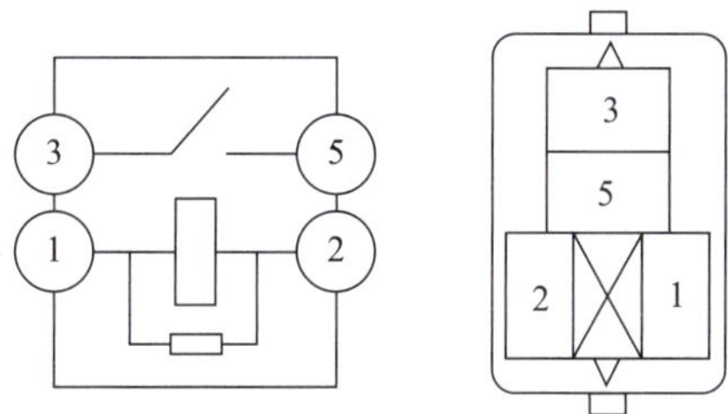

图 4-2-7 蓄电池鼓风机继电器端子

测量继电器端子间的电阻，电阻标准值如表 4-2-3 所示。

表 4-2-3 继电器端子间电阻标准值

万用表连接	标准值
3-5	≥10 kΩ
3-5	<1 Ω（在端子 1 和 2 之间加蓄电池电压）

（3）检查鼓风机总成

1）断开 B9 蓄电池鼓风机总成连接器（图 4-2-8）。

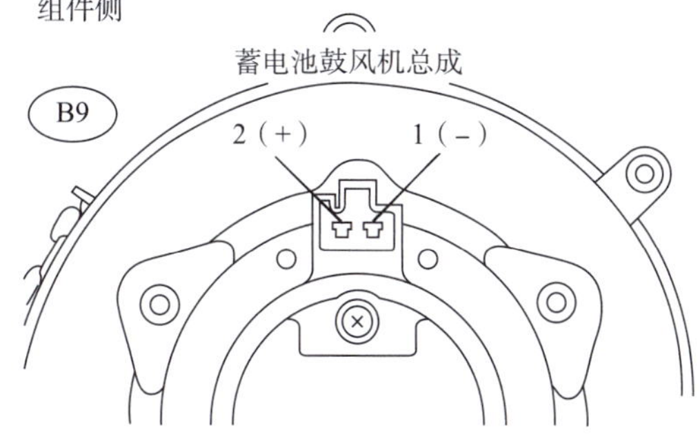

图 4-2-8 蓄电池鼓风机总成连接器

2）将蓄电池正极端子连接至蓄电池鼓风机总成连接器端子 2，蓄电池负极端子连接至连接器端子 1。

3）施加电压，检查鼓风机风扇运转情况。鼓风机风扇运转，说明风扇电机正常。

（4）检查线束与连接器

1）检查鼓风机继电器的风扇熔丝线束与连接器，如图 4-2-9 所示。

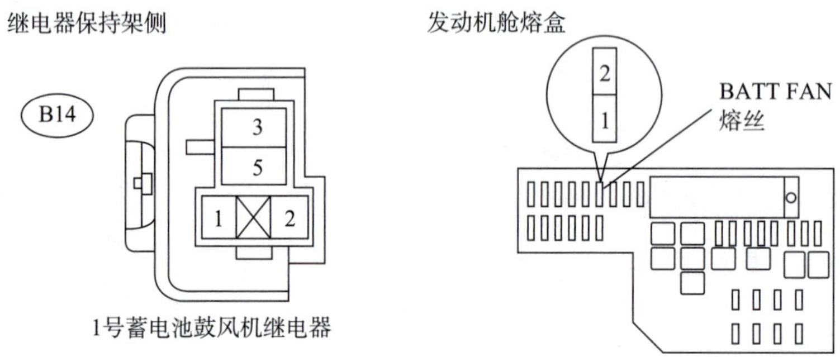

图 4-2-9　鼓风机风扇熔丝线束与连接器

①从发动机舱拆下风扇熔丝，拆下 B14 蓄电池鼓风机继电器。

②测量线束侧连接器间的电阻，标准值（开路检查）如表 4-2-4 所示。

表 4-2-4　线束连接器间电阻标准值

万用表连接	标准值
1 号蓄电池鼓风机继电器（B14-1 和 3）-BATT FAN 熔丝（2）	<1 Ω

2）检查蓄电池鼓风机继电器与鼓风机总成之间的线束与连接器，如图 4-2-10 所示。

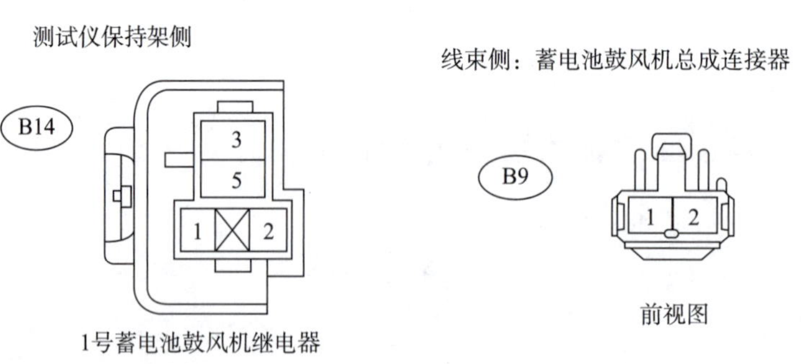

图 4-2-10　1 号蓄电池鼓风机继电器与连接器

①断开 B14 蓄电池鼓风机继电器。

②拆下 B9 蓄电池鼓风机总成连接器。

③测量线束连接器间的电阻，标准值（开路检查）见表 4-2-5。

表 4-2-5　　线束连接器间电阻标准值

万用表连接	标准值
1 号蓄电池鼓风机继电器（B14-5）- 蓄电池鼓风机总成（B9-2）	<1 Ω

3）检查蓄电池鼓风机总成与鼓风机电机控制器之间的线束与连接器，如图 4-2-11 所示。

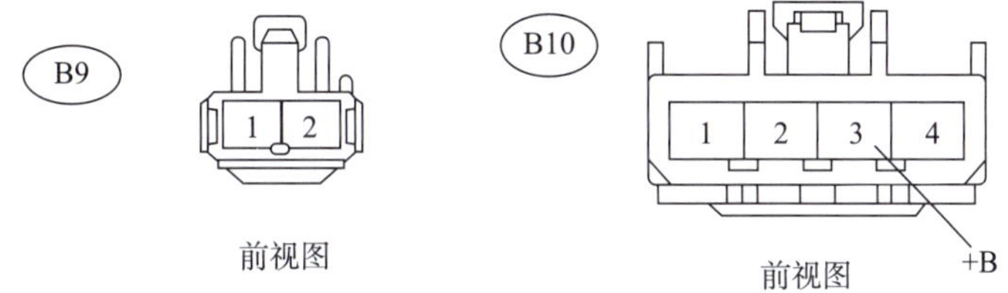

图 4-2-11　蓄电池鼓风机总成与鼓风机电机控制器之间的线束与连接器

①断开 B9 蓄电池鼓风机总成连接器。

②拆下 B10 蓄电池鼓风机电机控制连接器。

③检查线束连接器间的电阻，标准值（开路检查）见表 4-2-6。

表 4-2-6　　线束连接器间电阻标准值

万用表连接	标准值
蓄电池鼓风机总成（B9-2）- 蓄电池鼓风机电机控制器（B10-3）	<1 Ω

4）检查蓄电池鼓风机总成与电池管理模块之间的线束与连接器，如图 4-2-12 所示。

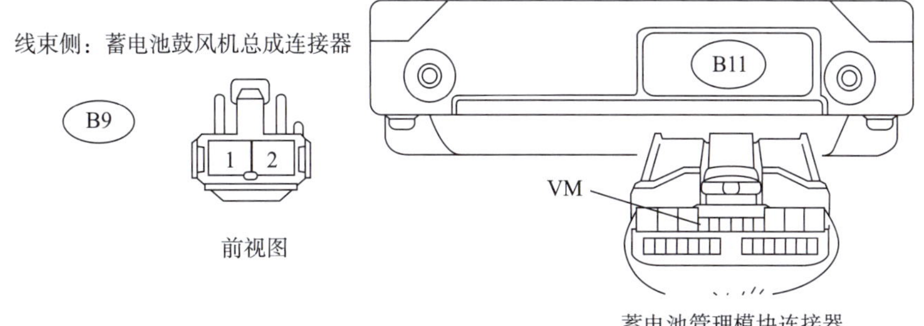

图 4-2-12　蓄电池鼓风机总成与电池管理模块之间的线束与连接器

①断开 B9 蓄电池鼓风机总成连接器。

②拆下 B11 电池管理模块连接器。

③检查线束连接器间、接地的电阻，标准值（开路检查）见表 4-2-7。

表 4-2-7　线束连接器间、接地电阻标准值

万用表连接	标准值
蓄电池鼓风机总成（B9-1）- 蓄电池管理模块（B11-9）	<1 Ω
蓄电池鼓风机总成（B9-1）或蓄电池管理模块（B11-9）- 车身接地	≥10 kΩ

5）检查蓄电池鼓风机总成与鼓风机电机控制器之间的线束与连接器，如图 4-2-13 所示。

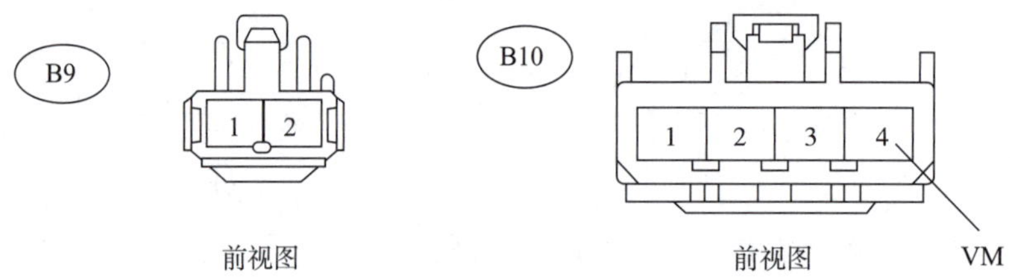

图 4-2-13　蓄电池鼓风机总成与鼓风机电机控制器之间的线束与连接器

①断开 B9 蓄电池鼓风机总成连接器。

②拆下 B10 蓄电池鼓风机电机控制连接器。

③检查线束连接器间、接地的电阻，标准值（开路检查）见表 4-2-8。

表 4-2-8　线束连接器间、接地电阻标准值

万用表连接	标准值
蓄电池鼓风机总成（B9-1）- 蓄电池鼓风机电机控制器（B10-4）	<1 Ω
蓄电池鼓风机总成（B9-1）或蓄电池鼓风机电机控制器（B10-4）- 车身接地	≥10 kΩ

6）检查蓄电池鼓风机继电器与电池管理模块之间的线束与连接器，如图 4-2-14 所示。

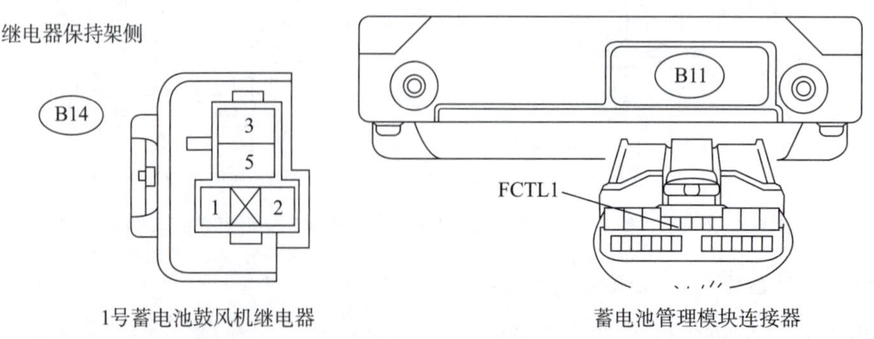

图 4-2-14　蓄电池鼓风机继电器与电池管理模块之间的线束与连接器

①断开 B14 蓄电池鼓风机继电器。

②拆下 B11 电池管理模块连接器。

③检查线束连接器间、接地的电阻，标准值（开路检查）见表 4-2-9。

表 4-2-9　　线束连接器间、接地电阻标准值

万用表连接	标准值
1 号蓄电池鼓风机继电器（B14-2）- 蓄电池管理模块（B11-10）	<1 Ω
1 号蓄电池鼓风机继电器（B14-2）或蓄电池管理模块（B11-10）- 车身接地	≥10 kΩ

（5）更换动力蓄电池 ECU

以上检查均正常，则需要更换动力蓄电池 ECU。

思考与练习

1. 简述混合动力汽车动力蓄电池系统的常见故障。
2. 混合动力汽车动力蓄电池系统故障的现象有哪些?
3. 参照图 4-2-15，简述蓄电池鼓风机继电器的检查方法。

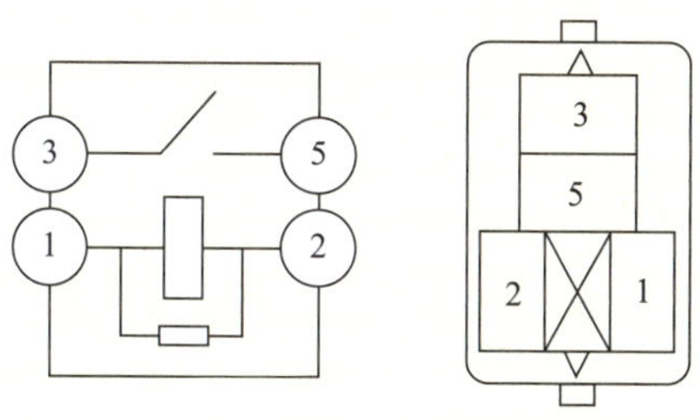

图 4-2-15　蓄电池鼓风机继电器端子

课题三 | 动力蓄电池评估

学习目标

1. 掌握动力蓄电池性能评估的方法。

2. 掌握动力蓄电池安全性能评估方法与作业规范。
3. 掌握动力蓄电池包绝缘电阻的测量方法。

任务描述：

一辆比亚迪 e5 型汽车（2017 款）由于天气原因被浸水，一直无法充电，最初怀疑是充电设备的问题，但更换充电设备后仍无法充电。现在车主将汽车开到维修店维修，你的主管要求你依据上述故障现象，对该故障车进行故障诊断与排除。

任务分析：

结合本故障案例，考虑到纯电动汽车已经浸水，导致无法充电，应从充电系统和动力蓄电池两个方向查找问题。因此，需要对动力蓄电池进行评估。

相关理论

一、纯电动与混动汽车的动力蓄电池

新能源汽车的常见类型包括纯电动汽车、插电混合动力汽车、混合动力汽车等，它们都会用到车载动力蓄电池，但搭载在不同类型新能源汽车上的动力蓄电池有明显的区别。

1. 动力蓄电池的性能对比

不同型号的动力蓄电池在额定容量、交流内阻等性能方面有不同的表现，具体见表 4-3-1。

表 4-3-1　几种不同型号的动力蓄电池的相关参数

电池型号	PF50N	PF37N	PF25N	PF25M
额定电压 /V	3.2	3.2	3.2	3.2
额定容量 /（A·h）	50	37	25	25
长 × 宽 × 高 /mm	242 × 141 × 16.5	242 × 141 × 12.5	238 × 141 × 8.5	238 × 92 × 13.3
重量 /kg	1 060	770	530	530
交流内阻 /mΩ	<1.5	<1.5	<2.5	<2.5
最大持续放电电流 /A	150	111	75	75

续表

电池型号	PF50N	PF37N	PF25N	PF25M
10 s 峰值放电电流 /A	200	148	100	100
充电温度 /℃	0～50	0～50	0～50	0～50
放电温度 /℃	-20～60	-20～60	-20～60	-20～60
存储温度 /℃	-30～65	-30～65	-30～65	-30～65
循环寿命 / 次	>6 000	>6 000	>6 000	>6 000

电池性能参数包含众多维度，其中很多性能是相斥的。例如，能量密度和功率密度不可兼得，能量密度高的电池，活性物质较厚，导电剂较少，导致其功率密度较低；而功率密度高的电池，活性物质较薄，导电剂较多，导致其能量密度较低。所以需要根据需求来选择合适的电池。

2. 不同类型新能源汽车的特点

从电池的应用特点上看，电动汽车（EV）与插电混动汽车（PHEV）电池的主要功能是储存行驶所需的能量，目前 PHEV 的纯电续驶里程在 50 km 以上，因此国内 PHEV 车型所携带电池的能量普遍在 10 kW·h 以上，有些 EV 车型甚至已经达到了 100 kW·h 的量级。

但在混动汽车（HEV）中，电池的主要功能是提高发动机的燃油经济性，弥补发动机从低速开始加速（驱动）和减速能量回收（再生）的短板。在这类应用中，各 HEV 所携带电池的能量普遍在 2 kW·h 以内。各种不同混合动力汽车的功能、参数特点见表 4-3-2。

表 4-3-2　　不同混合动力汽车的功能、参数特点

功能 / 参数	自动启停	微混	弱混	中混	强混	混合策略混动	增程式混动
减少怠速	√	√	√	√	√	√	√
动能回收	—	√	√	√	√	√	√
停机滑行	—	可能有	√	√	√	√	√
加速助力	—	—	√	√	√	√	√

续表

功能 / 参数	自动启停	微混	弱混	中混	强混	混合策略混动	增程式混动
纯电行驶	—	—	—	可能有	√	√	√
高速纯电	—	—	—	—	可能有	√	√
全工况纯电	—	—	—	—	—	—	√
主电机功率 /kW	2～3	5～6	10～15	15～20	30～55	50～100	85～160
电池电压 / V	12	12～25	36～48	110～160	200～280	320～420	320～420
电池容量 /（A·h）	0.1～0.2	0.2～0.4	0.25～0.5	0.5～1	1.3～1.6	4.4～4.8	15～30
电池类型	铅酸蓄电池	铅酸蓄电池	铅酸蓄电池	镍氢蓄电池	镍氢 / 锂离子蓄电池	锂离子蓄电池	锂离子蓄电池
节省燃油	2%～4%	4%～7%	8%～12%	15%～20%	25%～35%	—	—
纯电续驶 / km	—	—	—	—	—	17～40	55～120
常见构型	P0/P1	P0/P1	P0/P1/P2/P3/P4	P0/P1/PS	P2/PS/P3/P2P4/串并联 / PSD	P2/PS/P0P4/P2P4/串并联 / PSD	PS/P4/P1P4/串联 / PSD

3. 不同电池的浅充浅放特性

由于发动机与电驱动系统的互动，混动系统电池面临更为复杂的工况需求（频繁的大倍率充放电输出与切换）。而在驱动策略上，HEV 和 PHEV 的逻辑显然更为复杂，电动部分的能量流相对于 EV 的变化和转换更加频繁。但无论是哪种电池，对于“浅充浅放”的超短循环都有不可回避的硬性需求。

据研究，锂离子蓄电池和镍氢蓄电池在应对“浅充浅放”上具有非常优秀的表现，已经完全具备了实用性。日本的丰田普锐斯混合动力汽车曾长期坚持使用镍氢蓄电池，除了早期锂离子蓄电池不成熟、成本较高等因素以外，镍氢蓄电池极为优秀的“浅充浅

放”特性也是重要因素之一。

4. 纯电动汽车与混动汽车电池的充放电速率

由于纯电动汽车和混动汽车的载电量存在巨大的差距，因此充电速率的差异也十分明显。例如，对于 10 kW 的功率需求，EV 的充电电流为 1 C，而 HEV 的充电电流则高达 10 C。这就直接决定了大载电量的 EV 与小载电量的 HEV 在选择电池时，对于功率特性的需求不同。EV 更加关注电池的能量密度和功率密度，而 HEV 侧重于电池的超高功率密度。

5. 混动汽车动力蓄电池的 CS 区间

在混动汽车中，电池都会设定一个电荷维持（charge sustaining，CS）区间，以应对混动状况下频繁且大电流的充放电需求。解决方案就是根据预期的大功率需求情况，选取电池的一个合适的 SOC 区间作为 CS 区间。在 CS 区间内，电池应对功率需求场景时，安全、寿命等性能都能达到一个比较均衡、可以接受的结果。

三种不同车型的 CS 区间如图 4-3-1 所示。

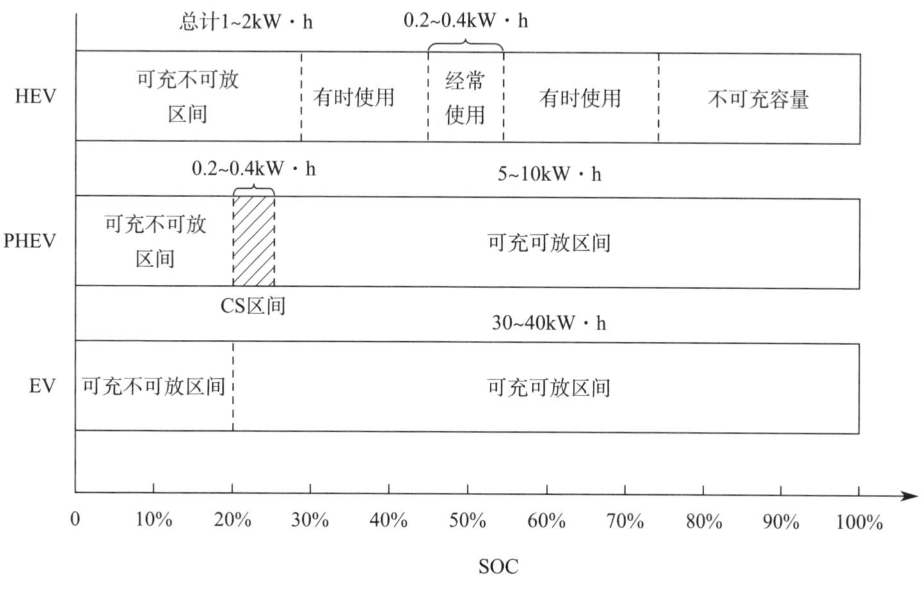

图 4-3-1 三种不同车型的 CS 区间

对于混动汽车的动力蓄电池，由于电池能量只有 1～2 kW · h，因此 HEV 的 CS 区间大约对应 45%～55% 的 SOC 区间，对应 0.2～0.4 kW · h 的能量使用范围，HEV 的 CS 区间非常狭窄。

对于插电混动汽车的动力蓄电池，由于电池能量只有 5～10 kW · h，因此 PHEV 的 CS 区间大约对应 23%～28% 的 SOC 区间，对应 0.2～0.4 kW · h 的能量使用范围，PHEV 的 CS 区间也比较狭窄。

对于纯电动汽车的动力蓄电池而言，不存在 CS 区间。

二、动力蓄电池评估指标

动力蓄电池的性能评估包括动力蓄电池包的性能评估和动力蓄电池包的安全性能评估两个方面。

1. 动力蓄电池包性能评估

动力蓄电池包的性能包括容量性能、充放电性能、温度特性、循环衰减特性、充放循环特性、储存衰减特性、自放电特性和在不同荷电状态下的静态电压特性等。

（1）容量性能评估

动力蓄电池的额定容量为：在环境温度为（25±3）℃条件下，充满电的电池以额定电流（或者额定功率）放电至终止电压时所能提供的电量，单位为安时。容量比是指动力蓄电池吸收或释放电荷的能力。对于某动力蓄电池而言，容量比与温度的关系如图 4-3-2 所示。

由图 4-3-2 可知，在低温状况下，动力蓄电池容量比较小，温度越高，容量比越大。同时，这款动力蓄电池在 -30 ℃的低温下，仍可保持 90% 以上的容量输出。

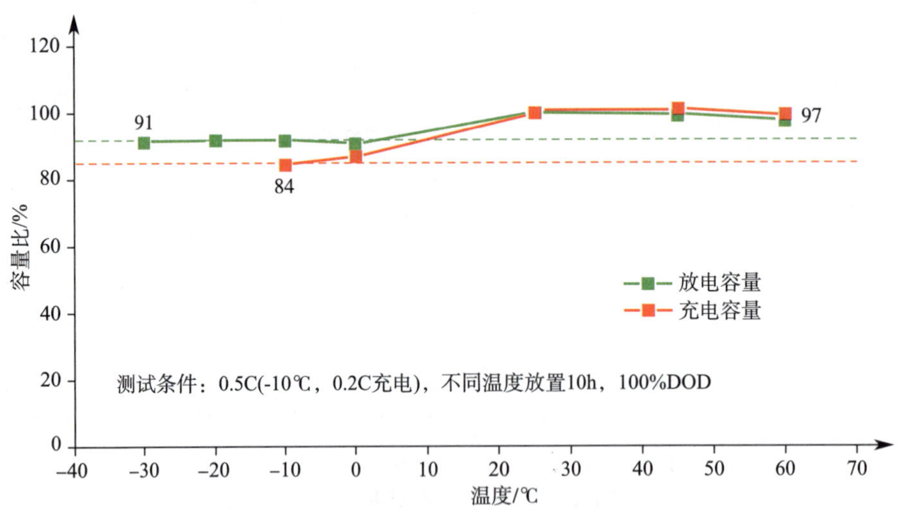

图 4-3-2　动力蓄电池容量比与温度的关系

（2）充放电性能评估

动力蓄电池充放电性能评估即观察充放电电流与能量效率的关系，如图 4-3-3 所示。由图可知，充放电电流越大，能量效率越低。这也说明，为了维持纯电动汽车的续驶里程，可以在中小电流状态下行驶。

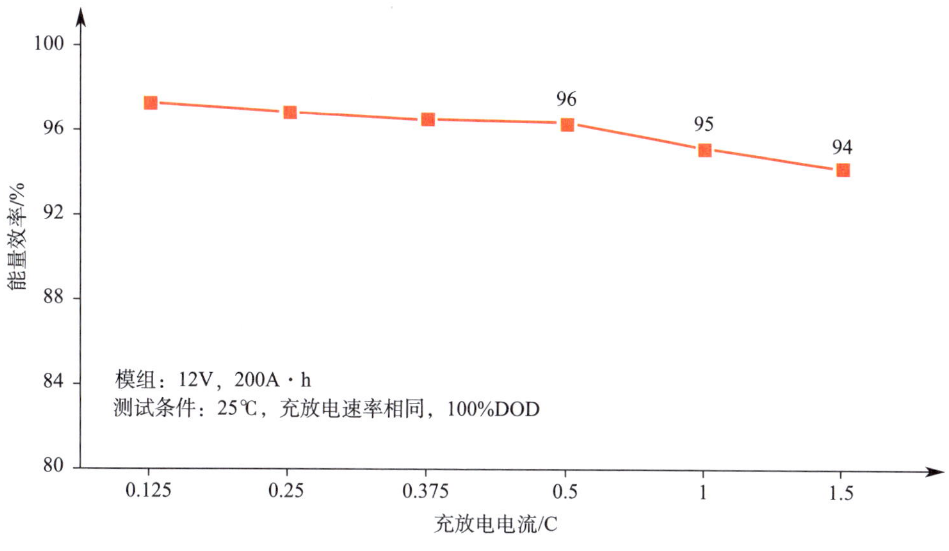

图 4-3-3 动力蓄电池能量效率与充放电电流的关系

此外，动力蓄电池的材料与组成不同，能量效率也不同。这款电池的充放电电流在 0.5 C 以下时，能量效率达 96% 以上，而同等情况下的铅酸蓄电池能量效率低于 80%。两者相比，装备这款动力蓄电池的新能源汽车具有更好的节能效果。

（3）温度特性评估

动力蓄电池的温度特性与其内阻大小紧密相关。图 4-3-4 所示为某款动力蓄电池在不同充放电电流下的温升情况，由图可知，容量为 200 A·h 的电池以 1 C 的电流进行充放电，温升在 5 ℃左右，这与其很高的能量效率是一致的。

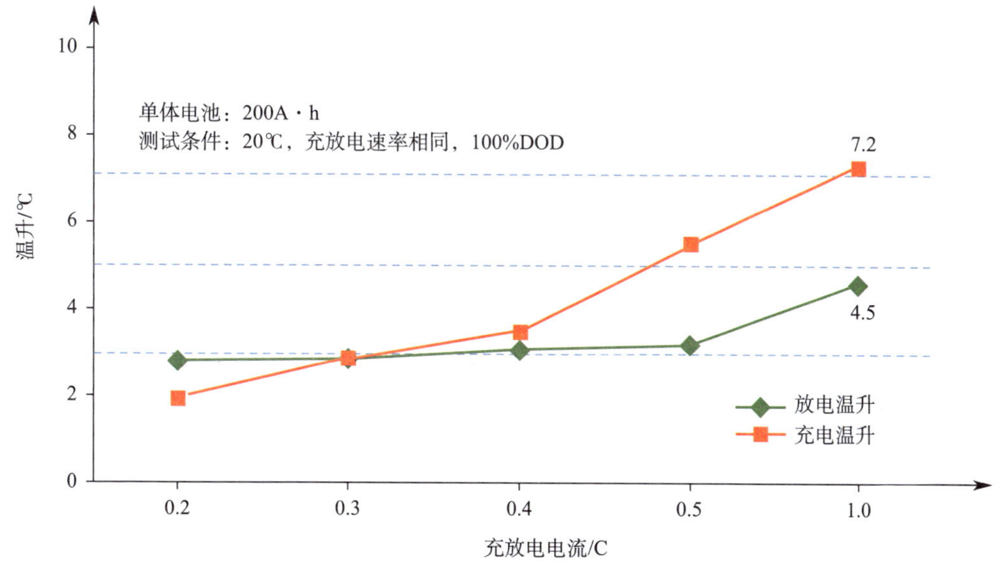

图 4-3-4 动力蓄电池温升与充放电电流的关系

（4）循环衰减特性评估

动力蓄电池的容量保持率随着循环次数的增加而降低，如图 4-3-5 所示，当循环次数达到 4 000 次时，容量保持率为 80%。

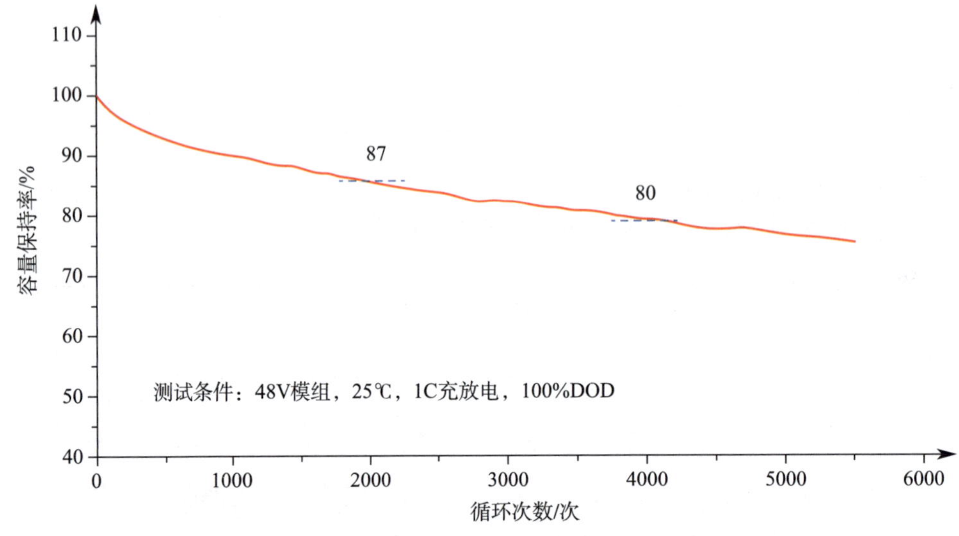

图 4-3-5　动力蓄电池的容量保持率与循环次数的关系

动力蓄电池的容量保持率与充放电电流大小也有关系。在相同的循环次数下，充放电电流越大，容量保持率越低，如图 4-3-6 所示。

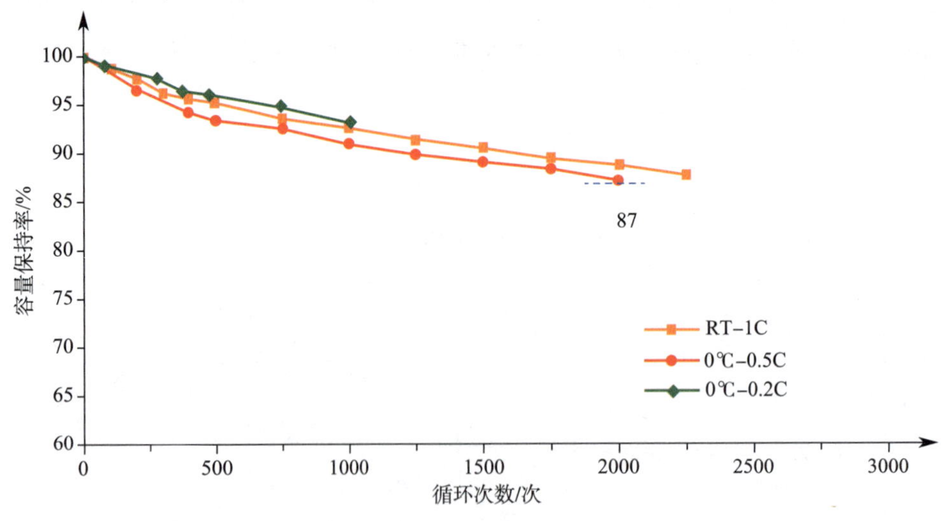

图 4-3-6　动力蓄电池的容量保持率与充放电电流的关系

（5）充放循环特性评估

通常情况下，锂电池的放电深度越深，电池寿命越短。比亚迪磷酸铁锂动力蓄电池在不同的 DOD 下，容量保持率与总能量输出的关系曲线几乎重叠。由于该蓄电池没有

记忆效应，不同的 DOD 循环对电池寿命几乎无影响。因此，对于磷酸铁锂动力蓄电池而言，任何时候充电或放电都是允许的，不必在放电结束后才开始充电。

（6）储存衰减特性评估

荷电状态和温度对电池容量的衰减速率有较大的影响。动力蓄电池在不同荷电状态下的衰减速率有所不同，SOC 越小，衰减速度越缓慢，如图 4-3-7 所示。

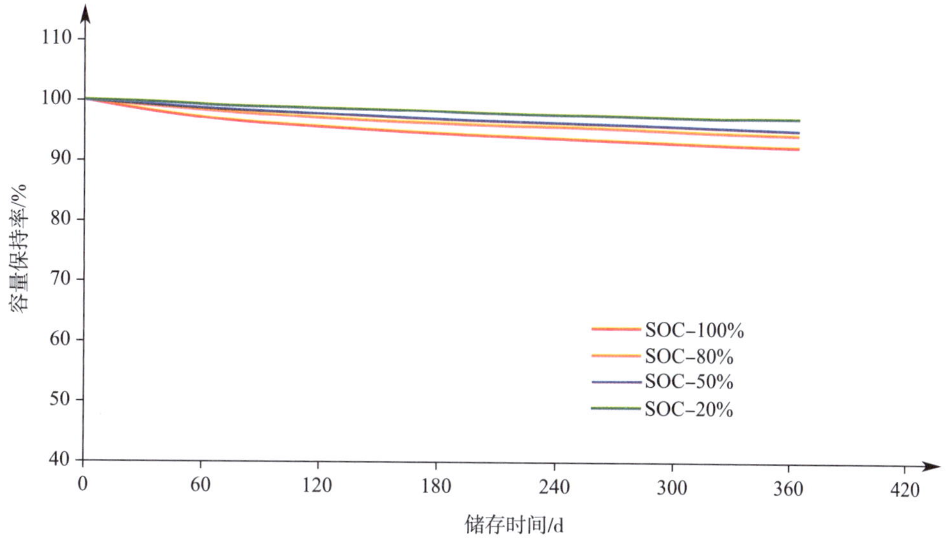

图 4-3-7 不同荷电状态下的储存衰减特性

同时，温度的变化也对容量的衰减速率有较大影响，如图 4-3-8 所示。一般来说，动力蓄电池在较小 SOC 和较低温度下储存，有利于衰减的延缓；相反，在较大的 SOC 和较高的温度下，容量衰减速率会加快，所以应尽量把电动汽车置于温度较低的环境中。

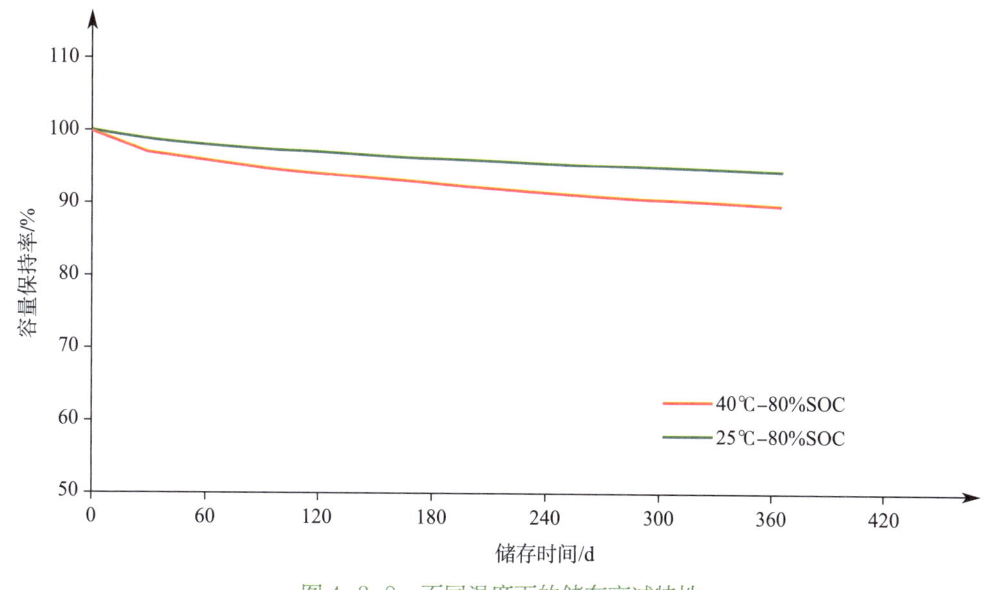

图 4-3-8 不同温度下的储存衰减特性

（7）自放电特性评估

动力蓄电池的自放电特性与荷电状态相关。SOC 越大，电池的自放电率越高；SOC 越小，电池的自放电率越低，如图 4-3-9 所示。

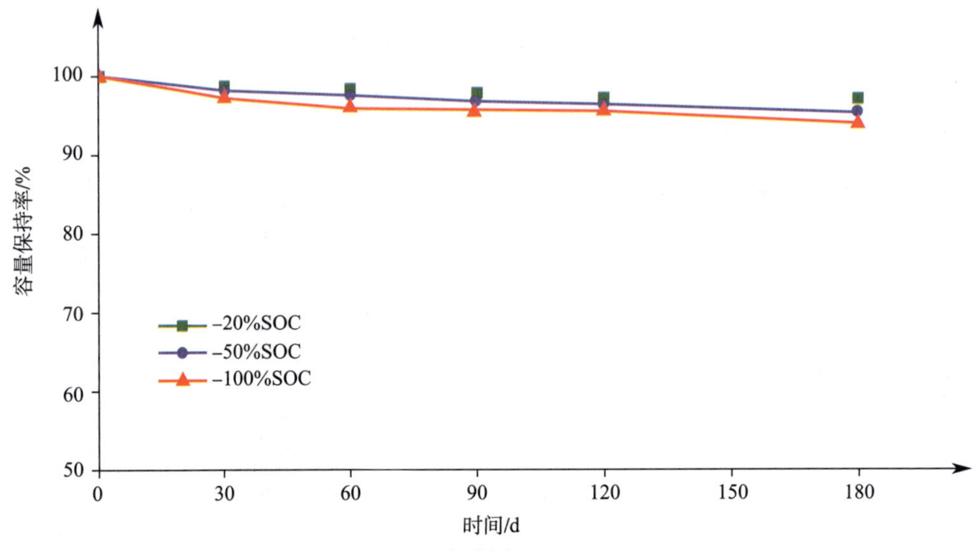

图 4-3-9　动力蓄电池的自放电特性与荷电状态的关系

（8）不同 SOC 下的静态电压特性评估

不同 SOC 下的静态电压特性如图 4-3-10 所示，由图可知，当 SOC 较小时，电池电压随 SOC 的增大迅速增加；当 SOC 增大到一定水平后，电压的增加速率放缓，趋于不变。

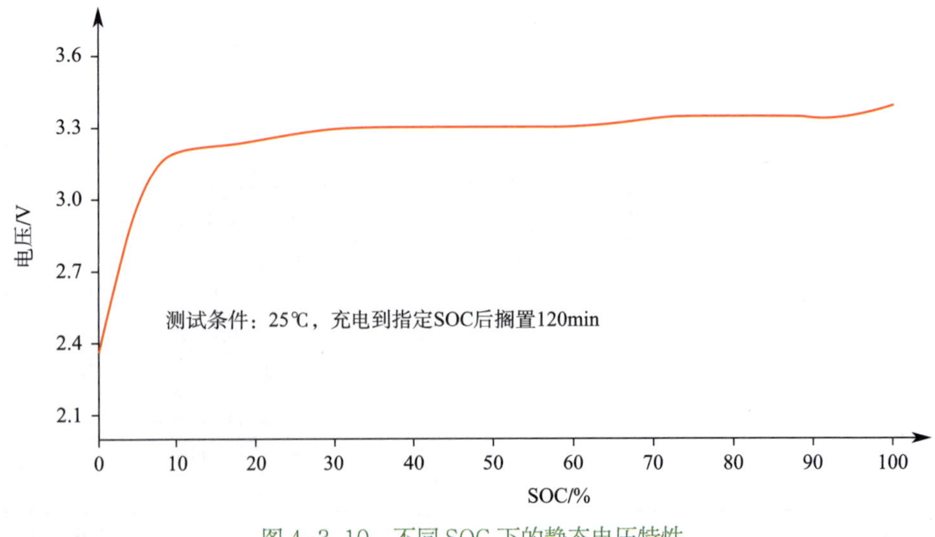

图 4-3-10　不同 SOC 下的静态电压特性

2. 动力蓄电池安全性试验

参考《电动汽车用动力蓄电池安全要求及试验方法》(GB/T 31485—2015)，动力蓄电池的安全性试验包括以下 10 种类型，试验项目和要求见表 4-3-3。

表 4-3-3 动力蓄电池（单体 / 模组）安全性试验项目及要求

序号	项目	要求
1	过放电	不爆炸、不起火、不漏液
2	过充电	不爆炸、不起火
3	短路	不爆炸、不起火
4	跌落	不爆炸、不起火、不漏液（锂离子电池） 不爆炸、不起火（镍氢蓄电池）
5	加热	不爆炸、不起火
6	挤压	不爆炸、不起火
7	针刺	不爆炸、不起火
8	海水浸泡	不爆炸、不起火
9	温度循环	不爆炸、不起火、不漏液
10	低气压	不爆炸、不起火、不漏液

单体蓄电池安全性试验内容如下（蓄电池模块安全性试验内容可自行查阅）:

（1）过放电测试

测试设备：动力电池测试柜。

测试方法：以 1 I_1（A）电流放电 90 min。

电池过放电设备及实物如图 4-3-11 所示。

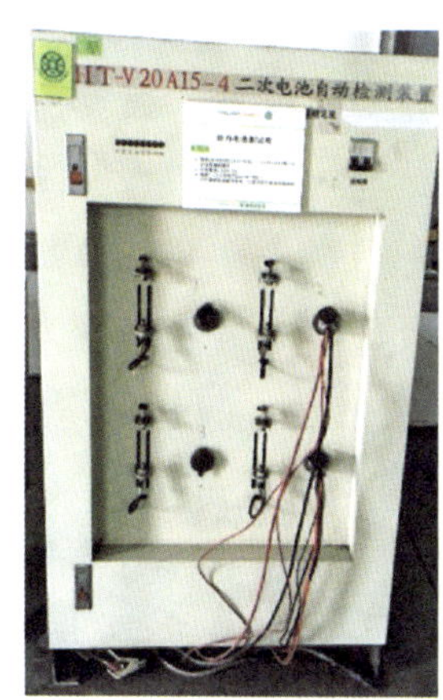

图 4-3-11 电池过放电设备及实物

（2）过充电测试

测试设备：动力电池测试柜、防爆箱。

测试方法：以 1 I_1（A）电流恒流充电至企业技术条件中规定的终止电压的 1.5 倍或充电时间达 1 h 后停止充电。

其中 I_1 为 1 h 率放电电流，其数值等于 C_1（A），C_1 为 1 h 率额定容量（A·h）。

钛酸锂电池过充电曲线及实物如图 4-3-12 所示。

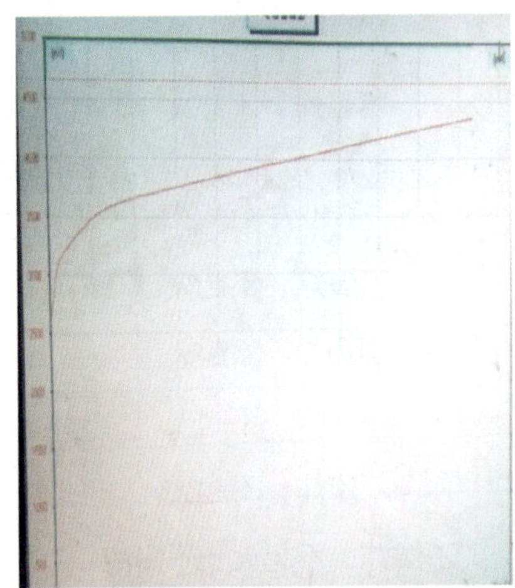

图 4-3-12 钛酸钾电池过充电曲线及实物

（3）短路测试

测试设备：短路测试机。

测试方法：将电池经外部短路 10 min，外部线路电阻应小于 5 mΩ。

短路测试的电池如图 4-3-13 所示。

图 4-3-13 短路测试电池

（4）跌落测试

测试设备：跌落试验机。

测试方法：电芯端子向下从 1.5 m 高度处自由跌落到水泥地面上。

跌落测试设备及跌落测试后的电池如图 4-3-14 所示。

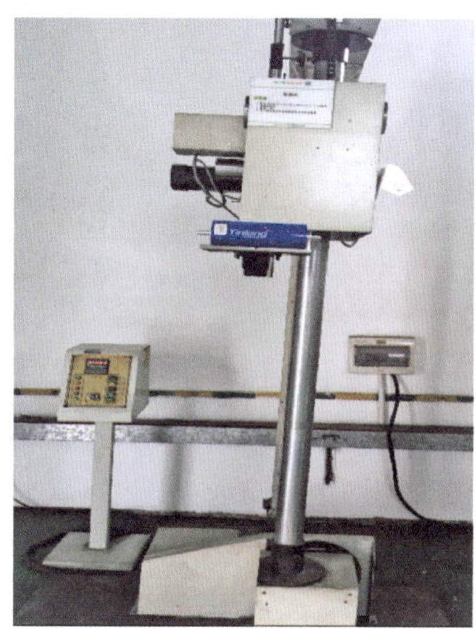

图 4-3-14　跌落测试设备及跌落测试后的电池

（5）加热测试

测试设备：温度箱。

测试方法：将电芯放入温度箱中，按 5 ℃/min 的速率升温至（130±2）℃，保持 30 min（锂离子蓄电池）；或按 5 ℃/min 的速率升温至（85±2）℃，保持 2 h。

加热测试后的电池如图 4-3-15 所示。

（6）挤压测试

测试设备：大电池挤压针刺试验机。

测试方法：

1）挤压方向：垂直于电芯极板。

2）挤压板形式：半径 75 mm 的半圆柱体，半圆柱体的长度大于被挤压电芯的尺寸。

3）挤压速度：（5±1）mm/s。

4）挤压程度：电芯电压变为 0 或变形量达到 30% 或挤压力达到 200 kN 后停止挤压。

挤压测试的电池如图 4-3-16 所示。

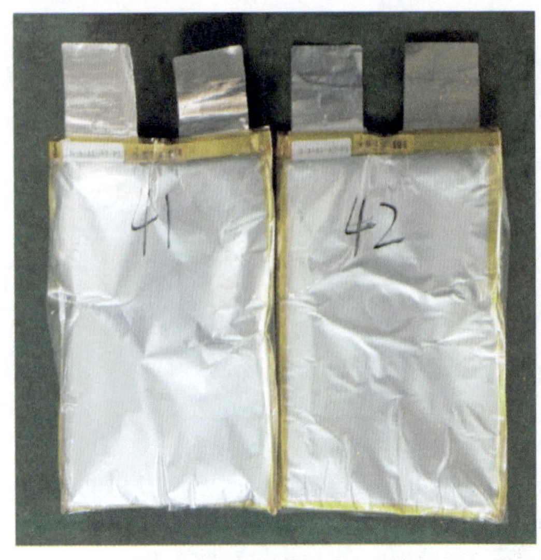

图 4-3-15　加热测试后的电池

图 4-3-16　挤压测试电池

（7）针刺测试

测试设备：大电池挤压针刺试验机。

测试方法：用直径为 5～8 mm 的耐高温钢针、以（25±5）mm/s 的速度，从垂直于电芯极板的方向贯穿。

针刺测试设备及针刺测试后的电池如图 4-3-17 所示。

图 4-3-17　针刺测试设备及针刺测试后的电池

（8）海水浸泡测试

测试设备：盐浴槽。

测试方法：将电芯浸入 3.5%（质量分数）的 NaCl 溶液中 2 h。

海水浸泡测试后的电池如图 4-3-18 所示。

图 4-3-18 海水浸泡测试后的电池

(9) 温度循环测试

测试设备：可程式高低温试验箱。

测试方法：按照表 4-3-4 的方法，循环 5 次。

表 4-3-4 温度循环测试

温度	时间增量 /min	累计时间 /min	温度变化率 / (℃·min^{-1})
25 ℃	0	0	0
25 ℃降至 -40 ℃	60	60	13/12
-40 ℃静置	90	150	0
-40 ℃升至 25 ℃	60	210	13/12
25 ℃升至 85 ℃	90	300	2/3
85 ℃静置	110	410	0
85 ℃降至 25 ℃	70	480	6/7

(10) 低气压测试

测试设备：低气压箱。

测试方法：将电芯放入低气压箱中，调节箱中气压为 11.6 kPa，温度为室温，静置 6 h，观察 1 h。

低气压测试后的电池如图 4-3-19 所示。

图 4-3-19　低气压测试后的电池

三、动力蓄电池包绝缘电阻的测量

1. 作业前准备

首先按照以下说明，完成相关作业前的准备工作。

（1）检查隔离栏，设置安全警示牌、灭火器。

（2）做好车辆防护及车辆预检。

（3）做好绝缘手套、绝缘鞋等防护用品的检查。

（4）做好诊断仪器型号、解码器外观和 OBD 诊断接头的检查。

2. 绝缘电阻的测量方法

（1）测量动力蓄电池组系统负极与托盘之间的开路电压 U_1（$U_{负}$）。

（2）测量动力蓄电池组系统正极与托盘之间的开路电压 U_1'（$U_{正}$）。

U_1 和 U_1' 的测量方法如图 4-3-20 所示。

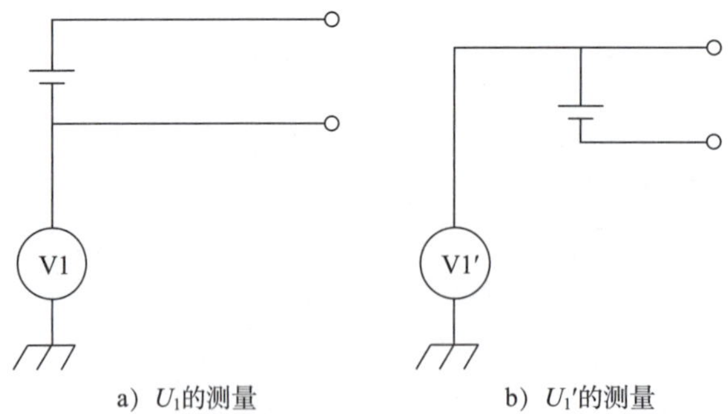

图 4-3-20　动力蓄电池组系统负、正极与托盘之间开路电压的测量

（3）比较 U_1 和 U_1'。

（4）串联电阻 R0（注：R_0=100 kΩ ± 10 kΩ）。

如果 $U_1>U_1'$，则在动力蓄电池组系统负极与托盘之间串联电阻 R0。同时，用电压

表测量 R0 两端的电压 U_2，测量方法如图 4-3-21a 所示。

如果 $U_1'>U_1$，则在动力蓄电池组系统正极与托盘之间串联电阻 R0。同时，用电压表测量 R0 两端的电压 U_2，测量方法如图 4-3-21b 所示。

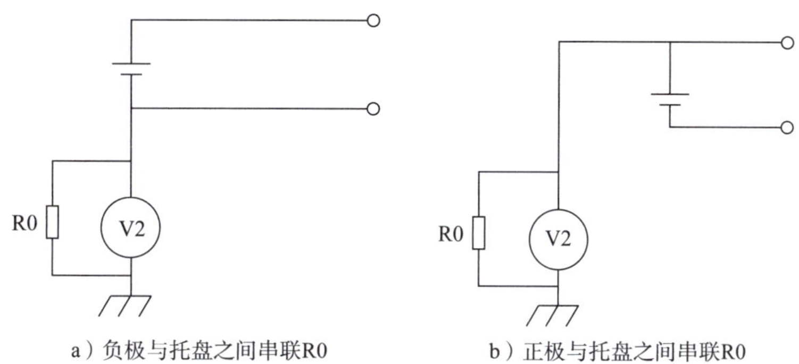

图 4-3-21 用电压表测量 R0 两端的电压

（5）计算动力蓄电池组系统的绝缘电阻。

以 $U_1>U_1'$ 为例，电路图如图 4-3-22 所示，绝缘电阻 R_i 的阻值由下式计算：

$$R_i=(U_1-U_2)\times R_0/U_2$$

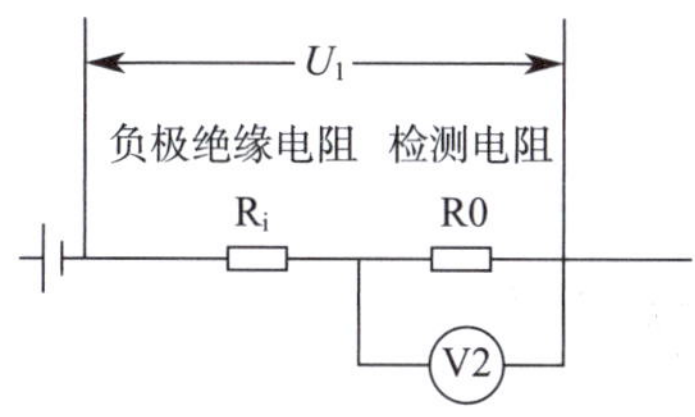

图 4-3-22 负极串联绝缘电阻 R0 电路图

由电路图可知，$\frac{U_1}{R_i+R_0}=\frac{U_2}{R_0}$，可得 $R_i=\frac{U_1-U_2}{U_2}R_0$。

3. 数据核定要求

根据要求，计算得到的绝缘电阻与动力蓄电池组系统的标称电压之比即绝缘强度应大于 500 Ω/V。若绝缘强度不满足要求，则汽车有漏电危险。新能源汽车漏电传感器的具体漏电状态及措施见表 4-3-5。

表 4-3-5 漏电传感器的漏电状态及措施

绝缘电阻	漏电状态	措施
>500 Ω/V	正常	无
100 ~ 500 Ω/V	一般漏电警报	仪表灯亮，报动力总成故障

续表

绝缘电阻	漏电状态	措施	
≤100 Ω/V	严重漏电警报	行车中	仪表灯亮，断开主接触器、分压接触器、电池包内接触器和负极接触器
		停车中	1. 禁止上电 2. 仪表灯亮，报动力系统故障
		充电中	1. 断开交流充电接触器、分压接触器、电池包内接触器和负极接触器 2. 仪表灯亮，报动力系统故障

任务实施

F3DM 动力蓄电池包绝缘电阻的测量

F3DM 动力蓄电池包由 10 个模组（每个模组 10 个单体）组成，每个单体电池电压为 3.3 V，电池包标称电压为 330 V，容量为 45 A·h，能量大约为 14.85 kW·h，检测步骤如下：

1. 用万用表测量正极对地电压，测量方法如图 4-3-23 所示，测得电压 U_1'=266.4 V。

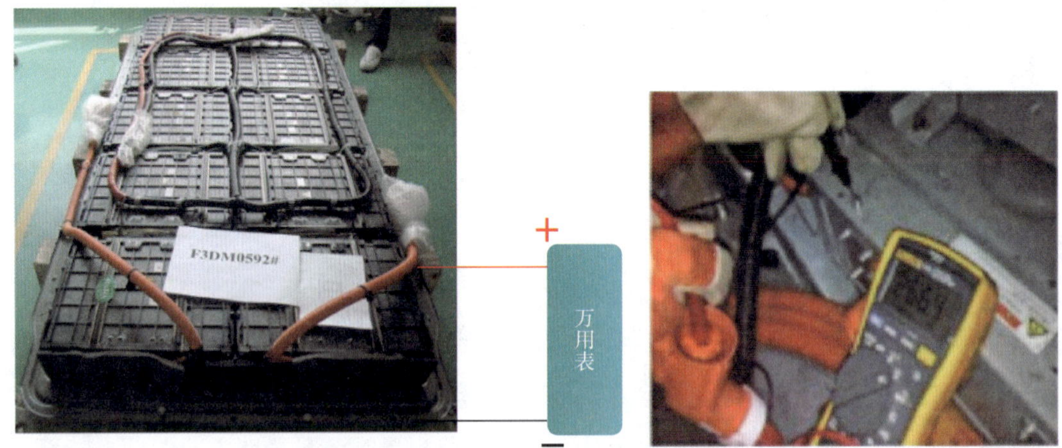

图 4-3-23　用万用表测量正极对地电压

2. 用万用表测量负极对地电压，测量方法如图 4-3-24 所示，测得电压 U_1=250.4 V。

3. $U_1'>U_1$，则在动力蓄电池组系统正极与托盘之间串联电阻 R0。

选择 150 kΩ 的电阻 R0，如图 4-3-25a 所示。将其串联在正极与托盘之间，测得电压 U_2 为 133.5 V，如图 4-3-25b 所示。

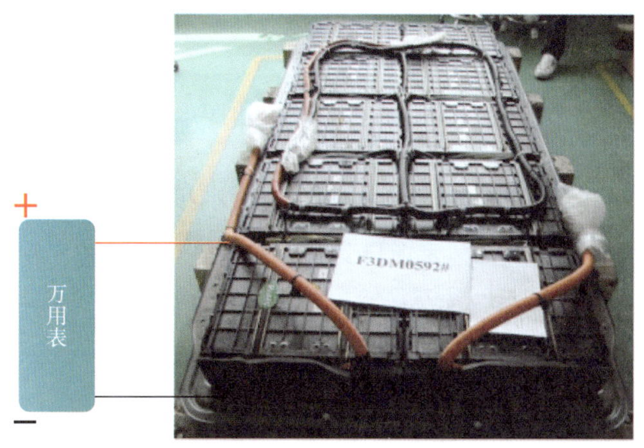

图 4-3-24 用万用表测量负极对地电压

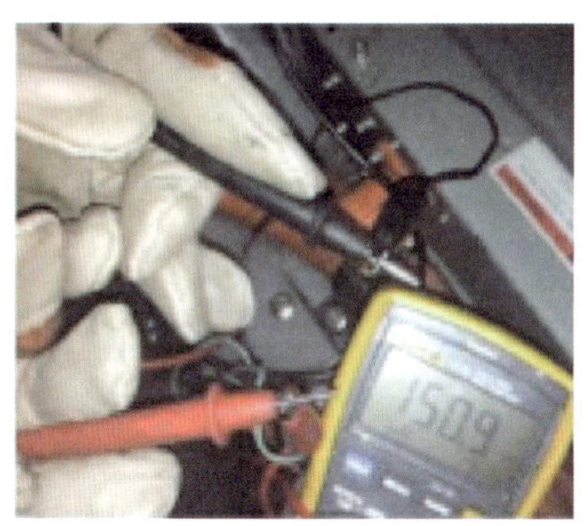

a）测量 R0 电阻

b）测量 R0 两端电压

图 4-3-25 测量电阻和电压

绝缘电阻的值由下式计算：$R_i=(U_1-U_2)\times R_0/U_2=(250.4-133.5)\times 150\ 000\div 133.5\approx 149.3\ \mathrm{k\Omega}$，$149.3\ \mathrm{k\Omega}\div 330\ \mathrm{V}\approx 452.4\ \Omega/\mathrm{V}$。

若按照整车绝缘电阻大于 500 Ω/V 的标准核算，此绝缘电阻有漏电现象。若按照 GB/T 31467.3—2015 中“动力蓄电池包绝缘电阻值≥100 Ω/V”的要求，则符合规定。

思考与练习

1. 参考《电动汽车用动力蓄电池安全要求及试验方法》(GB/T 31485—2015)，简述动力蓄电池的 10 种安全性试验项目。

2. 按照《电动汽车用动力蓄电池安全要求及试验方法》(GB/T 31485—2015)，简述针刺测试的基本方法。

世赛知识

世界技能大赛汽车技术项目

第 45 届世界技能大赛汽车技术项目共分为发动机管理系统、发动机调试、车身电气系统、电气构建、制动系统、四轮定位和转向、发动机测试、发动机测量、混合动力 9 个模块，每个模块的比赛时间均为 2 h，共计 100 分。

第 45 届世赛汽车技术项目考核情况

考核模块	比赛时间	配分
发动机管理系统	2 h	15
发动机调试	2 h	15
车身电气系统	2 h	15
电气构建	2 h	15
制动系统	2 h	10
四轮定位和转向	2 h	7
发动机测试	2 h	10
发动机测量	2 h	10
混合动力	2 h	3
合计	18 h	100